动机驱动视角下

战略投资者投资行为对投资绩效的影响研究

叶 子 黄永春 邹 晨 吴商硕 ◎ 编著

U0743477

河海大学出版社
HOHAI UNIVERSITY PRESS

·南京·

图书在版编目(CIP)数据

动机驱动视角下战略投资者投资行为对投资绩效的影响研究 / 叶子等编著. -- 南京：河海大学出版社，2024.12. -- ISBN 978-7-5630-9483-7

Ⅰ. F830.593

中国国家版本馆 CIP 数据核字第 2024TS7334 号

书　　名	动机驱动视角下战略投资者投资行为对投资绩效的影响研究
	DONGJI QUDONG SHIJIAOXIA ZHANLÜE TOUZIZHE TOUZI XINGWEI DUI TOUZI JIXIAO DE YINGXIANG YANJIU
书　　号	ISBN 978-7-5630-9483-7
责任编辑	彭志诚
特约编辑	王春兰
特约校对	薛艳萍
封面设计	槿容轩
出版发行	河海大学出版社
地　　址	南京市西康路 1 号(邮编:210098)
电　　话	(025)83737852(总编室)　　(025)83787769(编辑室)
	(025)83722833(营销部)
经　　销	江苏省新华发行集团有限公司
排　　版	南京布克文化发展有限公司
印　　刷	广东虎彩云印刷有限公司
开　　本	718 毫米×1000 毫米　1/16
印　　张	13.25
字　　数	252 千字
版　　次	2024 年 12 月第 1 版
印　　次	2024 年 12 月第 1 次印刷
定　　价	58.00 元

前言
PREFACE

创新是驱动企业发展的关键因素,然而伴随着知识更新与溢出速度的加快以及新技术研发与应用周期的缩短,企业创新难度不断加大。面对复杂多变的国际形势和快速变化的市场需求,服务"双循环"的新发展格局,企业也需要跳出传统的经营模式,强化企业经营韧性,提高经营业绩水平。因此,越来越多的企业尝试通过投资其他企业,利用外部资源形成自身的竞争优势。在此背景下,中国证监会面向全社会发布了《发行监管问答——关于上市公司非公开发行股票引入战略投资者有关事项的监管要求》,以提升战略投资者的投资热情。然而,我国战略投资者的投资理念尚未成熟,一方面,战略投资者与投资对象缺乏资源互补性,导致其与被投资企业的资源难以协同;另一方面,战略投资者的投后管理方式缺乏科学性,较难从投资中获得知识溢出。

本书基于"动机—行为—绩效"框架,厘清战略投资者的投资模式,即根据战略投资者的投资动机制定相应的投资行为,进而明确不同动机下战略投资者投资行为对投资绩效的影响,研究具有如下特色:

第一,理论贡献突出。本书构建了战略投资者异质性动机影响投资行为以及不同动机影响下投资行为对投资绩效影响的研究框架。其中,在投资动机对战略投资者投资行为影响的研究中,基于"动机—行为"理论,剖析投资动机对战略投资者进入时机、是否联合投资、是否分阶段投资等行为的影响机制;基于高阶理论,探究了战略投资者高管团队平均年龄和金融背景对上述影响的调节机制。在异质性投资动机下战略投资者投资行为对投资绩效影响的研究中,基于资源基础理论和智力资本理论,探寻战略投资者在不同动机驱动下,进入时机、是否联合投资、是否分阶段投资对其创新绩效和财务绩效的影响机制。相关研究丰富并发展了战略投资者投资行为和投资绩效研究的理论体系,同时也拓展了组织学习理论、资源基础观、智力资本理论以及知识溢出理论在战略投资领域的应用场景。

第二,研究观点新颖。首先,基于文献研究和实际调研,界定战略投资者投资动机、投资行为以及投资绩效等相关概念,主要包括:(1)结合战略投资者的投资特征,从战略投资者的自身能力、投资需求等角度界定战略投资者的投资动机,并创新性地将战略投资者投资动机划分为技术寻求和市场寻求两个维度。(2)将战略投资者的投资行为定义为以互利共赢为投资理念,以进行关键技术突破和抢占市场先机为目标,盘活配置市场内外部资源,撬动整合政府资源;并选择合适的时机进行资源的嫁接与整合,以联合投资、分阶段投资方式对被投资企业进行投资管理。其次,理论分析和实证检验战略投资者投资行为和投资绩效的影响机制,主要包括:(1)基于技术寻求动机,战略投资者倾向于早期进入、独立投资以及分阶段投资;基于市场寻求动机,战略投资者倾向于晚期进入、联合投资以及分阶段投资。(2)基于技术寻求动机,战略投资者的早期进入行为、单独投资行为以及分阶段投资行为均能促进创新绩效和财务绩效的提升;基于市场寻求动机,战略投资者的晚期进入行为、联合投资行为以及分阶段投资行为均能促进创新绩效和财务绩效的提升。研究观点明晰了战略投资者主要的投资动机、行为以及绩效衡量,并探讨了高管特征、企业吸收能力和参与程度等因素的边界作用,为企业进行战略投资提供了理论依据。

第三,研究方法多元。综合利用传统的回归分析技术以及定性比较分析方法进行实证研究。首先,基于2015—2020年间的A股上市公司数据,通过设定面板回归模型,定量分析了技术寻求动机和市场寻求动机对战略投资者投资行为的影响。具体地,通过手动查阅上市公司投资公告,以投资行业为标准,划分战略投资者投资动机,通过回归分析,检验其对战略投资者进入时机、是否联合投资、是否分阶段投资等行为的作用。其次,使用企业每年获得的发明专利衡量创新绩效,资产收益率衡量财务绩效,通过回归分析,分别检验技术寻求动机和市场寻求动机下,战略投资者进入时机、是否联合投资、是否分阶段投资等行为对其投资绩效的影响。再次,利用定性比较分析,检验不同政策和行业外部环境因素下,产生高投资绩效的战略投资者投资行为组态,可为战略投资者投资行为的实施和绩效提升提供更有针对性的策略建议。

目 录

CONTENTS

1

近年来,我国面临许多关键核心技术的"卡脖子"难题,亟须加强各创新主体的技术创新能力以及技术应用转移能力,从而打破发达国家的技术封锁,实现关键核心技术的自主研发,巩固我国产业链的安全水平和韧性。党的十九大提出加快创建创新型国家,加强国家创新体系建设,强化国家战略科技力量。战略投资者作为新型金融中介,不仅能为企业提供股权融资,缓解企业的融资约束;也能为企业提供战略支持、管理咨询以及关系网络等增值服务,促进企业的价值增长;还能够通过承接被投资企业的知识溢出和技术转移,增强自身的技术创新能力。由此,党的十九大报告提出,"深化金融体制改革,增强金融服务实体经济能力,提高直接融资比重,促进多层次资本市场健康发展",从而改善金融服务,营造创新的投资环境和制度环境,缓解企业在技术创新与运用过程中的风险。因此,越来越多的企业正在成为战略投资者,通过以投资代替研发的方式,进一步增强自身的资金、人才、技术和管理等能力,从而推动关键技术突破,实现产业结构转型升级,助推经济高质量发展。

第一章

绪论

1.1　研究背景及意义

战略投资者是现代金融资本中极具创新性和活力的金融投资主体,有助于提升上市公司质量和内在价值,驱动产业结构升级[1]。然而,战略投资者在投资过程中仍存在投资动力匮乏、投资绩效较低等困境[2]。由此可见,亟须研究战略投资者的投资模式,以增强金融服务实体经济的能力,保障经济高质量发展。

1.1.1　研究背景

(1)战略投资者的投资活动日益兴起,投资规模不断扩大

创新是驱动企业高质量发展的关键因素,是企业获得竞争优势的重要源泉,对产业链的创新发展也具有重要作用[3]。然而,伴随着知识更新与溢出速度加快以及新技术研发与应用周期缩短,产品结构越来越复杂,导致企业技术创新的难度也不断增加[4],因而企业会通过开放和合作的方式,与其他同行业企业合作创新[5],进行新技术与新产品的协同设计与研发[6],进而提升企业的核心竞争能力以及获得关键核心技术突破[7]。在此背景下,战略投资者的投资规模不断扩大,投资产业分布广泛,重点领域有所突破[8-9]。荣鼎咨询公司的研究显示,2019 年中国战略投资者交易事件为 1 088 项,较上年上涨 18.6%;披露投资额达到 812.7 亿元,较上年增长 8.7%。从投资行业看,主要集中在信息与通信技术、能源、消费产品和服务、汽车、房地产及宾馆、交通和基础设施等六大产业[10]。截至 2018 年底,全国战略投资者累计投资高新技术企业项目数为9 320 项,占所有比重的 60%,说明战略投资者已经在高新技术领域寻求重点突破。

(2)战略投资者的投资行为短视盲目,投资缺乏科学依据

目前我国战略投资者倾向于在企业发展早期进行投资。尽管新创企业具有较高的发展潜力,但也存在技术成熟度较低以及技术推广能力较弱等困境,因而使得战略投资行为面临较大的不确定性风险[11]。同时,短视和盲目的投资行为也导致战略投资者和被投资企业的资源难以协同[12-13]。再者,战略投资者的投资方式有待改善。大部分战略投资者投资后会向被投资企业派驻高管,参与被投资企业的经营管理,这可能会使企业创始人与战略投资者争夺企业控制权,影响企业的发展,导致战略投资者难以与被投资企业产生协同效应[14]。例如,乐视集团以战略投资者的方式投资易到用车,并为了实现对易到的管理,委派乐视的彭钢担任易到总裁。然而由于双方的战略合作机制尚不完善,加之乐视集团

的投资管理行为缺乏科学性,导致彭钢与易到的创始人在出现分歧时难以达成一致,造成易到用车陷入较严重的发展危机,最终导致双方的合作瓦解[15]。

（3）战略投资者的投资绩效有待提高,战略合力尚未形成

首先,尽管战略投资在聚集资源、连通产业链、融合技术、减少重复投入方面发挥了较大作用,但在现阶段,战略投资者出于对市场竞争的考虑,在一定程度上阻碍了技术的扩散与推广,战略投资的知识溢出效应不足[16-17]。其次,尽管战略投资者和被投资企业之间虽然在理论上存在互补效应和协同效应,但是在实践中,部分战略投资者难以获得利润的提高。数据显示,每年产出的省部级以上的科研成果有 3 万多项,每年的专利成果也有 7 万多项,但是这些成果难以转化成商业产品,被运用的概率只有 10%左右。这可能是因为,一方面,我国战略投资者活动兴起较晚,相关的人才体系尚未完善,投资经验不足以及运作模式不健全,导致专利转化效率较低。另一方面,我国政府对战略投资者的扶持政策聚焦于外部激励,诸如增加资金投入、创造合作平台以及提供相应的环境支持,但忽视了构建战略投资者和被投资企业的合作机制以及利益分配机制。

基于此,本研究针对战略投资者面临的现实困境,以提升战略投资者的创新绩效和财务绩效为目标,探讨战略投资者投资动机对其投资时机选择、是否联合投资、是否分阶段投资三种投资行为的影响机制,在此基础上深入剖析不同动机下战略投资者投资行为对投资绩效的影响,挖掘战略投资者实现高创新绩效和财务绩效的组态条件,以期为战略投资者进行战略投资提供理论支撑。

1.1.2　研究意义

（1）理论意义

首先,基于资源基础理论,结合组织学习、技术创新等多学科的理论知识,探究了战略投资者投资动机对投资行为的影响机制,拓展了战略投资者的相关研究。其次,基于"动机—行为—绩效"研究框架,分别分析了技术寻求动机和市场寻求动机下,战略投资者的进入时机、是否联合投资、是否分阶段投资行为对自身创新绩效和财务绩效的影响机制,相关研究丰富并发展了战略投资者投资行为和投资绩效研究的理论体系。再次,基于情境化视角和资源基础理论,基于定性比较分析方法,进一步探究了不同政策和行业外部环境因素下,战略投资者实现高创新绩效和财务绩效的可能路径,丰富了战略投资者投资绩效的评价方法。

（2）应用价值

首先,从战略投资者层面来看,研究结论可为战略投资者投资行为的实施和绩效提升提供更有针对性的策略建议。本书构建了"动机—行为—绩效"理论框

架,并且用定性比较分析方法探究不同动机驱动下产生高投资绩效的组态条件,不仅能为战略投资者的投资行为提供参考,还能帮助战略投资者提升投资绩效。其次,从政府层面来看,能够为政府制定合适的战略投资者发展方案提供理论支撑,推进我国金融体制改革,提升我国关键核心技术的协同攻关,从而促进我国经济高质量发展。

1.2 文献综述

1.2.1 关于投资动机的研究

近年来越来越多的学者开始关注投资总额飞速增长背后的动机因素,从投资者的角度来看,进行投资行为最重要的目标是提高企业的财务绩效[18]。但由于投资者自身发展的需求差异以及被投资者特征差异,投资者选择进行投资行为的动机也存在较大差异[19]。现有研究一般认为投资者进行投资的动机可以划分为扩大市场、寻求生产资源、获取先进技术以及获取管理经验等。因此,有学者基于上述分析将投资者的投资动机划分为技术寻求动机、生产资源寻求动机、市场寻求动机和管理经验寻求动机等类型[20]。基于此,学者们聚焦于不同投资动机的概念以及由此产生的投资方式和投资收益等方面的相关研究[21]。

(1) 技术寻求动机

技术寻求动机指企业通过投资进行技术的吸收、扩散、示范—模仿、产业关联以及技术研发人员培训等,是技术领先企业的外部创新的手段,能够弥补中国企业的技术创新能力,从而提高企业的竞争优势[22]。李洪亚[23]的相关研究证明了上述观点,他发现具有技术寻求动机的企业投资技术创新水平越高的企业,越能够提高投资收益。具体来看,技术寻求动机下企业的投资方式又可以划分为两种类型。一是投资者通过实施 CVC 活动,在企业内部创设下属的创投部门以及设置独立于企业的创投公司,从而投资外部新创企业,进而实现技术寻求或者新产品研发[24]。二是外部投资者通过委托投资的方式与被投资者进行合作。如通过专业的风投机构或基金公司等,外部投资者可以对企业进行投资,从而学习企业的先进技术[21]。公司进行技术寻求动机的对外投资,不但可以减少因内部创新带来的高风险以及动力不足等问题,而且还可以帮助战略投资者在短时间内开发出具有创新性的产品,从而提高其在行业中的地位[25]。

(2) 生产资源寻求动机

关于企业生产资源寻求的投资动机,现有文献主要围绕中国企业跨境海外投资进行研究。大多数学者认为生产资源寻求动机指中国企业的对外投资以获取东道国生产资源为目的,从而保证生产资源的持续供给,以支持我国的经济增长[26]。由于中国国内各种资源日趋紧张,中国企业基于生产资源寻求动机,主要投资于采矿业以及电力、热力、燃气及水的生产和供应业等资源行业[27]。在生产资源寻求动机下,中国企业多采取跨国并购的方式,且主要投资于大洋洲和北美洲地区[28]。基于生产资源寻求动机的投资不但能够增强企业自身的资源生产,与此同时,而且能够增强企业在整个产业链中的稳定性和韧性,帮助企业维持良好的上下游关系,有助于增强产业链的安全性,促进产业链升级[29]。

(3)市场资源寻求动机

企业市场寻求动机是指通过海外建厂、设立贸易机构、发展国际营销网络等形式,开拓贸易市场,从而带动相关生产设备、劳务、产品的需求[30]。进行市场寻求型的企业希望通过与被投资企业的合作,了解海外市场产品标准和未来创新趋势,进一步扩大企业的海外市场份额[31]。从投资对象而言,基于市场资源寻求动机时,企业会倾向于选择具有相似知识基础的企业进行投资,并希望建立灵活的合作伙伴关系,加强双方交流与沟通,促进异质性的知识资源交换、吸收和运用,不断激发创新思路[32]。此外,部分投资者还会青睐于投资能够把握市场发展方向的企业,能够帮助其深入了解行业发展态势,并通过打磨自身技术和品牌资产,布局营销网络,巩固市场地位[33]。

(4)管理经验寻求动机

郑景丽和龙勇[34]认为管理经验寻求动机指企业通过投资,学习先进的管理理念和经验,从而提高核心竞争力。Shleifer 和 Vishny[35]通过研究德国、意大利、日本等公司治理的案例分析,认为效率低下的企业倾向于进行管理经验寻求型的投资,从而学习先进的管理制度模式,改变公司的所有权结构,进而提升公司绩效。杨兴全等[36]认为中国作为转型中的发展中国家,基于管理经验寻求动机进行投资时,应向经济市场完善的发达国家进行投资,这不仅能够降低企业的投资风险,还能够实现企业的转型需求。李世华和尹应凯[37]用 DEA 方法进行实证研究,认为企业基于管理经验寻求动机的投资,会参与被投资企业的董事会决策,学习被投资企业的治理结构,从而规范公司的治理模式,实现可持续发展。

1.2.2　关于投资行为的研究

现有关于投资行为的研究主要聚焦于风险投资机构的投资行为研究,对于战略投资者投资行为的研究较少。因而本书通过梳理风险投资机构的投资行为,以期为后文解析战略投资者的投资行为提供一定的借鉴参考。

（1）投资行为的分类

Gupta 和 Sapienza[38]作为最早的风险投资机构的投资行为研究者,最早提出了风险投资机构的投资行为目标,他们认为投资行为主要是为了管理和平衡投资者的投资风险与收益。与此同时,通过实证研究,得出了投资行为主要包括投资行业、投资地域以及进入时机等内容。这三项投资行为被后续学者统称为投资组合行为[39],并逐渐延伸成为专业化（多样化）投资行为。但随着投资中投资风险的逐渐加剧以及投资者投资收益管理的失衡问题,学者们又提出了联合投资行为和分阶段投资行为[40],尝试通过投资人数和投资次数的增加,而平衡投资风险与收益之间的关系。随后,这两类投资行为被学者统称为注资行为[41]。基于此,风险投资机构进行投资的流程大致为,首先通过专业化（多样化）投资行为对被投资企业进行筛选与投资定位[42]。通过进入时机的选择,风险投资机构通常基于自身投资经验与行业专长,选择适合自身资源禀赋的被投资企业,从而能够更好地与被投资企业协同发展[43]。随着风险投资机构选定了特定行业与发展阶段的被投资企业,则表明风险投资机构对被投资企业的筛选完毕。随后,风险投资机构将选择联合投资行为和分阶段投资行为,对被投资企业进行投资后期的投资管理[42]。

（2）投资行为选择的动因研究

现有关于投资者投资行为的研究主要聚焦于国家、行业以及被投资企业和投资者自身特征等层面[39]。其中,国家层面主要关注政策环境和市场环境,行业层面主要关注行业前景和行业竞争等,被投资者层面则关注企业规模以及发展前景等,投资者自身特征则更关注风险投资家的风险偏好与职业背景等[44]。但由于不同投资行为产生的动因存在区别,学者也尝试对选择不同投资行为的动因进行探究。首先,关于联合投资行为选择的动因研究,Lockett 等[45]提出联合投资行为动因是风险共担、资源基础以及交易流。他们认为,联合投资可以使战略投资者机构项目筛选时逆向选择的风险降低,同时也能够在与其他战略投资者联合时获取到相关的经验,风险投资机构也可以保持一定数量的投资项目。其次,关于分阶段投资行为选择的动因研究,Sahlman[46]认为,分阶段投资能够降低风险投资者的套牢风险,通过允许风险投资者分阶段投入资金,风险投资机构能够在一轮结束后决定是否进行下一轮投资,因而能够规避信息不对称导致的投资风险,进而减少风险投资机构的沉没成本。Tian[40]提出,分阶段投资行为主要目的是降低代理成本与套牢问题,以及加强学习能力,他还发现,当风险投资机构与被投资企业的地理距离比较远时,投资项目的投资阶段就越多,且退出时的表现也更好。国内学者主要从地理邻近度和企业政治关联等角度研究风险投资行为影响因素。此外,也有学者对上述两种投资行为进行共同分析,如董静等[47]的研究指出,地理距离也能够影响风险投资机构分阶段和联合投资行为的选择。主要表现为,随着地理距离的增加,风险投资机构选择的联合投资伙伴数变多而且分阶段投资的平均规模变小。周霖和蔺楠[48]研究发现,政治关联越强的企业选择联合投资行为以及分阶段投资策略的意愿越明显。

(3) 投资行为对绩效的影响研究

现有研究大多聚焦于某一类投资行为,探究其产生的投资绩效,但对于同一种投资行为产生的投资绩效并未达成统一结论。首先,对于专业化投资行为而言,Gompers 等[49]认为,专业化投资行为能够促进投资绩效的增长。然而,Matusik 等[50]研究发现,多样化投资行为与投资绩效之间存在先增后减的倒 U 型关系。其次,对于联合投资行为而言,陈德球等[51]指出,鉴于联合投资行为能够使得不同投资机构共享投资网络、分享行业专长,因而能够提高被投资企业的财务资源和生产经营能力,帮助被投资企业获得较高的投资回报,进而能够使得风险投资者获得较高的投资回报。国内学者刘通等[52]搜集了中美两国风险投资机构的数据,剖析联合投资与独立投资两种投资行为对于被投资企业价值创造的影响,指出与独立投资相比,风险投资机构的联合投资行为与被投资企业的价值显著正相关。然而,李严等[44]认为,风险投资机构的联合投资行为负向影响其投资绩效。最后,学者们对于分阶段投资行为带来的经济后果也尚未达成一致。部分学者认为分阶段投资行为具有强化对被投资企业的监管并且降低代理问题的作用,从而提高风险投资机构的投资收益率[46]。然而,还有学者通过分析提出,在分阶段投资行为的实施下,被投资企业的高管为了获取下一轮的投资,往往可能更加关注提升企业的短期绩效,从而忽视技术创新、新产品开发等能够创造长期价值的生产经营活动,导致对风险投资机构的投资收益产生负向影响[53]。

1.2.3 关于投资绩效的研究

现有关于战略投资者本身投资绩效的研究较少,而是研究一般投资行为的投资绩效,少量探究战略投资行为的研究也更加关注引入战略投资者后,被投资企业所产生的绩效。因此,本书通过总结投资绩效的分类以及被投资者引入投资后所产生绩效等相关研究,为本书研究战略投资者自身投资绩效的定义和分类提供借鉴。

（1）投资绩效的分类

房照[54]认为,中国企业对外"一带一路"投资中的投资绩效评价系统包括企业经济收益和社会效益、企业投资风险、企业市场竞争力三个方面。周东东和陈丽珍[55]以江苏企业为研究对象,构建了企业对外直接投资绩效评价体系,包括企业经营绩效、市场绩效、质量绩效三个维度。其中经营绩效包括每股收益率、总资产报酬率、净资产收益率、流动资产周转率、总资产周转率、应收账款周转率。市场绩效包括销售净利润、存货周转率、国外收入占比、管理费用率、销售费用率。质量绩效包括资产负债率、速动比率、利润总额、现金流量比率、净资产增长率、固定资产扩张率、人力投入回报率。邓超和袁倩[56]采用 DEA 模型构建了一个基于资源控制能力的海外资源投资综合绩效评价体系,认为投资绩效包括战略绩效和财务绩效两个层面。其中,战略绩效指企业对资源的控制能力,可用企业投资完成后所获得权益储量和权益产量表示。财务绩效指价值提升的能力,用股票超额收益率衡量。何琬等[57]构建了电网企业投资绩效的评价模型,将投资绩效分为经济效益、社会效益、生产运营能力、技术创新能力、可持续发展能力五个方面。经济效应指标包括盈利能力和偿债能力,社会效益指标包括节能减排,生产运营能力指标包括资产运营和安全生产,技术创新能力指标包括新增专利数和科技投入总额,可持续发展能力指标包括总资产增长率和利润平均增长率。

（2）引入战略投资对企业绩效的影响

现有研究重点关注了被投资者引入战略投资者的动机以及战略投资者持股比例、参与人数等参与特征因素对企业绩效的影响。Calantone 和 Zhao[58]通过研究中美、中日以及中韩合资企业引入战略投资者后的投资绩效,发现中美和中韩合资企业引入战略投资者后,战略投资者的管理程度与投资绩效正相关,然而中日企业反之。其指出由于企业引入战略投资者不同,因而引入战略投资对被投资企业的管理方式的影响也有所区别。郭晔等[59]通过对比不同类型战略投资者投资动机与意图对银行效率的影响,发现境内非金融机构战略投资者的投资动机为参与银行管理,因而能够积极帮助银行引入相关人才并且协助银行完善治理制度,从而能够对投资绩效产生正向显著的影响;同时,境内金融机构战略投资者的投资动机为获取财务收益,因而能够利用自身的社会网络和资源,积极帮助银行获取财务资金等资源,从而也能够对投资绩效产生正向显著的影响。Nagaoka[60]在研究日本企业时发现,战略投资者持股比例对企业的绩效具有显著的正向影响。我国学者许勇[61]通过查阅八家上市银行 1999—2007 年的年报数据,分析境外战略投资者的引入对其的影响,发现境外战略投资者的持股比例、派驻银行的董事人数与银行绩效显著正相关。然而,曾德明和刘妮雅[62]通过实证分析,发现境外战略投资者对我国上市银行绩效的影响与战略投资者的数量以及持股比例有关。具体而言,战略投资者的数量及其向企业派驻的董事人数对上市银行绩效具有正向影响;而其持股比例负向影响上市银行绩效。陆正华和黄玮[63]通过对九龙仓投资绿城中国案例进行探究与分析,构建战略投资者参与公司治理的路径选择与价值创造理论框架,指出战略投资者选择互补型的公司进行投资以获得关键资源,但在获取资源的过程中,战略投资者不必要谋求第一大股东"主导者"身份,可通过适当的股权投资与可转债融合的投资方式,兼顾控制权获取与风险锁定,从而获得投资收益。张红梅[64]以美的集团引入小米科技作为战略投资者的案例,分析了上市公司引入战略投资者的经济后果,诸如有助于缓解企业融资压力,有助于企业战略转型以及改善经营模式,能够改善企业的财务状况。

1.2.4 关于"动机—行为—绩效"的研究

本书所采用的"动机—行为—绩效"研究框架最早起源于心理学和组织行为学的研究,是心理学和组织行为学中"动机—行为—结果"框架在管理学中的拓展与延伸。

个体层面上,基于"动机—行为—结果"框架,我国学者王一博[65]对个体行为与绩效关系的模型进行了修正,提出了"动机—行为—绩效"模型。该模型主要解释了个体受到刺激将如何影响其动机的生成以及会产生怎样的行为,最终导致怎样的绩效。具体而言,个体受到刺激后其动机会受到自身各种因素的影响,从而会导致不同的动机,异质性的动机会致使个体产生异质性的行为,从而最终产生异质性的绩效。在对绩效进行评价后,个体的心理将会随之发生改变,从而又将影响其受到刺激后的动机,由此形成一个循环。在心理学的研究中,学者认为,人的动机影响行为,行为决定绩效。外国学者 Unsworth[66]认为行为人的行为先由其内在需要驱动动机的产生,再加之外部环境的刺激,从而导致个体做出行为决策,进而满足个体的心理需求。

根据现代管理学理论,企业组织不但有思想,而且还有行为,相当于一个人格化的实体。因此,企业行为的产生也具有复杂的过程,类似于自然人行为的产生过程,故而本书借鉴人类行为研究的框架来分析战略投资者的行为。

企业层面,牟莉莉[67]、于海云[68]、马蓝[69]等学者将"动机—行为—绩效"框架运用到管理学领域,从企业的视角研究创新的问题,采用中介研究方法,探讨了企业动机、行为与创新绩效之间的关系。姜滨滨[70]从专利策略视角出发,提出了战略联盟的"动机—专利策略—企业创新绩效"的研究框架,剖析了战略联盟动机、专利策略与企业创新绩效之间的关系。认为企业构建战略联盟的动机对其专利策略的选择具有异质性影响,并且企业的技术水平以及市场能力对上述影响具有调节效应,即企业基于自身的需求动机建立或参与技术联盟,并在此基础上形成不同的专利策略组合,最终能够影响创新绩效的产生。其研究发现战略联盟的创新绩效不但由参与方的联盟动机驱动以及选择的参与策略影响,而且还受到参与方的技术水平以及市场地位等的影响。张洁琼[71]基于中国企业海外研发的"投资动机—进入模式—创新绩效"分析逻辑,解析了中国企业如何结合自身特征选择合适的投资动机,进而以合法性需求为切入点探讨了企业的进入模式,最后分析了企业的不同模式对创新绩效的影响机制。杨小婉[72]以高校科研团队的学者为研究对象,基于"动机—行为—结果"框架,围绕"高校学者为何进行产学研合作,如何进行产学研合作,以及产学研带来的学术绩效",三个子课题进行了分析。认为高校学者参与产学研合作的动机主要包括资助动机、学习动机以及使命动机;产学研合作行为主要包括个体维度层面的资源投入行为、个体与环境交互维度层面的伙伴匹配行为,从而产生学术绩效。

1.2.5　文献评述及研究问题的提出

（1）文献评述

首先,现有关于投资动机的研究主要围绕企业的投资动机是什么展开,学者们基于投资者的不同需求,对投资动机以及投资行为进行了详细的划分。但一方面,现有文献更多针对风险投资以及境外投资等投资活动的动机和行为进行分析,较少有研究探寻有关战略投资者的投资动机和投资行为的类型划分,也鲜有研究探究不同投资动机对战略投资者投资行为的影响研究。本书结合战略投资者的特征,探讨战略投资者这一新兴投资主体的投资动机以及投资行为的类型划分,并分析不同投资动机对战略投资者投资行为的影响。

其次,现有关于战略投资方面的研究,较多关注投资行为对投资绩效的影响,而没有将投资动机纳入投资行为和投资绩效的分析框架。但对于投资者而言,其进行投资行为的动因可能存在较大差异,因此在探究投资行为对投资绩效的影响时需要同时关注投资动机的差异性。因而本书认为有必要将战略投资者的投资动机、行为以及绩效同时纳入分析框架,通过引入"动机—行为—绩效"分析框架,在战略投资者投资动机、战略投资者投资行为与战略投资者投资绩效作用解析的基础上,阐释战略投资者投资动机如何作用于其投资行为选择,进而分析战略投资者投资行为如何通过明晰努力方向、确立行动目标以及选择实现路径等促成战略投资者投资动机向战略投资者投资绩效的转化。

再次,战略投资者作为一种新兴的投资方式,已经逐渐成为我国投资领域不可或缺的重要组成部分。现有关于战略投资绩效方面的研究主要聚焦于被投资企业引进战略投资者后产生的绩效,较少有研究关注战略投资者选择不同投资行为后产生的投资绩效;也缺乏关于不同政策支持力度以及行业发展环境背景下,企业如何通过不同投资行为组合实现高投资绩效的研究。因此,立足于战略投资者这一行为主体,在界定战略投资者投资绩效的基础上,探究异质性动机下不同投资行为对投资绩效的影响,并揭示了不同政策支持力度以及行业发展环境背景下实现高投资绩效的投资行为组合。

(2) 问题的提出

与先发国家的企业相比,我国战略投资者发展起步较晚,因而具有投资行为缺乏科学性、投资效率有待提高等问题。因此,本书将基于我国战略投资者的发展现状,以提升战略投资者的投资绩效为目标,主要回答了以下三个问题:不同投资动机会不会产生不同投资行为? 动机驱动下战略投资者采取不同投资行为会不会产生不同的投资绩效? 不同政策背景和行业环境下,实现高投资绩效的投资行为组合有哪些? 为了回答上述问题,本书主要进行了四个方面的子研究,具体如下:

①子研究一:战略投资者投资动机影响投资行为的分析。基于战略投资者的投资现状,以及战略投资者的动机理论,从进入时机、是否联合投资行为、是否分阶段投资行为三个维度,分别探究战略投资者动机对投资行为的影响机制,进行实证分析,从而为战略投资者的投资行为提供指导。此外,结合高阶理论,探讨了战略投资者高管团队年龄特征与金融背景对上述影响机制的调节作用。

②子研究二:技术寻求动机下战略投资者投资行为对投资绩效的影响分析。以提升战略投资者的投资绩效为目标,结合智力资本理论,从财务绩效和创新绩效两个维度,剖析技术寻求动机下战略投资者投资行为对绩效的影响机制,进行实证分析,为战略投资者如何进行有效投资提供了理论和实践的指导意义。此外,鉴于战略投资者的吸收能力和参与程度对其投资绩效存在影响,进而加入战略投资者的吸收能力和参与程度对上述影响机制的调节作用。

③子研究三:市场寻求动机下战略投资者投资行为对投资绩效的影响分析。以提升战略投资者的投资绩效为目标,结合知识效应溢出理论,从财务绩效和创新绩效两个维度,剖析市场寻求动机下战略投资者投资行为对绩效的影响机制,进行实证分析,为战略投资者如何进行有效投资提供理论和实践的指导意义。

此外,因为战略投资者的吸收能力和参与程度能够影响其投资绩效,进而加入战略投资者的吸收能力和参与程度对上述影响机制的调节作用。

④子研究四:战略投资者投资行为对投资绩效影响的组态分析。基于情境化视角,借助模糊集定性比较分析方法,探究了不同外部政策背景和行业环境下,技术寻求动机和市场寻求动机下战略投资实现高创新绩效和高财务绩效的投资行为组合,以期将研究成果更好地落地于企业实践。

1.3 主要内容与研究方法

1.3.1 主要内容

本书基于"动机—行为—绩效"框架,重点研究如下三个问题:一是战略投资者的投资动机如何影响投资行为? 二是技术寻求和市场寻求战略投资者的投资行为如何影响投资绩效? 三是在不同政府支持力度和行业竞争强度影响下,技术寻求和市场寻求动机的战略投资者实现高创新绩效和财务绩效的组态条件分别是什么? 针对上述问题,本书的研究内容主要分为七个章节,各章节的研究内容如下。

第一章是绪论。首先,总结战略投资者的发展现状,阐述本书的研究背景及意义。其次,梳理国内外有关投资动机、投资行为以及投资绩效的文献,并进行分析,总结现有研究的不足,从而提炼本书的主要研究内容。再次,根据研究内容选择本书的研究方法,并绘制技术路线图。最后,凝练本书的创新点。

第二章是概念界定与理论基础。首先,界定战略投资者、战略投资者投资动机、战略投资者投资行为、战略投资者投资绩效的概念。其次,总结组织学习理论、资源基础理论、智力资本理论以及知识溢出效应的发展脉络,并分析上述理论对本书机制分析的适用性。再次,以 M(动机)—C(行为)—P(绩效)为研究框架,探究战略投资者的投资动机、投资行为和投资绩效之间的关联性,构建本书的理论分析模型。

第三章是战略投资者投资动机对投资行为的影响。本章以动机—行为理论为基础,围绕战略投资者的技术寻求动机、市场寻求动机两个维度,剖析战略投资者的投资动机影响投资行为的理论框架,即战略投资者投资行为对进入时机、是否联合、是否分阶段的影响机制,进而运用 STATA16,实证分析战略投资者投资动机对投资行为的影响。此外,鉴于战略投资者的投资行为还受到高管团队的影响,因而本章结合高阶理论,加入战略投资者高管团队平均年龄和金融背景对上述影响的调节机制。

第四章是技术寻求动机下战略投资者投资行为对投资绩效的影响。本章基于资源基础理论和智力资本理论,将战略投资者的投资绩效分为创新绩效和财务绩效,探寻战略投资者在技术寻求动机的驱动下,战略投资者的投资行为对两种投资绩效的异质性影响。此外,本书认为战略投资者投资绩效的提升还取决于战略投资者的吸收能力和参与程度,进而加入了吸收能力和参与程度的调节变量,从理论和实证角度检验战略投资者的吸收能力、参与程度对战略投资者投资行为影响战略投资者绩效的机制。

第五章是市场寻求动机下战略投资者投资行为对投资绩效的影响。本章基于资源基础理论和知识溢出效应理论,将战略投资者的投资绩效分为创新绩效和财务绩效,探寻战略投资者在市场寻求动机的驱动下,战略投资者的投资行为对两种投资绩效的异质性影响。此外,本书认为战略投资者投资绩效的提升还取决于战略投资者的吸收能力和参与程度,进而加入了吸收能力和参与程度的调节变量,从理论和实证角度检验战略投资者的吸收能力、参与程度对战略投资者投资行为影响战略投资者绩效的机制。

第六章是战略投资者投资行为对投资绩效影响的组态分析。本章利用定性比较分析方法,实证研究在不同政府支持力度和行业竞争强度影响下,技术寻求和市场寻求动机的战略投资者实现高创新绩效和财务绩效的组态条件。

第七章是结论与展望。总结本研究的主要研究结果,结合实证检验结果,为战略投资者提升投资绩效提供管理启示,为政府相关部门促进战略投资者发展提供对策建议,并总结本研究存在的局限性以及提出未来的研究展望。

1.3.2 研究方法

本书结合国内外相关文献,以“动机—行为—绩效”为全文的分析框架,以提升战略投资者的投资绩效为目标,通过理论分析和实证检验来研究战略投资者投资动机对投资行为的影响机制投资行为对投资绩效的影响机制以及投资绩效的组态分析。本书主要采用文献研究、规范分析与实证研究等方法。

(1)文献研究法

根据本书对战略投资者研究的需要,对与战略投资者相关研究问题和研究范围内的主要文献进行搜集、查阅和分析。通过查阅“中国知网”和“Web of Science”等数据库所收录的相关有价值的研究文献,为本书研究框架的提出、研究视角的切入以及研究假设的论证提供文献的支持。

（2）规范分析法

本书阅读前人关于战略投资者的研究后，通过规范分析法，详细描述了国内外有关战略投资者的研究现状，并进行了全面的回顾和梳理，在此基础上基于组织学习理论、高阶理论和信号传递理论规范分析战略投资者投资动机、投资行为、投资绩效的影响机制，提出相应的研究假设，并构建本书的概念模型。

（3）实证研究法

本书借鉴前人关于"动机—行为—绩效"的研究框架，建立实证计量模型，并选取我国 2015—2020 年 A 股上市公司作为本书的研究样本，运用 STATA16 统计软件对样本数据进行描述性统计分析，在此基础上对各变量的数量特征进行总结分析，然后进行多元回归分析检验本书提出的所有研究假设，并采用替换变量和替换模型的方式进行稳健性检验。此外，基于模糊集定性比较分析（fsQCA）方法，考察战略投资者投资行为在不同条件下的配置组合，解析投资绩效的提升路径。

1.3.3　技术路线

技术路线图如图 1.1.1 所示，旨在展示本书的研究思路、研究内容以及相应的理论方法。在此基础上，本书依照技术路线图所示的流程进行本书的理论分析和实证研究，以解决本书提出的研究问题。具体而言，本书主要从提出研究框架、进行理论分析、进行实证检验和提出研究结论等四个阶段展开，并采用文献研究、规范分析与实证研究等方法完成本书的研究。

1.4　创新点

在国内外相关理论研究成果和实践经验的基础上，本书做出了创新性地探索，所形成的创新点有：

第一，本书探究了战略投资者投资动机的类型，构建了战略投资者投资动机影响投资行为的理论框架。一方面，本书基于我国战略投资者实际发展情况和动机相关理论，将战略投资者投资动机划分为技术寻求动机和市场寻求动机，拓展了战略投资者投资动机的研究。另一方面，本书界定了战略投资者的投资行为，认为战略投资者的投资行为指战略投资者根据其投资动机，选择合适的投资方式，从而促进战略投资者与被投资企业进行资源的投入和嫁接，并从投资时机选择、是否联合投资，以及是否分阶段投资三个维度，探究战略投资者异质性动机对投资行为的影响机制。

```
研究思路 ←──── 研究内容 ────→ 理论方法

        研究背景与研究范畴
    ┌────────────────────────────────────┐
    │ 研究  ┌战略投资者成为新的投资模式┐  研究  战略投资者│
    │ 背景  │战略投资者投资行为缺乏科学性│ 范畴  投资动机  │
    │      └战略投资者投资效率有待提高┘        投资行为  │
    │                                          +      │
    │                                        投资绩效  │
    └────────────────────────────────────┘

        概念界定、理论基础与研究框架
    ┌────────────────────────────────────┐        组织学习理论
    │       概念界定           研究框架    │        资源基础理论
    │  ┌战略投资者的概念界定┐  投资  投资  投资│   智力资本理论
    │  └战略投资者投资的认知┘  动机  行为  绩效│   知识溢出理论
    │                          M    C    P │   MCR分析模型
    └────────────────────────────────────┘

        战略投资者投资动机驱动下
          行为影响绩效
    ┌────────────────────────────────────┐
    │  投资动机      投资行为      投资绩效 │
    │  ┌技术┐   早 单 分阶  创新 财务    │
    │  │寻求│   期 独 段    绩效 绩效    │
    │  │动机│   进 投 投资          │
    │  └──┘   入 资              │
    └────────────────────────────────────┘

        战略投资者投资动机驱动下
          行为影响绩效                            智力资本论
    ┌────────────────────────────────────┐     知识溢出理论
    │  投资动机      投资行为      投资绩效 │     文献分析法
    │  ┌市场┐   晚 联 分阶  创新 财务    │     实证分析法
    │  │寻求│   期 合 段    绩效 绩效    │
    │  │动机│   进 投 投资          │
    │  └──┘   入 资              │
    └────────────────────────────────────┘

        战略投资者投资绩效的组态分析
    ┌────────────────────────────────────┐
    │ 组态  政策支持力度   技术寻求动机 高创新绩效组态策略│  QCA必要条件
    │ 前因  行业竞争强度            高财务绩效组态策略│  分析组态分析
    │      投资进入时间   投资动机            │
    │      是否联合投资   市场寻求动机 高创新绩效组态策略│
    │      是否分阶段投资          高财务绩效组态策略│
    └────────────────────────────────────┘

怎么做?  ────→  研究结论、启示与展望
```

是什么?

为什么?

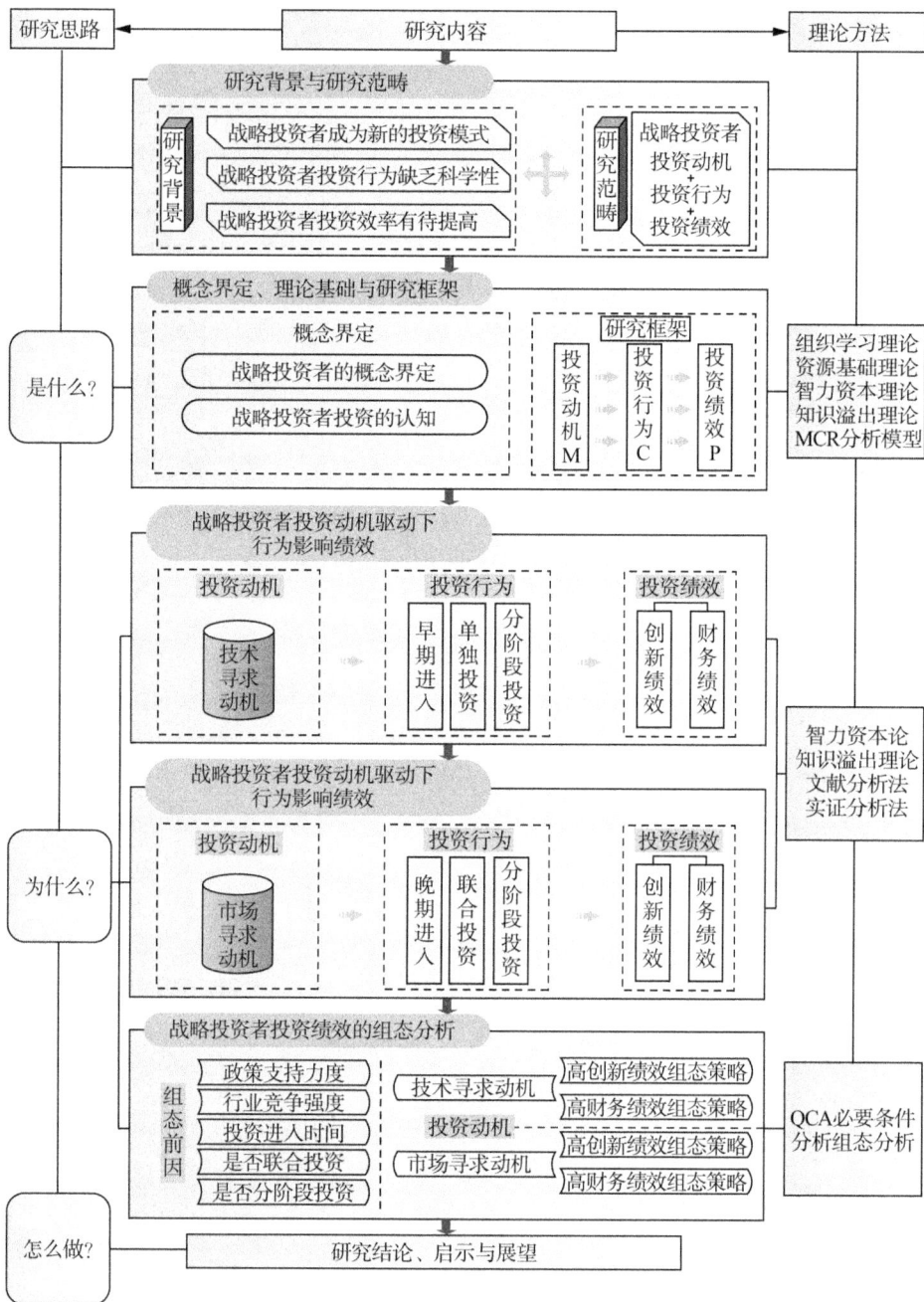

图 1.1.1　技术路线图

第二,本书基于异质性的动机分类,探究了战略投资者投资行为对投资绩效的影响机制。首先,本书基于资源基础观和智力资本理论,将战略投资者的投资

绩效分为创新绩效和财务绩效两个维度。其次,基于"动机—行为—绩效"框架,分别分析了技术寻求动机和市场寻求动机下,战略投资者的进入时机、是否联合投资、是否分阶段投资行为对自身创新绩效和财务绩效的影响机制。再次,结合知识溢出和吸收能力相关研究,探究战略投资者的吸收能力与参与程度对战略投资者投资行为与投资绩效之间关系的调节作用。相关研究丰富并发展了战略投资者投资行为和投资绩效研究的理论体系,同时也拓展了组织学习理论、资源基础观、智力资本理论以及知识溢出理论在战略投资领域的应用场景。

第三,本书基于情境化视角和资源基础理论,进一步探究了在不同政策和行业外部环境因素下,战略投资者实现高创新绩效和财务绩效的可能路径。在研究方法上,本书利用在公司金融和资本市场研究领域较为新颖的定性比较分析方法探究不同动机驱动下产生高投资绩效的组态条件,研究结论可为战略投资者投资行为的实施和绩效提升提供更有针对性的策略建议。

本章对研究涉及的概念进行界定，辨析"战略投资者"、"战略投资者投资动机"、"战略投资者投资行为"与"战略投资者投资绩效"的内涵。在此基础上，以组织学习理论为指导，立足资源基础等相关理论，构建本书的研究框架。

第二章

概念界定及理论基础

2.1　概念界定

首先,本书从资源能力视角,界定战略投资者的内涵,并结合战略投资者的发展现状,剖析战略投资者的特征。其次,分别对战略投资者投资动机、投资行为以及投资绩效的概念进行解析。

2.1.1　战略投资者的界定

战略投资者属于投资者的子集,对其解析需要先从投资者入手。

(1)投资者

投资者指为了赚取投资利益,通过现金或者购买股票等方式,买入所需资产的自然人和法人[73]。广义的投资者主要有公司股东、债权人和利益相关者[74],狭义的投资者只包括公司的股东[75]。从投资者主体来看,个人、家庭、企业、事业单位和政府都可能成为投资主体进行投资,具有保守型特征,往往通过基本分析做出交易决策,对信息的信赖性较小。

(2)战略投资者

①业界关于战略投资者的定义 1997 年 7 月,我国证监会为对战略投资者提出明确的定义,发布了《关于进一步完善股票发行方式的通知》一文,指出战略投资者为"与发行公司业务存在紧密联系、欲长期且较大份额持有发行公司股票的法人"。在此基础上,1999 年证监会又进一步完善了战略投资的定义,颁布了《关于进一步完善股票发行方式的通知》。该报告放松了战略投资者持股份额的要求,认为战略投资者是"与发行公司业务联系紧密且欲长期持有发行公司股票的法人"。此后,战略投资者在我国逐步兴起。2006 年,中国银行业监督管理委员会印发了《国有商业银行公司治理及相关监管指引》,要求国有商业银行引进战略投资者时,战略投资者的持股比例不低于 5%,且持有期在三年以上。2020 年,证监会为了规范战略投资者的发展,制定了《关于上市公司非公开发行股票引入战略投资者有关事项的监管要求》,更加严格地规定了战略投资的条件,即战略投资者需要具有同行业或相关行业重要战略性资源,能够给被投资企业提供资源上的帮助,并且希望与被投资公司谋求双方协调互补,进行长期的共同合作。与此同时,战略投资者还需要长期持有较大比例的被投资企业股份,委派董事实际参与被投资企业治理,履行对被投资企业的监管职责。此外,战略投资者在最近三年内没有被证监会行政处罚或被追究刑事责任,在诚信记录方面不存在任何问题。

②学术界关于战略投资者的定义。国外学者关于战略投资者的定义可追溯于Porter[76]提出的竞争理论,在该理论中他首次提出了产业战略投资者这一概念。产业战略投资者的目标是寻求战略收益,因而会与被投资企业建立长期合作关系。基于此,通常会与被投资企业制定合作计划,并且通过对被投资企业进行资金、技术、管理、市场、人才等资源的投入,较大程度地帮助被投资企业提升技术创新能力,实现可持续发展。与此同时,通过与被投资企业互相学习,也能够反哺于战略投资者自身的发展,提高战略投资者自身的技术创新能力和市场占有率。在此基础上,Park[77]明确了战略投资者的投资方式,认为战略投资者为了能够参与目标企业的管理,需要长期且稳定持有目标企业较大份额股份,从而才能够促进企业的长远发展。国内学者基于国外学者的理论框架,从不同的研究视角对战略投资者进行了界定。潘婷[78]基于战略投资者价值发挥的视角,认为战略投资者指可以为被投资企业提供资金,且能够在新技术创新创造、新产品升级迭代、管理经验增长、市场网络拓展等方面助力被投资企业的投资者。

本书从战略投资者的资源能力角度,在此基础上从战略投资者的投资目的出发,并参照国家的相关规定,将战略投资者界定为:具有同行业或相关行业资源能力优势的投资者,诸如资金、技术、管理、市场、人才等,并且有能力为被投资企业带来国际国内领先的核心技术资源和战略性资源,能够显著增强被投资企业的核心竞争力和创新能力。与此同时,战略投资者还需同时满足,持股比例超过5%以及占有被投资企业董事会席位的条件,能够向被投资企业委派董事以及参与其运营管理,即对被投资企业有重大影响。此外,战略投资者还会谋求与被投资企业协同互补的长期共同战略利益。战略投资者主要包括境内外的实业企业、大型集团、具有战略投资性质的创业投资机构等。

(3)战略投资者的特征

基于战略投资者应具备特定的同行业或相关行业战略性资源,具有一定的门槛,因而本部分主要从战略投资者自身资源能力的角度,探讨战略投资者自身的特征,从而明确何种企业有实力能够成为战略投资者。

①竞争力强。第一,战略投资者应该具备较强的资金实力。投资的过程中,战略投资者帮助被投资企业进行产品研发、产业化需要大量的资金,因而战略投资者的资金实力较强。第二,战略投资者通常是行业内领先企业。战略投资者能够为被投资企业提供技术、市场以及管理经验等方面的资源,这就要求战略投资者本身有一定的技术积累和管理水平,是拥有自主知识产权、自主品牌和较强竞争力的优势企业。基于此,战略投资者能够帮助被投资企业进行发展的战略规划,并且通过战略投资促进自身的投资回报。第三,战略投资者在行业内有一

定话语权。战略投资者通常拥有上下游完整的产业链资源[79],在行业内具有一定的话语权,与合作商建立了良好的合作关系,能够将行业内的资源进行有效整合,具备从设计研发、生产制造到市场营销环节的资源配置能力。因此,战略投资者不但能够结合自身产业链资源,根据被投资企业的市场需求,有效协助被投资企业整合产业链上下游资源,而且还能够向其提供成熟的技术、市场以及管理经验等各方面的资源,帮助被投资企业提高产品品质、生产效率、经营业绩,进而提高战略投资者的投资收益。

②创新性强。一方面,战略投资者具有较强的创新能力。通常战略投资者的创新能力主要包括技术创新能力与管理创新能力。其中,技术创新能力指企业利用新思想开发新产品与新工艺的能力,能够提高企业生产效率,促进新产品和新服务的产生,帮助企业引领市场需求、保持竞争优势,从而创造垄断利润[80]。管理创新能力指企业探索新管理方法、组织结构以实现创新目标的能力,不仅有助于优化配置创新资源,实现资源在企业的顺畅流动,还能够帮助企业建立长效创新激励机制,从而保障技术创新活动的实施[81]。另一方面,战略投资者具有持续创新的目标。战略投资者能够通过不断开发整合和应用先进技术,改变人类生产生活方式,引领全球经济社会发展潮流。战略投资者是具有持续创新能力的企业[82],能够凭借大规模优势、人才优势和风险抵御优势,推动产业和企业不断转型升级,持续创新和创造产业与企业价值,从而引领社会发展。因此,新时代中国经济的发展,必须以建设创新型经济为重任,培育一批具有持续创新力的战略投资者,抓住新一轮工业革命和新技术浪潮,引导和带动我国经济创新发展。

③成长性强。一方面,战略投资者有清晰的成长战略。战略投资者不但具备一个明确而清晰的战略规划,并且该战略能够随着环境的变化而进行调整[83]。此外战略投资者还能够根据技术能力、市场环境、政策扶持等现状,制定符合自身发展阶段的规划和愿景,从而建立起自身的竞争优势。然而,由于市场需求变化太快,战略投资者难以满足所有的需求,加之自主研发的风险较大,由此战略投资者根据企业内部条件和外部环境,结合长期的生存和发展导向,进行对外投资。通过战略投资者的投资,其能够利用组织学习,吸收其他企业的经验,从而保证自身立于不败之地[84]。另一方面,战略投资者具有顾客价值成长意识。顾客价值成长是企业可持续发展需要关注的重点,需要企业有顾客价值成长的意识和文化,并且具有维持顾客价值持续成长的能力。战略投资者对外投资时,以顾客价值为导向,通过调研顾客的喜好,选择合适的被投资企业,从而学习新的产品生产技术和生产流程,布局新的产品线以及市场网络,提升市场占

有率和市场话语权,进而实现长期可持续发展。

（4）战略投资者的类型

林志杰[85]根据战略投资者的背景,将战略投资者分为产业类战略投资者和金融类战略投资者。其中,产业类战略投资者指具有生产经营业务的战略投资者,且其业务目标与被投资企业业务较契合。与此同时,产业类战略投资者通过长期持有被投资企业的股份,积极参与被投资企业日常运营管理,有助于谋求其自身的战略发展目标。在此基础上,王斌和宋春霞[86]对产业类战略投资者进行了进一步界定,他认为战略投资者包括与被投资企业处于同一行业或产业链上下游的实业企业、由大型多元化集团或者实业企业设立的单独的财务投资公司以及某些科研院所等,这些企业不仅能够为被投资企业提供资金,而且还能够帮助被投资企业进行技术的升级改造、产品的创新研发、市场地位的扩大增强、管理水平的提升精进等。例如,腾讯控股集团作为产业类战略投资者投资了滴滴出行。再如,阿里巴巴集团作为产业类战略投资者入股饿了么等。金融类战略投资者通常不进行产品生产和经营制造,仅具备金融背景,主要是早期的风险投资基金(VC)和后期的私募股权投资基金(PE)两种。这类投资者的投资目的是寻求财务收益,主要投资未上市的企业,以期获得未上市企业的股权并在企业上市后成功退出。在此基础上,郭晔等[59]分析了商业银行如何选择合适的战略投资者类型,认为战略投资者主要包括境外战略投资者、境内金融机构战略投资者以及境内非金融机构战略投资者。其中,境外战略投资者希冀通过投资活动进入中国的新市场、开拓多样化市场领域、获得更大的顾客价值、增强市场份额[87];境内金融机构战略投资者的投资动机在于获得规模经济与范围经济效应;境内非金融机构战略投资者的投资动机为拓展产品线和获得较高的投资收益[88]。

2.1.2 战略投资者投资动机的界定

投资动机是指战略投资者主体在评估影响战略投资者的投入政策资源、技术市场环境、产业配套资源及其资源能力的基础上,探寻战略投资者投资的规划目标和理念定位,以明确战略投资者主体实现投资目标的最佳路径。

然而,通过实际调研可知,战略投资者的投资动机未结合其资源能力特征,对自身投资定位尚不清楚,较易陷入投资"羊群效应"。我国战略投资者发展起步较晚,投资经验较少,加之战略投资机构缺乏复合型人才,因而往往参考大企业而进行跟风投资,导致许多战略投资者没有选择适合自身发展的被投资企业,"羊群效应"显著[89]。例如,2017 年 12 月 18 日,腾讯以 6.04 亿美元投资唯品会,后通过三次增持成为唯品会第二大股东,并与唯品会达成了战略合作协议,在微信购物入口界面接入唯品会。但由于腾讯在电商领域资源能力不足,虽然拥有微信的流量,仍然难以与唯品会进行匹配,最终造成2亿多美金的亏损。

基于此,本书将从战略投资者的资源能力角度出发,剖析战略投资者投资的动机,帮助战略投资者选择合适的被投资企业,从而帮助战略投资者利用被投资企业的资源能力,助推绩效的提升。本书认为战略投资者的投资动机是指战略投资者立足于自身资源、能力和投资需求,选择适宜的投资方式,进而推进企业研发、生产和销售等价值创造能力的演化提升。

(1)战略投资者投资动机的探寻

现有关于中国企业对外投资的动机研究较多,对战略投资者投资动机的研究较少。本书通过借鉴企业对外投资动机的研究,在此基础上,依据第二章对战略投资者内涵的界定,并结合战略投资者投资需求的特征,从而探究战略投资者的投资动机,进而阐述战略投资者投资动机的相关特征。

(2)战略投资者投资动机的类型

学界业界对投资动机的研究尚处起步阶段,且集中于企业跨境海外投资领域。总结前人文献,发现已有文献根据投资者所投资的行业确定其投资动机[90-92],投资者投向的行业代表了其所具有的投资动机。总体而言,中国对外直接投资行业分布较广泛,因而中国企业对外投资的投资动机多元化程度较高,主要可以划分为市场寻求动机、资源寻求动机以及技术寻求动机三种类型。首先,关于市场寻求动机。鉴于中国对外直接投资行业中占比较高的行业有"租赁和商务服务业""金融业"及"批发和零售业",通过中国企业对这些行业的投资可以看出,许多企业对外投资的目的在于获取东道国的市场份额和市场网络,从而快速进入新的市场以获取财务收益[93]。其次,关于资源寻求动机。鉴于中国国内各项资源日趋紧张,因而中国对外直接投资高占比行业中名列第三的行业为"采矿业",体现出资源寻求的动机。中国企业通过对外投资获取自然资源,从而降低企业的生产成本[94]。再次,关于技术寻求动机。中国对外直接投资高占比行业中位次第五的行业是"制造业",2015年该行业流量占比为3.6%,鉴于"制造业"具有较强的技术创新特征,因而中国企业对外投资也存在较强的技术寻求动机[95]。

由此可见,中国企业投资的主要目的是寻求技术支持、市场资源以及资源获取。但上述动机的类型划分与战略投资者并不契合。一方面,传统的投资者资源获取动机更多倾向于获取自然资源,而战略投资者通常是行业内龙头企业,是拥有自主知识产权、自主品牌和较强竞争力的优势企业,其自身具有一定的资源优势和管理能力[96]，其通过投资获取自然资源的需求相对较小。另一方面，战略投资者进行战略投资往往更倾向于投资与自身业务相关的企业，希望通过与被投资企业的合作，改善其业务运营，从而获取商业上的战略优势，因此自然资源对于战略投资者的吸引力较小[97]。此外，从概念上看，其余两类动机所追求的市场资源和技术资源，在一定程度上也可统称为资源。因此，资源获取动机对于战略投资者而言并不适用。

综合上述分析，本书结合战略投资者的投资特征，从战略投资者的自身能力、投资需求等角度界定战略投资者的投资动机，认为战略投资者的投资动机是指战略投资者在综合分析自身能力和发展需求的基础上，驱动其产生差异化投资行为的根本原因。具体而言，战略投资者的投资动机可以分为技术寻求型和市场寻求型两种类型。

①技术寻求型动机

技术寻求型动机的内涵。技术寻求型动机是指，战略投资者以技术寻求为对外投资的主导动机，重点投资具有突破性技术创新能力和技术研发能力的创新型企业，以解决产业关键核心技术、产业关键零部件、关键"卡脖子"技术等问题为动力，以产业现实需求为导向，加快推进重大项目技术联合攻关，联合推动前沿创新研究[98]。在此基础上，建立产业化生产能力，并通过营销网络将新产品推向市场，以实现科技成果商业化，从而推动产业链、创新链升级。由此可见，战略投资者若采取技术寻求型动机，一般围绕人工智能、互联网、信息技术等领域，以探索科技前沿为导向，催生更多产业关键核心技术。2014年，百度内部投资部对以色列视频捕捉技术公司 Pixellot 进行战略投资，投入 184 万元的天使轮投资，重点推进并学习该公司的无人遥控摄像机系统，以提高百度在视频内容制作方面的技术储备，强化百度在移动端视频领域的竞争力。

技术寻求型动机的特征。第一，以实施颠覆性技术创新为动力。战略投资者的技术寻求型动机，倾向于实施突破性技术创新，通过引领其他企业共享生产要素、加强创新协同，推动与被投资企业的深度融合，进行相互嵌入式合作，因此可以在产业演化早期形成核心竞争优势。第二，以能够引领新兴市场需求为目标。战略投资者通过与创新型企业合作研发，结合产业需求联合开展技术攻关，凭借技术创新能够提高产品的性能，赋予产品新的功能特征，从而能创造差异化顾客需求，引领新兴市场发展潮流。第三，以进行持续性技术研发为着力点。由于产业技术、产品更新换代速度快，因而企业不仅要时刻关注技术的变化趋势，开发出符合产业发展的技术，而且要关注产品的产业化生产及市场引领。基于此，战略投资者在进行联合研发时，需要进行持续性的技术攻关，准确把握用户需求和行业变革。

由于企业发展需要不断创新,以重大技术突破为导向,因此企业若能实现突破性技术创新,并能推动主导技术的确立,就能抢占技术竞争主导权。鉴于此,具有较强研发能力的战略投资者,应采取技术寻求型的投资动机,谋取先动优势,不断进行技术创新,并推进新兴技术的商业化,如此方能抢占市场,较早奠定行业领导地位。

②市场寻求型动机

市场寻求型动机的内涵。市场寻求型动机指战略投资者分析产业发展形势、市场发展趋势,通过投资具有较强市场资源的企业,借助被投资企业的市场和客户群,以更快捷的方式获取客户、服务客户为目标,以打造强大吸引力的爆款产品为导向,从而实现新兴技术的本土化生产与销售,进而快速获取客户、提高市场占有率;与此同时,随着战略投资者技术能力的提高逐步实现自主创新,从而实现技术赶超与市场突破。可见,以市场寻求型动机为目标的战略投资者通常采取市场战略导向,通过市场需求进行技术创新从而渐进地提高自主创新能力。例如,百度内部投资部对美国 Uber 公司进行战略投资,该项目不仅帮助百度提前了解移动出行领域的技术与市场,为百度后来进军智能汽车与智能出行领域打开窗口,其海外业务还为百度进军全球市场提供了更多参考信息。

市场寻求型动机的特征。第一,以抢占市场需求为动力。该类战略投资者以满足市场需求为战略导向,善于挖掘市场需求,并能监测竞争者的战略动态,从而能快速发掘细分市场,并能结合顾客需求进行有效的商业模式创新,从而能较快地抢占市场。但由于该类战略投资者的创新活动以现有市场需求开发为主,这会使企业局限于消费者显性需求,从而难以引领消费者的潜在需求。第二,以实施渐进性技术创新为目标。该类战略投资者的技术创新能力相对薄弱,主要引进或模仿领先企业的先进技术,并根据市场需求实施技术改进与二次创新。第三,以降低创新风险为关键点。由于该类战略投资者缺乏核心技术,主要依靠技术引进与改进性创新,因此该类战略投资者对技术引进学习的依赖程度较高,因而能够承担的创新风险较小。由于该类战略投资者主要实施技术引进及二次创新,而且以开发消费者显性需求为主,因此该类战略投资者的技术创新成本较低,承担的技术创新风险亦较小。

2.1.3　战略投资者投资行为的界定

投资行为是指投资主体根据其投资动机,选择合适的投资方式,促进与被投资对象之间资源的嫁接和交换。然而,从我国战略投资者投资活动的现状看,现有战略投资者的投资方式把握不准,导致投资的风险较大。一方面,战略投资者对投资时机定位不准[99]。战略投资者对于被投资企业在不同的成长阶段所发挥的作用是不同的,如果其投入的资源和能力对于该阶段的企业来说是非核心区块,则不利于战略投资者和被投资企业的合作学习。例如,对于处于发展早期的企业来说,其引入战略投资者往往为了研发项目,其技术尚未成熟,需要大量研发经费[100]。然而部分私募基金类战略投资者着急要求更高回报,从而急于求成,往往会干扰被投资企业的战略规划,从而造成投资失败。另一方面,部分战略投资者对于投资的注资行为使用不当。例如,被投资企业从产品设计研发到商业化生产,都离不开战略投资者的资金支持。然而战略投资者可能通过被投资企业的过往业务记录,发现被投资企业新产品的财务绩效不高,因而可能会中断投资,从而导致被投资企业资金链的断裂。再如,被投资企业从机构设置到人员安排,也都离不开战略投资者的把关。然后由于被投资企业刚起步,管理体系可能尚未完善,管理人员的工作经验也较为欠缺,在此种情况下,如果战略投资者突然进行撤资,则将会导致被投资企业难以正常运作。

基于此,本书基于战略投资者的异质性投资动机,结合战略投资行为的影响因素以及战略投资行为的实际发生过程,从战略投资者的投资时机、联合投资行为、分阶段投资行为角度,深入剖析战略投资者的投资行为。

（1）战略投资者投资行为的解构

投资行为指投资主体在一定的投资动机驱动下,为达到特定目标做出的具体投资活动[101]。学界对战略投资者的投资行为研究尚处起步阶段,相关研究多集中于风险投资领域。一是风险投资行为的界定与分类,风险投资的投资行为主要包括投资行业、投资地域与进入时机等内容[102]。随着风险投资形态的日趋成熟,目前关于风险投资行为的研究已经围绕联合投资行为、分阶段投资行为进行展开。二是风险投资行为的驱动因素,主要包括获得财务收益以及降低投资风险等[103]。由学界有关风险投资的投资行为论点可知,风险投资的投资行为是投资主体基于自身投资动机,以实现投资报酬目标,对所投资企业进行投资以及管理的活动[104]。例如,合作伙伴选择、进入时机选择、投资行为选择等。

与风险投资机构相同,战略投资者的投资行为也具有较高的风险性[105]。目前,战略投资者投资行为还尚未具有科学性。据此,借鉴风险投资机构投资行为方式的文献成果,本书指出战略投资者投资行为方式是指,战略投资者以互利共赢为投资理念,为进行关键技术突破和抢占市场先机为目标,盘活配置市场内外部资源,撬动整合政府资源;以选择合适的时机进行资源的嫁接与整合,以联合投资、分阶段投资对被投资企业进行投资管理的方式。

（2）战略投资者投资行为的特征

第一，积极构建紧密联结关系，以求强强联合。战略投资者进行技术创新共同研发，需要通过知识的转移和交互，因此应构建高质量的合作机制，建立彼此之间紧密的合作关系，助力知识的传播和扩散。战略投资者与被投资企业之间的紧密关系，能够增强双方交流的机会[106]，促进相关知识的分享和学习，进而有利于双方人员增强自身能力，从而提升双方的创新绩效和财务绩效。其次，战略投资者与被投资企业之间的紧密结合，能够增强双方人员的情感交流，从而能够降低沟通成本，缓解信息不对称，增强信息的可靠性和资源的开放度，从而促进知识的流动，提升双方的绩效水平。再次，通过建立起较坚固的同盟关系，分享市场资源以及供应链等资源，互相进行技术知识的传播和扩散，战略投资者与被投资企业之间的紧密关系，能够增强双方企业在产业链中的重要性。

第二，侧重实施多种投资方式，以求优势互补。战略投资者与被投资企业之间的信息不对称特征决定了其市场价值在短期内难获得需求方的认知、认同和接受。为促进战略投资者投资效率的提升，战略投资者必须对接外部环境和组织内部的有限资源，配置组合和创新多种投资行为，以助力战略投资者与被投资企业之间的知识交流与合作互补。例如，战略投资者通过早期进入行为，一方面能够获得被投资企业的创新资源，提升自身的创新能力；另一方面也能够为被投资企业的发展提供充足资金。再如，战略投资者通过联合投资行为，一方面能够获取被投资企业的知识资源以及技术资源；另一方面也能够为被投资企业带来社会网络资源。最后，战略投资者通过分阶段投资行为，一方面能够在不断地投资中利用被投资企业的技术扩散，从而提升创新能力；另一方面还能够激励被投资企业进行技术创新、组织创新等，以获得下一轮投资，从而实现双方协调互补。

2.1.4 战略投资者投资绩效的界定

王宗军和张俊芳[107]认为对外投资绩效主要包括6个层面的指标，财务层面、客户层面、业务流程层面、技术创新层面、发展潜力层面、社会和环保层面。班博[108]则提出对跨国投资的绩效评价应结合投资动机，进行财务绩效和非财务绩效两个维度的评价。其中，财务绩效评价指标主要包括投资报酬率和获利率，非财务绩效评价层面主要包括海外市场占有率、国际多角化程度、海外人力资源管理状况、创新能力。徐新华[109]在分析中国企业对外投资绩效时，认为投资绩效应包含域外投资子公司经营业绩状况以及域外公司技术能力提升水平。虽然，现有研究对投资绩效进行了划分，但现有研究中关于投资绩效指标的划分维度均较为宽泛[110]，加之部分指标为形成性指标，难以量化，导致无法细化投资产生的具体绩效。

班博[108]的相关研究指出，对于不同投资者而言，投资绩效的测度不应该选择宽泛的指标体系衡量，而应充分结合其投资动机，从而明确与之对应的投资绩效。对于战略投资者而言，我们在2.1.2部分提出战略投资者的投资活动，一方面为了获取财务回报，另一方面则是希望进行技术突破，并将战略投资者的投资动机划分为市场寻求型和技术寻求型。这与我们实践调研发现结果也较为契合，对于战略投资者而言，进行投资后其往往更关注与被投资企业进行两方面的交流。首先是加强市场营销人才与被投资企业市场营销人才的合作，构建双方相互学习的机制，尤其是整合双方的市场营销资源，试图扩大市场，获得商业战略上的收益。其次则是注重加强与被投资企业中研发人才的沟通，从而促进生产技术以及研发技术扩散的广度和深度，从而获得技术研发上的收益。

综合上述分析，本书认为战略投资者投资绩效是指战略投资者在一定时期内通过采取一定的投资方式进行投资后所获得的综合收益。具体而言，战略投资者的投资收益可以分为创新绩效和财务绩效两种类型。

2.2　理论基础

基于战略投资者相关概念的认知，以及对战略投资者的调研分析情况，本节以资源基础理论、组织学习理论为指导，立足于智力资本理论与知识溢出效应理论，以"动机—行为—绩效（M—C—P）"分析范式为逻辑主线，构建本书的理论分析框架。

2.2.1　组织学习理论

组织学习指组织为实现可持续发展和高质量发展，不断进行知识的获取、吸收、消化以及运用，从而能够使企业一直保持核心竞争力[111]。组织学习理论最为核心的观点是，知识是企业保持竞争力的重要源泉，企业只有通过不断学习新的知识，更新企业的知识合集，才能在市场竞争中永远处于不败之地。知识不仅包括显性的知识，诸如企业的技术专利、技术人才、市场数据等可以明确感知的知识资源；还包括管理经验、企业文化、企业愿景等隐性知识，这些知识共同决定了企业的生产经营能力以及资源配置能力，从而能够影响企业的产出和市场份额[112]。组织学习程度主要取决于三个方面：第一是组织的学习意愿和能力[113]，学习意愿和能力越强，组织中的个体越愿意进行知识的搜寻与探索，从而丰富组织整体的知识储备。第二是组织的吸收能力[114]，吸收能力越强，组织中的个体越能够将学习到的知识内化为自身的素养，能够为企业的发展提供有益的帮助。第三是编码新知识和将其转化为集体财产的能力[115]，个体将学习到的知识吸收、消化并创造出新的知识，能够增强组织的创新能力，从而改善企业的生产经营活动，创造出更多的价值，实现企业的可持续发展。

对于日新月异的市场环境和不断变化的市场需求，企业难以掌握创新所需的所有知识。战略投资者的投资活动能够较大程度地打破组织学习的组织边界，通过投资进行组织学习[116]。因此，战略投资者希望通过对外投资，扩展组织学习维度，获取被投资企业的知识溢出，弥补自身资源能力的不足[117]，从而实现可持续发展。

2.2.2　资源基础理论

根据资源基础理论的观点，每个企业都具有诸多有形和无形资源，诸如，研发资源、生产资源以及人力资源等，这些资源的加工组合可以形成企业的独特竞争优势。基于 Wernerfelt[118]的观点，企业所拥有的独特资源与能力是其保持持久竞争优势的源泉。在资源基础论的基础上，战略投资者的投资行为可以看成是获取其他企业资源的战略行为，其目的在于通过投资，获取战略投资者所需要的稀缺资源，诸如，技术资源、管理经验、市场资源、社会资源等，从而弥补战略投资者资源的不足，帮助战略投资者实现价值最大化。

从资源基础理论的视角来看，战略投资者通过投资，主要目的在于寻求互补性的资源[119]。因此，战略投资者通常采用向被投资企业增派董事的方式，与被投资企业进行合作交流，学习被投资企业的显性和隐性知识，获取被投资企业的稀缺资源。战略投资者与被投资企业的资源交换主要体现于：第一，战略投资者往往具备雄厚的资金优势，能够为被投资企业提供研发所需的财务资源。而被投资企业具有较高的技术资源和新产品研发资源，能够满足战略投资者的技术寻求动机[120]。第二，战略投资者往往是业界的大企业，具有较丰富的市场网络资源，能够为被投资企业提供市场营销渠道以及顾客资源。而被投资企业往往具备新的商业模式和新的产品概念，能够为战略投资者开拓新的产品线，从而帮助战略投资者抢占新的市场高地。

2.2.3　智力资本理论

Senior[121]初步提出了智力资本的概念，认为智力资本不仅包括智力、知识或者无形资产，还包括知识形成以及知识运用的动态过程。在此基础上，美国学者 Stewart[122]对智力资本的概念进行了拓展,提出智力资本是知识、产权、经验、内部组织、外部运作等所有要素的集合,是企业或者组织最有价值的无形资产,能够促进企业产生新的知识和能力,为企业带来经济价值,有助于企业的可持续发展。Edvinsson 和 Malone[123]认为智力资本是能够产生价值的智力和能力的总和,即能够为企业带来经济效益的专业知识、经营经验、组织制度、市场网络等都属于企业智力资本的范畴。国内学者景莉[124]认为智力资本能够对各种知识元素在特定组织中进行的有效整合,形成能够为企业创造价值的能力。Ali等[125]也认为智力资本不但有助于企业进行知识价值创造、知识价值提升和知识价值实现,而且还能够帮助企业创造新的知识并转化成企业的经济和社会价值。

通过梳理智力资本构成要素的相关文献,本书发现,鉴于学者们对于智力资本的概念具有不同看法,因而学术界对智力资本的构成要素没有统一的定义。然而,通过大量阅读文献发现,大多数学者关于智力资本的构成要素中都囊括了人力资本、结构资本和社会资本[126]。在此基础上,结合战略投资者高技术、高资本、高智力的特点[127]以及战略投资者从被投资企业中获取资源的方式,本书将战略投资者从被投资企业中获得的资本划分为人力资本、结构资本和社会资本三个维度。其中,企业员工是人力资本的主体,核心是员工能力,即员工通过运用自身所拥有的专业知识、技能以及自身工作经验,创造出新的想法和观念,并将自己的新想法运用于企业的日常经营活动之中,带来企业的变革,从而有助于企业创新绩效的提高;结构资本的主体是企业,主要是组织能力,它根植于企业的规章制度和政策体系之中,代表了企业配置资源的能力,能够促进各项资源在企业中有效流通;社会资本主要指企业的相关利益者,诸如,产业链上下游的供应商、顾客、开发商以及合作伙伴等,能够为企业带来网络资源和社会资源。

2.2.4 知识溢出效应理论

马歇尔最早提出了"溢出"的概念,主要解释为"外部经济"。在此基础上,Pigou[128]进一步利用外部效应解释了福利经济学理论。他认为:如果一方为另一方提供帮助时,给第三方造成了影响,但是无论第三方是否受到好处或者损失,第三方既不需支付报酬也不会受到赔偿,此为"外部效应"。在此基础上,Arrow[129]对知识溢出的概念进行了进一步挖掘,指出鉴于知识具有扩散性、流动性、公共品属性等特点,因而创新个体通过研发活动产生的技术、知识以及管理经验等,即使其他企业不向创新企业支付任何报酬,也能够获取创新者的知识。Geroski[130]指出,技术、知识和经验均包括溢出特性,且它们的可贵之处就在于其可传递以及可学习借鉴,因而它们在生产者和使用者中流动时必然产生溢出效应。MacDougall[131]通过研究外商对外直接投资的一般福利效应时,指出外商直接投资能够给东道国经济带来明显的技术溢出效应,具体而言,外资企业在东道国的生产经营活动,有助于东道国本土企业技术创新能力提高,即具有技术外溢特征。

根据涂心语和严晓玲[132]的研究,在当前中国数字经济和实体经济逐渐融合的发展背景下,规模经济效应、范围经济效应和管理效率效应是数字经济发挥作用的中间机制,能够促进企业全要素生产率的提高。本书在此基础上,根据战略投资者投资实践,认为战略投资者从被投资企业中获得的知识溢出效应也主要包括规模经济效应、范围经济效应、管理效率效应。

2.3 "动机—行为—绩效"的研究框架构建

"动机—行为—后果"分析框架来自心理学研究,并被广泛运用到组织管理和人力资源的相关研究中,其核心思想是,个体的动机会影响其行为,而个体的行为会进一步造成行为后果。研究者和管理者通过理解个体的动机,可以更好地激励个体的行为,从而产生积极的效果。本节基于心理学理论和组织学理论对战略投资者投资动机影响投资行为、投资行为影响投资绩效的机制进行阐述,以期建立起战略投资者"动机—行为—绩效"的研究框架。

(1)"动机—行为"的理论推导

"动机"是心理学和社会学研究中的常见概念,指引起个体活动,维持并促使其活动朝向某一个目标进行的动力。行为学理论强调"人"的需求因素,认为动机是产生行为意愿的内在作用和前提。但随着研究的深入,Fishbein 和 Ajzen 于1975年提出了"理性行为理论",认为行为是基于人们的意愿产生的,因此意愿也可以由行为进行反推。但是,在现实生活中,人们非绝对的理性,行为会受到管理约束和外部环境的制约。因此,Ajzen 改进了上述理论,于1988年提出了"计划行为理论",认为人们的行为不完全出于自愿,具有一定的控制,即人的行为由行为意愿决定,意愿由行为态度、主观规范以及知觉行为控制,这些控制因素都可以统称为动机。由此可以看出,对于主体而言,任何行动的实施都必然受到动机的影响。姜滨滨[70]指出联盟动机是企业建立或参与技术联盟的意愿或愿景,而这种明确的意图、愿景可借助多种方案实现,进而研究了联盟动机影响专利策略选择的作用机理。而投资作为一项由企业或者个人作为主体而实施的行动,其必然也受到行为主体动机的影响。大量研究也证明了上述观点,李森[133]构建了股权众筹模式社会大众投资动机模型,并检验了投资动机对于投资意愿的影响,认为内在动机对于社会大众的投资意愿具有显著的正向影响。王丽红[134]将私募股权基金的投资行为分为分阶段投资行为和联合投资行为,并基于委托代理和交易成本理论,分别探讨了两种投资行为产生的动机以及这些动机如何影响 PE 的投资行为。

战略投资者作为行为主体,其进行的投资行为也会收到自身投资动机的影响。具体来看,战略投资者立足于自身资源、能力和投资需求,确定投资动机,并根据其投资动机,选择合适的投资方式,促进与被投资对象之间资源的嫁接和交换,符合基本的动机、行为概念。与此同时,战略投资者投资活动的起点是产生投资动机,该动机可产生投资的行为意愿。因而本书后续会借鉴前人的理论分析框架,分析战略投资者投资动机影响投资行为的理论机制。具体而言,技术寻求动机驱动下,战略投资者为应对技术复杂性增加、技术创新不确定性加大、技术生命周期缩短,会采取一些特定的投资行为,以保证投资动机的达成。市场寻求动机驱动下,战略投资者为应对市场环境的不确定性、顾客需求的多变性以及市场创新的复杂性,也会采取特定的投资行为,以实现投资动机。

(2)"行为—绩效"的理论推导

绩效通常是指企业运行的效率和结果,具体可视为企业通过某一行为而获得的结果。经典的产业组织理论认为,企业发展的绩效取决于卖方企业和买方企业的行为。参与各类活动的主体做出具体参与行为,进而可以实现某个最终的目标。因此,对于企业而言,任何一项行为的实施都会产生相应的绩效。例如,马蓝[69]研究了企业合作行为对合作绩效的影响机制,认为企业的紧密联结和知识资源投入行为均有助于企业创新绩效的提高。而投资作为一项由企业实施的具体行动,其必然也会产生相应的绩效。王丽红[134]遵循"行为—绩效"的效果逻辑,研究了私募股权投资的分阶段投资行为和联合投资行为对投资绩效的影响。刘通等[52]考察了联合投资与单独投资两种投资行为对于创业企业价值创造的影响,发现投资行为可以促进创业企业的价值创造,但相对而言联合投资的效用更强。贾妮莎等[30]则研究了对外直接投资的母国企业技术创新效应,发现中国企业对外直接投资有效促进了母国企业研发投入,但没有促进母国研发产出的增加。综上所述,学者们研究企业行为时,对行为产生的后果进行评价,分析行为产生的绩效,从而形成对整个活动流程的完整研究。

基于前文的理论基础,智力资本是战略投资者通过对外投资获取投资绩效的重要因素,即战略投资者的投资行为可以带来人力资本、结构资本以及社会资本的提升,从而获得投资绩效。此外,根据知识溢出效应,战略投资者从对外投资获得技术、知识以及管理经验的溢出,可以提升规模经济效应、范围经济效应以及管理效率效应,从而提高投资绩效。战略投资者的投资活动的起点是产生投资的动机,进而做出相应的投资行为,最终期望的是能够获得期望的投资绩效。上文分析了战略投资者投资动机对投资行为的影响,而战略投资者投资活动的根本意义在于收获投资绩效。因而本书将基于"行为—绩效"分析框架,并结合智力资本理论和知识溢出效应理论,探讨战略投资者的异质性动机的作用下投资行为对投资绩效的影响机制。

(3)"动机—行为—绩效"的研究框架构建

综合上述分析可以发现,动机、行为和绩效三者之间具有非常紧密的联系。在实践中,"动机—行为—绩效"也是经济学和管理学中常见的研究框架。牟莉莉[67]基于"动机—行为—绩效"的框架,探究了我国高技术企业专利申请动机、行为与绩效关系。张洁琼[71]分析中国企业对外投资绩效时,采用"投资动机—进入模式—创新绩效"分析逻辑,解析了中国企业如何结合自身特征选择合适的投资动机,进而以合法性需求为切入点探讨了投资动机对于投资模式的影响,最后分析了企业的不同模式对创新绩效的影响机制。王一博[65]则基于"动机—行为—绩效"的框架,分析农户借贷动机和申贷行为对农户贷款获取结果的影响。

综上,对于任何个体而言,动机水平和动机类型的差异将直接影响主体行为方式的差异进而产生不同的结果绩效,而战略投资者的投资过程与上述逻辑过程相契合。战略投资者在评估影响自身基础、发展需求以及外部环境等因素的基础上形成不同的战略投资动机,这些异质性投资动机则会推动战略投资者采取合适的投资方式,最终形成不同的战略投资绩效。整个战略投资者的投资过程符合"动机—行为—绩效"的理论逻辑。因此,借鉴前人的研究,本书在对战略投资者投资动机进行划分的基础上,结合战略投资者投资行为的特征,提出能力—动机视角下战略投资者投资"动机—行为—绩效"的分析模型,即投资动机定位(M)—投资行为(C)—投资绩效后果(P)模型,旨在深入探究战略投资者投资方式选择的内在规律,探讨提升战略投资者投资绩效的调适策略。战略投资者为提高自身的投资绩效,一应分析战略投资者的自身资源能力特征,把脉战略投资者的投资需求,决定投资的动机定位;二应根据已确定的投资动机定位,选择组合化的投资方式;三应通过测评现有战略投资者投资的绩效,诊断问题、挖掘瓶颈;四应创设战略投资者投资模式运行效率的调适策略,进而支撑战略投资者投资模式的持续改进。具体而言:

①战略投资的动机定位(M)。动机是指为实现某种目标而采取行动的原

因。在企业管理中,动机是一种重要的管理工具,可以激发组织的积极性和创造力,提高工作效率和绩效。战略投资的动机定位即明确战略投资者的投资目标,确定战略投资者投资的指导思想,从而可以引导战略投资者的资源整合思路,提高战略投资者与被投资企业的协同力,保证投资活动的顺利进行。战略投资者投资动机的定位需要考虑战略投资者自身的资源能力,以及战略投资者的外部环境。本书依据战略投资者的自身能力、技术创新与市场创新侧重点与创新方式,将战略投资者的投资动机分为技术寻求型和市场寻求型动机。

②战略投资的行为(C)。行为是指个体或组织在特定情境下所采取的行动,在企业管理中,行为对企业绩效产生直接的影响。在抉择战略投资者投资动机的基础上,战略投资者需要通过对投资动机的分析,选择切实可行的投资方式。鉴于战略投资者的具有组织学习的特征,其战略资源的投入和嫁接需要根据其投资动机进行配置。基于资源整合视角,战略投资者与被投资企业之间的合作应考虑战略投资者与被投资企业之间的资源匹配程度、战略投资者对被投资企业的控制程度。因此,本书将以战略投资者的异质性投资动机为切入点,剖析投资动机对战略投资者的进入时机、联合投资、分阶段投资行为的影响机制。

③战略投资的绩效后果(P)。绩效指完成任务时所表现出的工作成果,在企业管理中绩效是衡量工作质量和工作效率的重要指标,也是企业发展的重要保障。战略投资者的资源投入、资源嫁接以及投资方式的推进,将促使战略投资者与被投资企业之间的知识溢出以及合作,不仅能够推动战略投资者达成投资动机,而且能形成经济绩效和创新绩效。据此,本书根据战略投资者的异质性动机,挖掘战略投资者投资行为影响投资绩效的机制原理。基于智力资本理论和知识溢出效应理论,本书认为战略投资者的投资行为能够提升其人力资本、结构资本以及社会资本,进而提升投资绩效;投资行为还有助于提升规模经济效应、范围经济效应、管理效率效应,进而增强投资绩效。

由此,本书以"动机—行为—绩效"分析框架为主线,结合战略投资者的投资实践,提出研究框架图(图2.3.1)。具体而言,首先,战略投资者将结合自身能力、技术创新与市场创新侧重点与创新方式,形成技术寻求型或市场寻求型投资动机。其次,在异质性动机定位的驱动下,战略投资者将对战略投资进入时机、联合投资、分阶段投资行为做出抉择。再次,基于不同投资动机,战略投资者的投资行为组合将产生不同的绩效后果,本书重点探讨其创新绩效与财务绩效两方面。

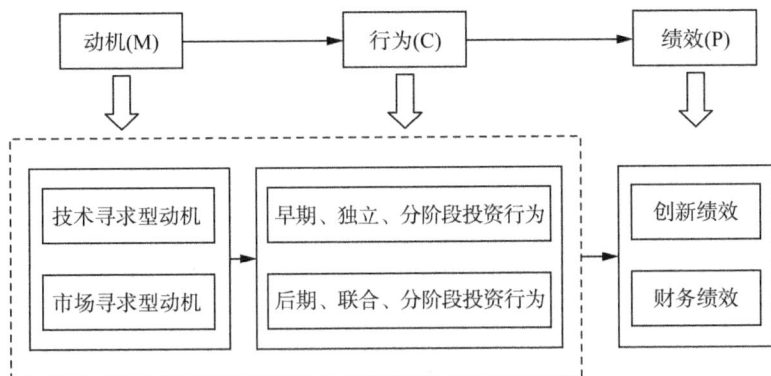

图 2.3.1 研究框架图

2.4 本章小结

首先,本章从战略投资者资源能力角度,结合战略投资者的投资目的和发展现状,剖析战略投资者的定义和特征。其次,本章分析战略投资者的投资动机和类型,并通过文献梳理和现状调研,探寻战略投资者的投资行为及其分类,进而结合智力资本理论和知识溢出效应理论,剖析战略投资者投资绩效的概念。再次,构建"M—C—P"研究框架,指出战略投资者投资模式的有效运行取决于"投资的动机定位(M)—投资的行为方式(C)—投资的绩效测评(P)"。

基于我国战略投资者实际发展情况，本章将战略投资者投资动机划分为技术寻求动机和市场寻求动机，建立不同动机驱动下战略投资者投资行为的理论框架，即投资动机对战略投资者进入时机、是否联合投资、是否分阶段投资的影响机制，进而运用 STATA 16 统计软件，实证检验投资动机对战略投资者投资行为的影响。此外，鉴于战略投资者的投资行为还受到高管团队的影响，因而本章结合高阶理论，探讨战略投资者高管团队年龄和金融背景对上述影响的调节机制。

第三章

战略投资者投资动机对投资行为的影响

3.1　战略投资者投资动机影响投资行为的理论分析

战略投资者投资动机的差异使得其对投资行为的关注不同,从而导致了其建立或参与战略投资的意愿和行为存在差异[135]。技术寻求动机驱动下,战略投资者为应对技术复杂性增加、技术创新不确定性加大、技术生命周期缩短,会采取一些特定的投资行为[136]。市场寻求动机驱动下,战略投资者为应对市场环境的不确定性、顾客需求的多变性以及市场创新的复杂性,会采取特定的投资行为。因此,本书基于战略投资者的异质性投资动机,深入剖析战略投资者的投资动机对其投资时机选择、联合投资行为与分阶段投资行为的影响机制。

3.1.1　战略投资者技术寻求动机与投资行为

（1）技术寻求动机与战略投资者进入时机

技术寻求动机驱动下,战略投资者进行战略投资的目的是获得关键研发技术的突破或进行新型技术的协同攻关[137]。一方面,成立初期的科技型企业在初创期投入成本较大,产生效益的周期较长,故而具有较大的融资需求,对于外部资金具有较大的依赖[138]。另一方面,科技型企业通常是由具有技术背景的高管创业成立[139],其一般已具有较强的创新能力[140]。因此,战略投资者比较青睐投资初创型科技企业。这主要是因为,首先,基于辅导论,战略投资者进入企业的时期越早,与企业的交流更多,一方面能够给予企业更多的经验和帮助[141],另一方面可以从科技型企业中学习其技术研发实力,强强联合,与其一同进行技术攻关[142]。其次,基于股东控制理论,战略投资者在初创企业早期进入,在企业中的话语权越强[143],对企业的控制力度就越强,利用被投企业的知识外溢,学习所投企业技术的能力也越强。此外,成熟的科技型企业对资源的依赖性不强,为了保护自身知识产权,一般难以接受战略投资者的战略投资[144]。因此,本书做出如下假设:

假设 1:技术寻求动机下,战略投资者倾向于选择早期进入行为。

（2）技术寻求动机与战略投资者是否联合投资

技术寻求动机驱动下,战略投资者进行战略投资的目的是增强自身突破性技术创新能力和技术研发能力,往往投资于具有较强研发能力的企业[145]。鉴于技术投资动机往往是投资科技型企业,一方面,初创科技型企业的科学技术研发具有较高的新颖性,一旦研发失败容易对战略投资者产生较大的损失[146]。另一方面,创业企业在产品开发、市场开拓等过程中需要大量财务资源,对战略投者的资金要求较高[147]。因此,技术寻求动机驱动下,投资者往往会进行联合投资。这主要是因为,首先,战略投资者通过联合投资,能够发挥多家战略投资者融合的风险监控优势[148],从而更容易发现科技型企业技术研发和转化过程中的风险,并且对科技型企业可能面临的财务危机进行识别[149],进而能够降低投资失败的风险。其次,战略投资者通过与其他机构联合投资,能够发挥协同效应,联合其他战略投资者的多样化资源和信息[150],诸如生产资源、研发资源以及市场资源等,为科创企业提供充分的增值服务。例如,2016 年,为了学习和吸收照明企业 OSRAM 公司全球领先的照明技术和灯具生产技术,木林森公司与珠海和谐卓越投资中心、和谐浩数投资管理公司等四家企业联合投资了 OSRAM 公司,不但分散了投资高科技企业的投资风险,而且还缓解了资金压力。因此,本书做出如下假设:

假设 2:技术寻求动机下,战略投资者倾向于采取联合投资行为。

(3) 技术寻求动机与战略投资者是否分阶段投资

技术寻求动机驱动下,战略投资者进行战略投资的目的是培养核心竞争力和可持续发展能力,通常青睐于能够创造创新收益的企业[151]。技术寻求型的投资动机往往是投资科技型企业,从而获得技术创新能力的增长。然而,初创科技型企业在新产品的研发过程中面临较高的不确定性,与此同时,初创科技型企业在产品开发、市场开拓等过程中也需要消耗很多的财务资源,因而需要战略投资者具有较大的财务资金来源[152]。因此,技术寻求型战略投资者往往会进行分阶段投资。这主要是因为,首先,战略投资者通过对企业进行分阶段投资,不仅能够提高对企业技术创新失败的容忍度,还能够在企业研发失败时,及时退出,降低套牢风险[153]。其次,战略投资者通过分阶段投资,当被投资企业完成了第一轮投资设立的目标,才能够获得下一轮的投资,从而有效激励所投企业,强化激励机制,促使所投企业的高管和研发人员投入更多精力致力于科技创新[154]。再次,鉴于科技型企业一般具有较高的估值,与此同时,科技型企业进行科技研发需要大量资金,因而投资科技型企业具有较大的资金压力[155],故而战略投资者一般选择分阶段投资方式,从而缓解资金不足的困扰。例如,腾讯是一家主营网络游戏、社交网络和金融科技的互联网公司,为了更好地与 Supercell 研发团队进行合作创新,腾讯于 2016 年—2019 年期间对主营游戏开发的公司 Supercell 进行了战略投资。为了缓解现金流压力和加强对被投资企业的监管,腾讯将先行支付 41 亿美金给 Supercell,然后再进行分阶段注资,90 天内交付 43 亿美金费用给 Supercell,剩余 2 亿美元在三年内付清。因此,本书做出如下假设:

假设 3:技术寻求动机下,战略投资者倾向于采取分阶段投资行为。

3.1.2　战略投资者市场寻求动机与投资行为

（1）市场寻求动机与战略投资者进入时机

市场寻求动机驱动下,战略投资者主要付诸本地化生产,其目的是拓展市场[156]。鉴于成熟期的企业,一方面,具有较大的成本优势和制造优势,具有主导性的核心产品[157];另一方面,成熟期的企业具有相关的外部市场销售渠道和品牌优势,能够满足战略投资者的市场寻求动机[69]。因此,战略投资者具有市场寻求动机时,倾向于投资发展后期的企业。这主要是因为,一方面,战略投资者能够借助所投企业的声誉、客户关系、线下门店、市场网络等市场营销资源,快速进行市场扩张[158],推动自身产品销量,获取市场份额,从而提高市场竞争力[159]。另一方面,成熟期企业往往已经生产出满足顾客需求、能够为顾客创造价值的产品,故而战略投资者投资成熟期的企业,可以了解其生产工艺技术,从投资中进行学习和吸收,从而进行成本较小的模仿创新,进而对战略投资者的产品进行改进[160]。例如,小米集团为了更好地辅助手机等智能设备的发展,于2013年9月,对万魔声学的A轮融资进行了注资,从而借助万魔声学的音乐穿戴式配件等产品,提升小米的智能手机核心竞争力。再如,2014年10月,小米集团对成熟型企业美的集团进行了战略投资,借力美的集团丰富的线下门店资源和市场营销渠道,帮助自身品牌旗下的"小米"和"MIJIA"开拓了市场销售渠道,扩大了小米家电品牌的市场规模,进而开启了全面布局小米家电产业链战略。因此,本书做出如下假设:

假设4：市场寻求动机下,战略投资者倾向于选择晚期进入行为。

（2）市场寻求动机与战略投资者是否联合投资

市场寻求动机驱动下,战略投资者进行战略投资的目的是开发差异化、特色化的产品并拓展产品销售渠道,往往投资于具有较强市场销售能力以及较高品牌价值的市场导向型企业。鉴于具有市场寻求型动机的战略投资者往往投资的是具有较强新产品研发能力和较多资源销售渠道的企业[161],一方面,致力于新产品研发的企业具有高风险特征,假如新产品不被市场认可则会给战略投资者带来较大的损失。另一方面,所投企业在新产品开发、市场开拓等过程中需要大量财务资源,要求战略投资者具有充分的资金来源[162]。因此,市场寻求动机驱动下,战略投资者往往进行联合投资。这主要是因为,首先,战略投资者的联合投资行为能够发挥多家战略投资者融合的风险监控优势,从而更容易发现企业在新产品研发和制造过程中的风险,并且对市场导向型企业可能面临的财务危机进行识别,进而能够及时采取挽救措施[163]。其次,战略投资者通过与其他机构联合投资,能够发挥协同效应,联合其他战略投资者的多样化资源和信息,诸如生产资源、研发资源以及市场资源等,为市场导向型企业提供充分的增值服务[164]。因此,本书做出如下假设:

假设 5:市场寻求动机下,战略投资者倾向于采取联合投资行为。

(3) 市场寻求动机与战略投资者是否分阶段投资

市场寻求动机驱动下,战略投资者进行战略投资的目的是快速发掘新的细分市场,并结合顾客需求进行有效的商业模式创新,因而往往投资于具有较强市场资源的企业[165]。鉴于具有市场寻求型动机的战略投资者往往投资的是具有较强新产品研发能力和新用户需求挖掘能力的企业,一方面,致力于新产品研发的企业具有高风险的特征,如果研发失败则会降低战略投资者的投资收益。另一方面,所投企业在新产品开发、市场开拓等过程中需要大量财务资源和社会资源,需要战略投资者倾注较大的资金量和社会网络资源。因此,市场寻求动机驱动下,战略投资者往往采用分阶段投资行为。这主要是因为,首先,通过对企业进行分阶段投资,从而不仅能够提高对企业新产品研发失败的容忍度,还能够在企业新产品线和新市场线投资失利时,及时退出,降低套牢风险[166]。其次,战略投资者采取分阶段投资,当被投资企业完成了第一轮投资设立的目标,才能够获得下一轮的投资,从而有效激励所投企业,促使所投企业的高管和研发人员投入更多精力致力于新市场的开发和扩张[167]。例如,汉鼎股份是一家从事信息化专业服务和智能化专业服务的互联网公司,为了扩大自身流量并拓展消费者平台,于 2015 年对拥有近百万客户群的南洋码头进行战略投资,双方约定需要南洋码头在投资期间完成销售收入不低于一亿元人民币的要求,则可获得下一轮投资,从而能够防范投资风险。因此,本书做出如下假设:

假设 6:市场寻求动机下,战略投资者倾向于采取分阶段投资行为。

3.1.3　概念模型

本章基于"动机—行为"框架,认为战略投资者在明确投资动机的基础上,应当针对异质性投资动机,选择适当的投资行为。因此,本章基于战略投资者的技术寻求动机和市场寻求动机,剖析战略投资者动机影响战略投资者行为的理论框架,即战略投资者投资动机对投资时机选择、是否联合投资、是否分阶段投资行为的影响机制,进而运用 STATA16 软件,实证分析战略投资者投资动机对战略投资者投资行为的影响。基于此,根据上述理论分析和研究假设,绘制了战略投资者投资动机对投资时机选择、是否联合投资与是否分阶段投资行为影响的概念模型图,如图 3.1.1 所示,以直观展示本章的理论分析内容。

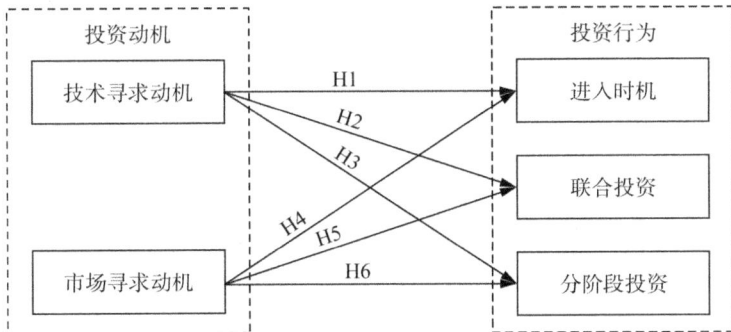

图 3.1.1　战略投资者投资动机影响投资行为的概念模型图

3.2　战略投资者投资动机影响投资行为的实证分析

3.2.1　样本选取与数据来源

战略投资者主要包括境内外的实业企业、大型集团、具有战略投资性质的创业投资机构等。但由于数据可获得性,本书选择 A 股上市公司为初选样本,分析其 2015—2020 年间的战略投资行为。主要原因有:首先,从上市公司的定义来看,战略投资者需具有同行业或相关行业的资源能力优势,诸如资金、技术、管理、市场、人才等,并且能参与被投资公司运营管理,谋求与目标企业协调发展。因此,战略投资者大多属于同行业中的领先者,因而选取 A 股上市公司作为样本具有一定的代表性。其次,根据前文对战略投资者的研讨发现,战略投资者需要具备竞争力强、创新性强、成长性强的特征,A 股上市公司具备这些特征。此外,上市公司的战略委员会议事规则明确规定,战略委员会是公司董事会下设的专门机构,主要负责对公司长期发展战略规划、重大战略性投资进行可行性研究,因而选择 A 股上市公司作为本书的样本企业具有合理性。

本书借鉴刘伟和黄江林[278]的做法对样本进行处理。通过手动收集,检索 Wind 资讯、CVSource 数据库、巨潮资讯网和沪深证券交易所等平台数据,查找关于战略投资者的数据和信息。在此基础上,通过分析初选样本公司 2015—2020 年的并购信息、对外投资公告、超募资金使用情况、年度报告等,识别出沪深上市公司进行的战略投资活动。然而,存在部分上市公司在公布投资公告后,并未进行真正投资活动的情况,因而本书对公司发布公告后的新闻以及年报进行了审查,并通过走访调研和邮件咨询的形式进行了核对,剔除了发布投资公告但并未进行投资的战略投资者的记录。在上述筛选过程之后，最终得到 2015—2020 年间 18515 个观测值。此外，为了排除极端值的影响，本书对所有连续变量进行 1% 和 99% 分位数的缩尾处理。

3.2.2 模型设定与变量定义

为了检验战略投资者异质性投资动机对投资行为的影响，本书设定如下实证模型（式 3.1—3.6）：

$$Time_{it} = \beta_0 + \beta_1 TM_{it} + \beta_2 CV_{it} + \varepsilon_{it} \tag{3.1}$$

$$Synd_{it} = \beta_0 + \beta_1 TM_{it} + \beta_2 CV_{it} + \varepsilon_{it} \tag{3.2}$$

$$Stage_{it} = \beta_0 + \beta_1 TM_{it} + \beta_2 CV_{it} + \varepsilon_{it} \tag{3.3}$$

$$Time_{it} = \beta_0 + \beta_1 MM_{it} + \beta_2 CV_{it} + \varepsilon_{it} \tag{3.4}$$

$$Synd_{it} = \beta_0 + \beta_1 MM_{it} + \beta_2 CV_{it} + \varepsilon_{it} \tag{3.5}$$

$$Stage_{it} = \beta_0 + \beta_1 MM_{it} + \beta_2 CV_{it} + \varepsilon_{it} \tag{3.6}$$

（1）因变量

①战略投资者进入时机（Time）。哑变量，如果战略投资者投资处于发展早期的企业，则 Time=1，否则为 0。

②战略投资者是否联合投资行为（Synd）。哑变量，如果战略投资者采用联合投资行为，取值为 1，否则为 0。

③战略投资者是否分阶段投资行为（Stage）。哑变量，如果战略投资者采用分阶段投资行为，取值为 1，否则为 0。

（2）自变量

①技术寻求动机（TM）。首先，借鉴徐磊和周帆[168]的研究，战略投资者投资于"制造业""信息传输、软件和信息技术服务业"的目的是为了获取关键技术。基于此，通过手动查看上市公司投资公告，若公告中明确说明战略投资者投资于"制造业"，则视为技术寻求动机。其次，参考王宛秋和张潇天[169]的研究，通过手动查看上市公司投资公告，若公告中明确说明战略投资者获得了目标公司的技术、专利或关键技术人员，则视为技术寻求动机。因此，该变量为哑变量，如果战略投资者符合上述条件，即认为属于技术寻求型动机，取值为 1，否则为 0。

②市场寻求动机（MM）。首先，借鉴徐磊和周帆[168]的研究，战略投资者投资于"租赁和商务服务业"、"金融业"及"批发和零售业"的目的是为了寻求市场资源。基于此，通过手动查看上市公司投资公告，若公告中明确说明战略投资者

投资于"租赁和商务服务业"、"金融业"及"批发和零售业",则视为市场寻求动机。其次,参考慕绣如等[170]的研究,通过查看上市公司公告,若出现"市场合作"、"扩大市场份额"、"扩大销售网络"和"拓宽销售渠道"等关键词,则视为市场寻求动机。因此,该变量为哑变量,如果战略投资者符合上述条件,即认为属于市场寻求型动机,取值为1,否则为0。

（3）控制变量

战略投资者层面的控制变量。第一,投资经验（Expe）,成立以来对外总投资次数。第二,存续期（Age）,成立以来到投资时的差值。第三,企业规模（Size）,企业总资产的自然对数。第四,资产负债率（Lev）,企业总负债额与资产总额的比值。第五,是否高科技企业（HNTE）,哑变量,如果企业是高科技企业,取值1,否则为0。

被投资企业层面的控制变量。参考周育红等[171]以及翟玉胜[172]的研究,选择如下被投资企业层面的控制变量:第一,被投资企业的现金持有量（Firm_Cash）,用期末货币资金与交易性金融资产之和除以总资产表示。第二,被投资企业的产权性质（Firm_Owner）,哑变量,如果被投资企业为国有,取值为1,否则为0。

表 3.2.1　主要变量定义

变量类型	变量	变量符号	变量定义
因变量	进入时机	Time	如果战略投资者投资处于发展早期的企业,则 Time=1;如果战略投资者投资处于发展后期的企业,则 Time=0
	是否联合投资	Synd	哑变量,如果战略投资者采用联合投资行为,取值为1,否则为0
	是否分阶段投资	Stage	哑变量,如果战略投资者采用分阶段投资行为,取值为1,否则为0
自变量	技术寻求动机	TM	哑变量,如果战略投资者为技术寻求型动机,取值为1,否则为0
	市场寻求动机	MM	哑变量,如果战略投资者为市场寻求型动机,取值为1,否则为0
控制变量	投资经验	Expe	成立以来对外总投资次数
	存续期	Age	成立以来到投资时的差值
	企业规模	Size	企业总资产的自然对数
	资产负债率	Lev	战略投资者总负债额与资产总额的比值
	是否高科技企业	HNTE	哑变量,如果战略投资者是高科技企业,取值1,否则为0

续表

变量类型	变量	变量符号	变量定义
控制变量	被投资企业的现金持有量	Firm_Cash	被投资企业期末货币资金与交易性金融资产之和除以总资产
	被投资企业的产权性质	Firm_Owner	如果被投资企业为国有,取值为1,否则为0

3.2.3　描述性统计

表 3.2.2　变量描述性统计

变量	实测值	平均值	标准差	最小值	最大值
Time	18 515	0.82	0.69	0.00	1.00
Synd	18 515	0.52	0.44	0.00	1.00
Stage	18 515	0.61	0.78	0.00	1.00
TM	18 515	0.88	1.23	0.00	1.00
MM	18 515	0.62	2.49	0.00	1.00
Expe	18 012	36.13	4.87	0.00	359
Age	18 515	24.15	3.44	5.00	28.00
Size	18 515	22.17	1.25	18.72	26.91
Lev	18 515	0.43	0.35	0.04	0.89
HNTE	18 213	0.64	2.23	0.00	1.00
Firm_Cash	14 016	0.19	0.14	0.01	0.69
Firm_Owner	14 016	0.41	0.28	0.00	1.00

表 3.2.2 报告了本章主要变量的描述性统计结果。根据表中结果,战略投资者大多投资处于发展早期的企业,将近一半的战略投资者采用联合投资行为,大部分的战略投资者采用分阶段投资行为。衡量企业技术寻求动机(TM)的平均值为 0.88,标准差为 1.23,说明本书选取的上市公司大部分都有技术寻求动机。企业市场寻求动机(MM)平均值为 0.62,表明本书调查的上市企业中也有大部分企业具有市场寻求动机。

在控制变量方面,变量 Expe 的均值为 36.13,由此可知,绝大多数的企业都在成立以来经历过多次投资。变量 Age 均值为 24.15,说明企业需要在成立之后发展经营一段时间才会进行战略投资。变量 Size 的均值为 22.17,表明样本企业普遍具有较高的资产规模。变量 Lev 的均值为 0.43,表明企业都有不同程度的负债比率。变量 HNTE 均值为 0.64,由此可知大多数的企业为高科技企业。变量 Firm_Cash 的均值为 0.19,即被投资企业 20% 的总资产为现金,说明被投资企业偏好持有现金。变量 Firm_Owner 的均值为 0.41,说明被投资企业绝大部分为民营企业。

3.2.4　实证结果分析

研究模型中被解释变量"进入时机""联合投资行为""分阶段投资行为"是二值选择离散数据,因而本章主要运用 Probit 模型,对战略投资者投资动机与战略投资者投资行为的关系进行了实证分析。回归结果如表 3.2.3 和 3.2.4 显示。

(1) 技术寻求动机与投资行为的回归结果

表 3.2.3 模型 2 显示,战略投资者技术寻求动机与战略投资者进入时机的回归系数为 0.021,且在 10% 的水平上显著,说明战略投资者技术寻求动机与战略投资者进入时机正相关,即战略投资者技术寻求动机越强,越倾向于投资处于发展早期的企业,因此假设 1 得以验证。这主要是因为,基于股东控制理论,战略投资者在企业早期进入,在企业中的话语权越强,对企业的控制力度更强,能够渗透进企业的生产制造等环节,更容易获取所投企业的技术。另一方面,战略投资者越早进入被投资企业,与该企业的交流更多,尤其是可以通过合作研发的方式研发新技术,也更容易获得投资企业在新兴技术层面的回报。

表 3.2.3 模型 4 显示,战略投资者技术寻求动机与战略投资者联合投资的回归系数为 -0.051,且在 5% 的水平上显著,说明战略投资者技术寻求动机与战略投资者联合投资行为负相关,即战略投资者技术寻求动机越强,越倾向于采取独立投资行为,因此拒绝了假设 2。这主要是因为,如果战略投资者采取联合投资行为,可能会导致其他投资者"搭便车"的问题。尤其是对于产权保护严格的技术而言,很可能会陷入战略投资者们权责难以分清的困境,不利于被投资企业进一步的技术研发,最终可能导致战略投资者的边际技术收益递减。因而在现实中,战略投资者面对前景较好的技术创新项目更愿意采取独立投资行为。这与权小锋和徐星美[173]的研究结论一致。与此同时,因为新型技术所产生的创新租较大,战略投资者更愿意采取独立投资的行为,以获得更多的投资收益。

表 3.2.3 模型 6 显示,战略投资者技术寻求动机与战略投资者分阶段投资行为的回归系数为 0.058,且在 5% 的水平上显著,说明战略投资者技术寻求动机与战略投资者分阶段投资行为正相关,即战略投资者技术寻求动机越强,越倾向于采取分阶段投资行为,因此假设 3 得以验证。这主要是因为,首先,战略投资者采取分阶段投资行为,不仅能够提高对企业技术创新失败的容忍度,还能够

在企业研发失败时,及时退出,降低套牢风险。其次,战略投资者采取分阶段投资的行为时,只有被投资企业完成了第一轮投资设立的目标,才能够获得下一轮的投资,从而有效激励所投企业,强化激励机制,并且加强对被投资企业技术创新过程的监督。

被投资企业层面的控制变量回归结果显示:(1) 基于技术寻求动机,被投资企业现金持有量与战略投资者进入时机具有显著的正向关系,这主要是因为,现金持有量较多的企业具有较高的发展潜力,往往很早能崭露头角,因而战略投资者会在其发展早期进行投资,采取早期投资行为;被投资企业现金持有量与战略投资者联合投资行为具有显著的正向关系,这主要是因为,鉴于被投资企业的现金持有量较高,故而战略投资者需要与多家企业进行联合进行投资,才可满足被投资企业的注资需求;被投资企业现金持有量与战略投资者分阶段投资行为具有显著的正向关系,这主要是因为,被投资企业现金持有量较高,具有较高的投资门槛,因而战略投资者需要分阶段进行投资。(2) 基于技术寻求动机,被投资企业是国有企业与战略投资者进入时机具有显著的正向关系,这主要是因为,国有企业具有较好的"背书",受到政府政策的支持,因而战略投资者倾向于在国有企业的发展早期进行投资以获得更多投资收益;被投资企业是国有企业与战略投资者联合投资行为具有显著的正向关系,这主要是因为,战略投资者希望进行联合投资以降低国有企业的固有风险;被投资企业是国有企业与战略投资者分阶段投资行为具有显著的正向关系,这主要是因为,战略投资者采取分阶段投资行为,能够提高对被投资企业技术创新失败的容忍度。

表 3. 2. 3　战略投资者技术寻求动机与投资行为的分析结果

因变量	进入时机		是否联合投资		是否分阶段投资	
	模型 1	模型 2	模型 3	模型 4	模型 5	模型 6
TM		0.021^*		-0.051^{**}		0.058^{**}
		(1.77)		(−2.47)		(2.31)
Expe	0.021^*	0.032^*	0.051^*	0.052^*	0.022^*	0.043^*
	(1.69)	(1.67)	(1.79)	(1.86)	(1.78)	(1.88)
Age	0.026^*	0.042^*	0.018^*	0.039^*	0.031^*	0.022^*
	(1.78)	(1.69)	(1.87)	(1.71)	(1.69)	(1.79)
Size	0.032^*	0.021^*	0.017^*	0.052^*	0.031^*	0.038^*
	(1.89)	(1.78)	(1.79)	(1.62)	(1.91)	(1.77)
Lev	0.021^*	0.048	0.012^*	0.101^*	0.112	0.057^*
	(1.78)	(1.51)	(1.87)	(1.78)	(1.41)	(1.89)

因变量	进入时机		是否联合投资		是否分阶段投资	
	模型1	模型2	模型3	模型4	模型5	模型6
HNTE	0.122**	0.067**	0.182**	0.302**	0.088**	0.031**
	(1.99)	(2.11)	(2.24)	(2.38)	(2.48)	(1.99)
Firm_Cash	0.041*	0.052*	0.037*	0.042*	0.031*	0.039*
	(1.71)	(1.87)	(1.69)	(1.79)	(1.79)	(1.81)
Firm_Owner	0.045*	0.032*	0.028*	0.042*	0.053*	0.045*
	(1.88)	(1.79)	(1.78)	(1.79)	(1.88)	(1.81)
_cons	3.348**	3.292*	5.211***	2.111***	2.332***	3.512**
	(2.31)	(1.78)	(4.14)	(3.79)	(3.49)	(2.18)
Industry FE	Yes	Yes	Yes	Yes	Yes	Yes
Year FE	Yes	Yes	Yes	Yes	Yes	Yes
Pesudo R^2	0.576	0.411	0.143	0.448	0.288	0.553
N	14 016	14 016	14 016	14 016	14 016	14 016

注:* 表示在10%水平上显著,** 表示在5%水平上显著,*** 表示在1%水平上显著。括号内是 t 值。

(2)市场寻求动机与投资行为的回归结果

表3.2.4模型2显示,战略投资者市场寻求动机与战略投资者进入时机的回归系数为－0.031,且在5%的水平上显著,说明战略投资者市场寻求动机与战略投资者进入时机负相关,即战略投资者市场寻求动机越强,越倾向于投资处于发展后期的企业,因此假设4得以验证。这主要是因为,一方面,战略投资者能够借助所投企业的声誉、客户关系、线下门店、市场网络等市场营销资源,快速进行市场扩张,获取市场份额。另一方面,成熟期企业往往已经生产出满足顾客需求、能够为顾客创造价值的产品,故而战略投资者投资成熟期的企业,可以了解其生产工艺技术,从投资中进行学习和吸收,从而进行成本较小的模仿创新,改进战略投资者的产品,进一步提高市场竞争力。

表3.2.4模型4显示,战略投资者市场寻求动机与战略投资者联合投资行为的回归系数为0.058,且在5%的水平上显著,说明战略投资者市场寻求动机与战略投资者联合投资行为正相关,即战略投资者市场寻求动机越强,越倾向于采取联合投资行为,因此假设5得以验证。这主要是因为,首先,战略投资者采取联合投资行为,能够发挥多家战略投资者融合的风险监控优势,从而更容易发现企业在新产品研发和制造过程中的风险,并且对市场导向型企业可能面临的财务危机进行识别,进而能够及时采取挽救措施。其次,战略投资者采取倾向于与其他机构联合投资的行为,能够发挥协同效应,联合其他战略投资者的多样化

资源和信息,诸如,生产资源、研发资源以及市场资源等,为市场导向型企业提供充分的增值服务。

表 3.2.4 模型 6 显示,战略投资者市场寻求动机与战略投资者分阶段投资行为的回归系数为 0.041,且在 5% 的水平上显著,说明战略投资者市场寻求动机与战略投资者分阶段投资行为正相关,即战略投资者市场寻求动机越强,越倾向于采取分阶段投资行为,因此假设 6 得以验证。这主要是因为,一方面,致力于新产品研发的企业具有高风险的特征,一旦研发失败容易对战略投资者产生较大的损失。另一方面,所投企业在新产品开发、市场开拓等过程中需要大量财务资源,对战略投资者的资金要求较高。因此,市场寻求型战略投资者往往采用分阶段投资行为。

被投资企业层面的控制变量回归结果显示:(1) 基于市场寻求动机,被投资企业现金持有量与战略投资者进入时机具有显著的正向关系,这主要是因为,战略投资者会在被投资企业的发展早期进行投资,从而尽早地借助被投资企业的市场销售渠道,提高自身市场竞争力;被投资企业现金持有量与战略投资者联合投资行为具有显著的正向关系,这是因为,鉴于被投资企业的现金持有量较高,故而战略投资者需要与多家企业进行联合投资,才能较好地为被投资企业提供市场开发资源;被投资企业现金持有量与战略投资者分阶段投资行为具有显著的正向关系,这主要是因为,持有较高现金量的企业在新产品开发、市场开拓等过程中需要大量财务资源和社会资源,需要战略投资者倾注较大的资金和社会网络资源,因而战略投资者倾向于分阶段进行投资。(2) 基于市场寻求动机,被投资企业是国有企业与战略投资者进入时机具有显著的正向关系,这主要是因为,国有企业拥有较多的政府资源,因而战略投资者倾向于在国有企业的发展早期进行投资,从而接触到政府的资源,促进市场的开拓;被投资企业是国有企业与战略投资者联合投资行为具有显著的正向关系,这是因为,战略投资者希望进行联合投资,联合多家企业进行监督以降低投资国有企业的风险;被投资企业是国有企业与战略投资者分阶段投资行为具有显著的正向关系,这主要是因为,战略投资者采取分阶段投资行为,对国有企业进行分阶段投资,能够缓解自身的资金压力。

表 3.2.4　战略投资者市场寻求动机与投资行为的分析结果

因变量	进入时机		是否联合投资		是否分阶段投资	
	模型 1	模型 2	模型 3	模型 4	模型 5	模型 6
MM		-0.031^{**}		0.058^{**}		0.041^{**}
		(-2.38)		(2.29)		(2.14)

因变量	进入时机		是否联合投资		是否分阶段投资	
	模型 1	模型 2	模型 3	模型 4	模型 5	模型 6
Expe	0.041*	0.052*	0.033*	0.036*	0.032*	0.037*
	(1.79)	(1.88)	(1.69)	(1.79)	(1.78)	(1.89)
Age	0.022*	0.018*	0.001*	0.032*	0.022*	0.048*
	(1.78)	(1.79)	(1.88)	(1.78)	(1.69)	(1.79)
Size	0.047*	0.031*	0.032*	0.038*	0.052*	0.042*
	(1.86)	(1.66)	(1.78)	(1.83)	(1.88)	(1.81)
Lev	0.041*	0.046*	0.051	0.039	0.115*	0.071*
	(1.75)	(1.87)	(1.41)	(1.51)	(1.89)	(1.93)
HNTE	0.071**	0.051**	0.012**	0.016**	0.065**	0.069**
	(2.11)	(2.14)	(2.34)	(2.15)	(1.99)	(1.97)
Firm_Cash	0.018*	0.032*	0.051	0.063*	0.022*	0.042*
	(1.77)	(1.79)	(1.78)	(1.89)	(1.77)	(1.87)
Firm_Owner	0.032*	0.021*	0.016*	0.048*	0.032*	0.043*
	(1.71)	(1.78)	(1.88)	(1.79)	(1.94)	(1.78)
_cons	3.018**	3.024**	4.152***	4.101***	3.429***	3.322**
	(2.42)	(2.16)	(3.69)	(3.79)	(3.32)	(2.31)
Industry FE	Yes	Yes	Yes	Yes	Yes	Yes
Year FE	Yes	Yes	Yes	Yes	Yes	Yes
Pesudo R^2	0.156	0.326	0.389	0.427	0.418	0.433
N	14 016	14 016	14 016	14 016	14 016	14 016

注：* 表示在 10% 水平上显著，** 表示在 5% 水平上显著，*** 表示在 1% 水平上显著。括号内是 t 值。

3.2.5　内生性问题讨论

内生性问题产生的原因主要包括两个方面，一是遗漏重要的变量，二是因变量和自变量之间互为因果的关系[174]。一方面，对于战略投资者的投资动机与投资行为之间的关系，战略投资者的投资动机决定了其采取何种投资行为，与此同时战略投资者采取的投资行为产生良好的作用效果后也可能增强其后续的投资动机，因而被解释变量可能与主要解释变量存在互为因果的问题。此外，本章尽量多地引入合理的控制变量，但是战略投资者的投资行为是一个非常复杂的命题，必然存在遗漏变量的问题，这也会使基准模型存在内生性问题。综上，本章研究的两个投资动机和投资行为之间可能存在反向因果以及遗漏变量的内生性问题。对于此,本章将采用工具变量法、GMM 法以及增加遗漏变量法处理内生性问题。

（1）工具变量的方法

鉴于战略投资者的投资动机与投资行为之间可能存在反向因果的关系,因而本书首先通过工具变量的两阶段最小二乘法（2SLS）对内生性问题进行处理,采用滞后一期的解释变量作为工具变量对模型重新进行回归,得到的实证结果如表 3.2.5 和 3.2.6 所示。

表 3.2.5 的第（1）列和第（2）列展示了滞后一期的技术寻求动机与战略投资者进入时机的两阶段最小二乘法回归结果。Kleibergen-Paap rk Wald LM 的检验结果说明模型不存在不可识别问题,Cragg-Donald Wald F 的检验结果说明不存在弱工具变量问题。第二阶段的回归结果显示,在使用滞后一期作为工具变量控制内生性问题后,战略投资者技术寻求动机与战略投资者进入时机依然在10%的水平上显著正相关。第（3）列和第（4）列展示了滞后一期的技术寻求动机与战略投资者联合投资行为的两阶段最小二乘法回归结果。Kleibergen-Paap rk Wald LM 的检验结果说明模型不存在不可识别问题,Cragg-Donald Wald F 的检验结果说明不存在弱工具变量问题。第二阶段的回归结果显示,在使用滞后一期作为工具变量控制内生性问题后,战略投资者技术寻求动机与战略投资者联合投资行为依然在 5%的水平上显著负相关。第（5）列和第（6）列展示了滞后一期的技术寻求动机与战略投资者分阶段投资行为的两阶段最小二乘法回归结果。Kleibergen-Paap rk Wald LM 的检验结果说明模型不存在不可识别问题,Cragg-Donald Wald F 的检验结果说明不存在弱工具变量问题。第二阶段的回归结果显示,在使用滞后一期作为工具变量控制内生性问题后,战略投资者技术寻求动机与战略投资者分阶段投资行为依然在 5%的水平上显著正相关。综上所述,本书模型的内生性问题总体上并不影响回归结果的稳健性,回归结果具有较好的稳健性。

表 3.2.5　工具变量法：战略投资者技术寻求动机与投资行为

因变量	第一阶段	第二阶段	第一阶段	第二阶段	第一阶段	第二阶段
	TM	Time	TM	Synd	TM	Stage
	(1)	(2)	(3)	(4)	(5)	(6)
L. TM	0.129**		0.165**		0.278**	
	(2.27)		(2.04)		(2.36)	

因变量	第一阶段 TM (1)	第二阶段 Time (2)	第一阶段 TM (3)	第二阶段 Synd (4)	第一阶段 TM (5)	第二阶段 Stage (6)
TM		0.156*		−0.277**		0.242**
		(1.87)		(−2.23)		(2.09)
Expe	0.044**	0.039	0.022**	0.067	0.029**	0.031*
	(2.08)	(0.56)	(2.09)	(0.08)	(2.27)	(1.67)
Age	0.021*	0.046*	0.032*	0.044*	0.011*	0.23*
	(1.78)	(1.75)	(1.74)	(1.79)	(1.84)	(1.91)
Size	0.124*	0.237*	0.019*	0.253	0.062*	0.211
	(1.79)	(1.84)	(1.69)	(1.61)	(1.92)	(1.55)
Lev	0.074*	0.053*	0.055*	0.043*	0.029*	0.047*
	(1.82)	(1.78)	(1.49)	(1.79)	(1.91)	(1.89)
HNTE	0.623*	0.612*	0.407*	0.782*	0.695*	0.681*
	(1.67)	(1.82)	(1.65)	(1.88)	(1.71)	(1.82)
Firm_Cash	0.163**	0.128**	0.245**	0.226**	0.232**	0.218**
	(2.38)	(2.21)	(1.98)	(2.53)	(2.48)	(2.09)
Firm_Owner	0.231*	0.312*	0.218*	0.189*	0.206*	0.177*
	(1.78)	(1.72)	(1.77)	(1.84)	(1.88)	(1.72)
_cons	2.113***	2.672***	3.241***	3.026***	3.418***	3.217***
	(3.77)	(2.89)	(2.77)	(2.84)	(4.16)	(2.93)
Industry FE	Yes	Yes	Yes	Yes	Yes	Yes
Year FE	Yes	Yes	Yes	Yes	Yes	Yes
N	11 680	11 680	11 680	11 680	11 680	11 680
Kleibergen-Paap rk Wald LM		10.231		9.178		9.176
Cragg-Donald Wald F		22.119		21.154		20.161

注：* 表示在 10% 水平上显著，** 表示在 5% 水平上显著，*** 表示在 1% 水平上显著。括号内是 t 值。

　　表 3.2.6 的第(1)列和第(2)列展示了滞后一期的市场寻求动机与战略投资者进入时机的两阶段最小二乘法回归结果。Kleibergen-Paap rk Wald LM 的检验结果说明模型不存在不可识别问题，Cragg-Donald Wald F 的检验结果说明不

存在弱工具变量问题。第二阶段的回归结果显示,在使用滞后一期作为工具变量控制内生性问题后,战略投资者市场寻求动机与战略投资者进入时机依然在5%的水平上显著负相关。第(3)列和第(4)列展示了滞后一期的市场寻求动机与战略投资者联合投资行为的两阶段最小二乘法回归结果。Kleibergen-Paap rk Wald LM 的检验结果说明模型不存在不可识别问题,Cragg-Donald Wald F 的检验结果说明不存在弱工具变量问题。第二阶段的回归结果显示,使用滞后一期作为工具变量控制内生性问题后,战略投资者市场寻求动机与战略投资者联合投资行为依然在5%的水平上显著正相关。第(5)列和第(6)列展示了滞后一期的市场寻求动机与战略投资者分阶段投资行为的两阶段最小二乘法回归结果。Kleibergen-Paap rk Wald LM 的检验结果说明模型不存在不可识别问题,Cragg-Donald Wald F 的检验结果说明不存在弱工具变量问题。第二阶段的回归结果显示,使用滞后一期作为工具变量控制内生性问题后,战略投资者市场寻求动机与战略投资者分阶段投资行为依然在5%的水平上显著正相关。综上所述,本书模型的内生性问题总体上并不影响回归结果的稳健性,回归结果具有较好的稳健性。

表 3.2.6　工具变量法:战略投资者市场寻求动机与投资行为

因变量	第一阶段 MM (1)	第二阶段 Time (2)	第一阶段 MM (3)	第二阶段 Synd (4)	第一阶段 MM (5)	第二阶段 Stage (6)
L. TM	0.156**		0.129**		0.212***	
	(2.27)		(2.32)		(2.66)	
TM		−0.238**		0.167**		0.173**
		(−2.03)		(2.48)		(2.31)
Expe	0.672*	0.582*	0.714*	0.527*	0.724	0.639
	(1.74)	(1.83)	(1.82)	(1.71)	(1.39)	(1.52)
Age	0.852*	0.638*	0.042*	0.762*	0.012*	0.669*
	(1.79)	(1.86)	(1.84)	(1.69)	(1.79)	(1.69)
Size	0.276**	0.428**	0.021*	0.417**	0.105	0.315
	(1.98)	(2.32)	(1.77)	(2.37)	(1.47)	(1.53)
Lev	0.082*	0.105*	0.125	0.138	0.124*	0.223*
	(1.89)	(1.85)	(1.49)	(1.52)	(1.81)	(1.86)
HNTE	0.572*	0.682*	0.513*	0.508*	0.679*	0.547*
	(1.75)	(1.85)	(1.89)	(1.74)	(1.81)	(1.77)

续表

因变量	第一阶段	第二阶段	第一阶段	第二阶段	第一阶段	第二阶段
	MM	Time	MM	Synd	MM	Stage
	(1)	(2)	(3)	(4)	(5)	(6)
Firm_Cash	0.326**	0.218**	0.477**	0.424**	0.365**	0.365**
	(2.03)	(2.35)	(2.21)	(2.28)	(2.21)	(1.98)
Firm_Owner	0.138*	0.217*	0.266*	0.229*	0.187*	0.206*
	(1.77)	(1.85)	(1.83)	(1.79)	(1.93)	(1.80)
_cons	3.124***	3.437***	3.232***	3.269***	3.452***	3.619***
	(3.63)	(3.19)	(3.87)	(3.12)	(4.06)	(3.74)
Industry FE	Yes	Yes	Yes	Yes	Yes	Yes
Year FE	Yes	Yes	Yes	Yes	Yes	Yes
N	11 680	11 680	11 680	11 680	11 680	11 680
Kleibergen-Paap rk Wald LM		9.377		10.264		10.318
Cragg-Donald Wald F		20.153		21.162		19.235

注：* 表示在 10% 水平上显著，** 表示在 5% 水平上显著，*** 表示在 1% 水平上显著。括号内是 t 值。

（2）GMM 的方法

本书构造动态面板数据，采用广义矩估计法（GMM）进一步解决可能存在的内生性问题。具体做法是，将被解释变量的滞后期与主要解释变量当作内生变量，将控制变量当作工具变量，控制时间固定效应和行业固定效应，用两步 GMM 方法进行回归[173]。

表 3.2.7 汇报了战略投资者技术寻求动机影响投资行为的 GMM 回归结果，被解释变量为战略投资者的投资行为。AR(1) 检验值趋近于 0，AR(2) 检验值和 Sargan 检验值均大于 0.05，说明模型是有效的、回归结果是可信的。广义矩估计法中各个变量系数符号和显著性与基准回归均无明显差异。即基于技术寻求动机，战略投资者倾向于选择早期进入、独立投资和分阶段投资行为。

表 3.2.7　战略投资者技术寻求动机与投资行为的 GMM 估计结果

因变量	进入时机	是否联合投资	是否分阶段投资
	模型 1	模型 2	模型 3
TM	0.022*	−0.051**	0.054**
	(1.76)	(−2.49)	(2.31)
Expe	0.031*	0.057*	0.042*
	(1.79)	(1.89)	(1.89)

因变量	进入时机	是否联合投资	是否分阶段投资
	模型 1	模型 2	模型 3
Age	0.042*	0.041*	0.022*
	(1.69)	(1.71)	(1.79)
Size	0.021*	0.052*	0.043*
	(1.76)	(1.67)	(1.65)
Lev	0.042	0.101*	0.062*
	(1.51)	(1.79)	(1.81)
HNTE	0.063**	0.302**	0.031**
	(2.21)	(2.41)	(1.99)
Firm_Cash	0.041*	0.033*	0.022*
	(1.69)	(1.69)	(1.78)
Firm_Owner	0.042*	0.102*	0.061*
	(1.76)	(1.79)	(1.89)
_cons	3.291*	2.112***	3.512**
	(1.79)	(3.72)	(2.21)
Industry FE	Yes	Yes	Yes
Year FE	Yes	Yes	Yes
N	10 043	10 043	10 043
AR(2)	0.524	0.483	0.363
Sargan 检验值	0.853	0.727	0.714

注：* 表示在 10% 水平上显著，** 表示在 5% 水平上显著，*** 表示在 1% 水平上显著。括号内是 t 值。

表 3.2.8 汇报了战略投资者市场寻求动机对投资行为影响的 GMM 回归结果，被解释变量为战略投资者的投资行为。AR(1)检验值趋近于 0，AR(2)检验值和 Sargan 检验值均大于 0.05，说明模型是有效的、回归结果是可信的。广义矩估计法中各个变量系数符号和显著性与基准回归均无明显差异。即基于市场寻求动机，战略投资者倾向于选择晚期进入、联合投资和分阶段投资行为。

表 3.2.8 战略投资者市场寻求动机与投资行为的 GMM 估计结果

因变量	进入时机	是否联合投资	是否分阶段投资
	模型 1	模型 2	模型 3
MM	−0.031**	0.061**	0.042**
	(−2.45)	(2.29)	(2.16)

因变量	进入时机	是否联合投资	是否分阶段投资
	模型 1	模型 2	模型 3
Expe	0.052*	0.041*	0.037*
	(1.87)	(1.79)	(1.81)
Age	0.016*	0.032*	0.047*
	(1.79)	(1.71)	(1.79)
Size	0.031*	0.032*	0.042*
	(1.79)	(1.78)	(1.89)
Lev	0.046*	0.041	0.072*
	(1.79)	(1.51)	(1.91)
HNTE	0.048**	0.018**	0.071**
	(2.15)	(2.15)	(1.98)
Firm_Cash	0.018*	0.031*	0.052*
	(1.78)	(1.71)	(1.79)
Firm_Owner	0.051*	0.038*	0.068*
	(1.71)	(1.86)	(1.82)
_cons	3.024**	4.101***	3.312**
	(2.15)	(3.89)	(2.19)
Industry FE	Yes	Yes	Yes
Year FE	Yes	Yes	Yes
N	10 043	10 043	10 043
AR(2)	0.389	0.492	0.478
Sargan 检验值	0.865	0.876	0.855

注：* 表示在 10% 水平上显著，** 表示在 5% 水平上显著，*** 表示在 1% 水平上显著。括号内是 t 值。

（3）控制可能遗漏的变量

已有研究表明，战略投资者的特征[175]和治理结构[176]均能够影响其投资行为。因此，为了避免遗漏这些因素对结果造成的影响，本书参考陈钦源等[177]的做法，在模型 1、2、3、4、5、6 中增加了三个控制变量：战略投资者的成长性（Growth）、托宾 Q 值（Tq）以及经营活动现金流（Cflow），如表 3.2.9 和 3.2.10。其中，成长性用当期营业收入除以上期销售收入－1；托宾 Q 值用期末市值除以账面总资产；经营活动现金流用当期经营活动现金流量净额除以期末总资产。

回归结果显示,在控制了战略投资者的成长性、托宾 Q 值、经营性资金占比之后,各个变量的系数符号和显著性与基准回归均无明显差异。即基于技术寻求动机,战略投资者倾向于选择早期进入、独立投资、分阶段投资行为;基于市场寻求动机,战略投资者倾向于选择晚期进入、联合投资、分阶段投资行为。

表 3.2.9　控制遗漏变量:战略投资者技术寻求动机与投资行为

因变量	进入时机		是否联合投资		是否分阶段投资	
	模型 1	模型 2	模型 3	模型 4	模型 5	模型 6
TM		0.018^*		-0.063^{**}		0.038^{**}
		(1.78)		(−2.23)		(2.18)
Expe	0.022^*	0.027^*	0.048^*	0.052^*	0.021^*	0.041^*
	(1.69)	(1.67)	(1.78)	(1.89)	(1.79)	(1.89)
Age	0.031^*	0.034^*	0.018^*	0.041^*	0.032^*	0.022^*
	(1.78)	(1.69)	(1.89)	(1.86)	(1.68)	(1.79)
Size	0.032^*	0.021^*	0.017^*	0.049^*	0.032^*	0.041^*
	(1.89)	(1.78)	(1.71)	(1.79)	(1.91)	(1.85)
Lev	0.022^*	0.042	0.011^*	0.102^*	0.111	0.055^*
	(1.83)	(1.51)	(1.92)	(1.79)	(1.41)	(1.89)
HNTE	0.117^{**}	0.063^{**}	0.179^{**}	0.302^{**}	0.085^{**}	0.031^{**}
	(1.99)	(2.19)	(2.28)	(2.38)	(2.49)	(1.99)
Firm_Cash	0.022^*	0.020^*	0.002^*	0.031^*	0.021^*	0.051^*
	(1.79)	(1.78)	(1.89)	(1.79)	(1.69)	(1.72)
Firm_Owner	0.031^*	0.041^*	0.017^*	0.041^*	0.031^*	0.022^*
	(1.79)	(1.69)	(1.89)	(1.89)	(1.69)	(1.71)
Growth	0.007^*	0.021^*	0.022^*	0.022^*	0.011^*	0.026^*
	(1.84)	(1.79)	(1.79)	(1.82)	(1.77)	(1.83)
Tq	0.043^*	0.046^*	0.035^*	0.041^*	0.024^*	0.052^*
	(1.89)	(1.72)	(1.83)	(1.71)	(1.86)	(1.89)
Cflow	0.053^{**}	0.031^{**}	0.011^{**}	0.037^{**}	0.074^{**}	0.042^{**}
	(2.15)	(1.99)	(2.54)	(2.24)	(2.48)	(1.97)
_cons	3.347^{**}	3.287^*	5.207^{***}	2.108^{***}	2.327^{***}	3.506^{**}
	(2.48)	(1.78)	(4.15)	(3.79)	(3.49)	(2.15)

续表

因变量	进入时机		是否联合投资		是否分阶段投资	
	模型 1	模型 2	模型 3	模型 4	模型 5	模型 6
Industry FE	Yes	Yes	Yes	Yes	Yes	Yes
Year FE	Yes	Yes	Yes	Yes	Yes	Yes
Pesudo R^2	0.276	0.411	0.143	0.448	0.288	0.553
N	14 016	14 016	14 016	14 016	14 016	14 016

注：$*$ 表示在 10% 水平上显著，$**$ 表示在 5% 水平上显著，$***$ 表示在 1% 水平上显著。括号内是 t 值。

表 3.2.10　控制遗漏变量：战略投资者市场寻求动机与投资行为

因变量	进入时机		是否联合投资		是否分阶段投资	
	模型 1	模型 2	模型 3	模型 4	模型 5	模型 6
MM		-0.047^{**}		0.052^{**}		0.037^{**}
		(-2.36)		(2.21)		(2.19)
Expe	0.033^*	0.052^*	0.041^*	0.036^*	0.031^*	0.038^*
	(1.87)	(1.88)	(1.69)	(1.86)	(1.79)	(1.77)
Age	0.021^*	0.018^*	0.001^*	0.032^*	0.018^*	0.047^*
	(1.86)	(1.92)	(1.89)	(1.87)	(1.75)	(1.86)
Size	0.052^*	0.031^*	0.032^*	0.037^*	0.052^*	0.041^*
	(1.89)	(1.61)	(1.84)	(1.79)	(1.65)	(1.81)
Lev	0.041^*	0.047^*	0.052	0.038	0.115^*	0.072^*
	(1.81)	(1.72)	(1.41)	(1.51)	(1.81)	(1.89)
HNTE	0.063^{**}	0.049^{**}	0.012^{**}	0.017^{**}	0.068^{**}	0.072^{**}
	(2.32)	(2.16)	(2.35)	(2.11)	(1.99)	(1.98)
Firm_Cash	0.337^{**}	0.366^{**}	0.217^{**}	0.286^{**}	0.211^{**}	0.273^{**}
	(2.16)	(2.29)	(2.04)	(2.31)	(2.18)	(2.22)
Firm_Owner	0.216^*	0.363^*	0.307^*	0.274^*	0.302^*	0.287^*
	(1.92)	(1.88)	(1.72)	(1.76)	(1.83)	(1.81)
Growth	0.046^*	0.031^*	0.038^*	0.082^*	0.069^*	0.068^*
	(1.88)	(1.78)	(1.71)	(1.78)	(1.77)	(1.74)
Tq	0.056^*	0.053^*	0.038^*	0.047^*	0.015^*	0.026^*
	(1.85)	(1.87)	(1.94)	(1.88)	(1.86)	(1.89)
Cflow	0.058^{**}	0.068^{**}	0.079^{**}	0.047^{**}	0.052^{**}	0.062^{**}
	(2.24)	(2.39)	(1.98)	(2.41)	(2.21)	(2.35)

续表

因变量	进入时机		是否联合投资		是否分阶段投资	
	模型 1	模型 2	模型 3	模型 4	模型 5	模型 6
_cons	3.021**	3.025**	4.152***	4.101***	3.419***	3.316**
	(2.41)	(2.23)	(3.24)	(3.79)	(3.18)	(2.19)
Industry FE	Yes	Yes	Yes	Yes	Yes	Yes
Year FE	Yes	Yes	Yes	Yes	Yes	Yes
Pesudo R^2	0.356	0.326	0.389	0.427	0.418	0.433
N	14 016	14 016	14 016	14 016	14 016	14 016

注：* 表示在 10% 水平上显著，** 表示在 5% 水平上显著，*** 表示在 1% 水平上显著。括号内是 t 值。

3.2.6　稳健性检验

（1）替换变量

①技术寻求动机与投资行为的分析结果

本书采取变化自变量的方法进行稳健性检验。具体而言，借鉴李洪亚[23]的研究，战略投资者投向技术创新水平较高的企业，代表其有较强的技术寻求动机。因此，采用被投资企业的技术研发投入（R&D）衡量战略投资者的技术寻求动机。由表 3.2.11 的稳健性检验结果可知，第一，战略投资者技术寻求动机与战略投资者进入时机的回归系数为 0.051，且在 5% 的水平上显著，说明战略投资者技术寻求动机与战略投资者进入时机正相关，与前文结论相符。第二，战略投资者技术寻求动机与战略投资者联合投资的回归系数为 −0.042，且在 5% 的水平上显著，说明战略投资者技术寻求动机与战略投资者联合投资行为负相关，说明战略投资者在采取技术寻求动机时倾向于选择独立投资。第三，战略投资者技术寻求动机与战略投资者分阶段投资行为的回归系数为 0.052，且在 5% 的水平上显著，说明战略投资者技术寻求动机与战略投资者分阶段投资行为正相关，与前文结论相符。

表 3.2.11　更换变量衡量方式：战略投资者技术寻求动机与投资行为

因变量	进入时机		是否联合投资		是否分阶段投资	
	模型 1	模型 2	模型 3	模型 4	模型 5	模型 6
TM		0.051**		−0.042**		0.052**
		(2.51)		(−2.37)		(2.31)
Expe	0.032*	0.021*	0.027*	0.029*	0.016*	0.023*
	(1.79)	(1.84)	(1.77)	(1.81)	(1.79)	(1.89)

续表

因变量	进入时机		是否联合投资		是否分阶段投资	
	模型1	模型2	模型3	模型4	模型5	模型6
Age	0.051*	0.052*	0.043*	0.032*	0.022*	0.021*
	(1.77)	(1.88)	(1.78)	(1.81)	(1.89)	(1.84)
Size	0.007*	0.021*	0.016*	0.018*	0.011*	0.027*
	(1.84)	(1.88)	(1.89)	(1.82)	(1.77)	(1.83)
Lev	0.046*	0.052	0.036	0.042	0.021*	0.047*
	(1.81)	(1.42)	(1.74)	(1.41)	(1.79)	(1.89)
HNTE	0.053**	0.031**	0.011**	0.033**	0.074**	0.042**
	(2.08)	(1.99)	(2.31)	(2.27)	(2.48)	(1.98)
Firm_Cash	0.042*	0.031*	0.028*	0.082*	0.072*	0.067*
	(1.89)	(1.79)	(1.89)	(1.81)	(1.78)	(1.74)
Firm_Owner	0.058*	0.063*	0.078*	0.051*	0.052*	0.062*
	(1.84)	(1.85)	(1.79)	(1.81)	(1.76)	(1.82)
_cons	3.218***	3.245**	3.601***	4.001***	3.369***	3.244**
	(2.89)	(2.36)	(4.47)	(2.99)	(2.94)	(2.16)
Industry FE	Yes	Yes	Yes	Yes	Yes	Yes
Year FE	Yes	Yes	Yes	Yes	Yes	Yes
Pesudo R^2	0.241	0.295	0.326	0.367	0.331	0.396
N	14 016	14 016	14 016	14 016	14 016	14 016

注:* 表示在10%水平上显著,** 表示在5%水平上显著,*** 表示在1%水平上显著。括号内是 t 值。

②市场寻求动机与投资行为的回归结果

本书采取变化自变量的方法进行稳健性检验。具体而言,借鉴路玮孝[178]的研究,战略投资者投向销售额较高的企业可以显示出其有较强的市场寻求动机。因此,采用被投资企业的销售额(Market)衡量战略投资者的市场寻求动机的强弱。由表3.2.12的稳健性检验结果可知,第一,战略投资者市场寻求动机与战略投资者进入时机的回归系数为−0.051,且在5%的水平上显著,说明战略投资者市场寻求动机与战略投资者进入时机负相关,与前文结论相符。第二,战略投资者市场寻求动机与战略投资者联合投资的回归系数为0.052,且在5%的水平上显著,说明战略投资者市场寻求动机与战略投资者联合投资行为正相关,与前文结论相符。第三,战略投资者市场寻求动机与战略投资者分阶段投资行为的回归系数为 0.037,且在 5% 的水平上显著,说明战略投资者市场寻求动机与战略投资者分阶段投资行为正相关,与前文结论相符。

表 3.2.12　更换变量衡量方式:战略投资者市场寻求动机与投资行为

因变量	进入时机		是否联合投资		是否分阶段投资	
	模型 1	模型 2	模型 3	模型 4	模型 5	模型 6
MM		−0.051**		0.052**		0.037**
		(−2.26)		(2.27)		(2.34)
Expe	0.051*	0.073*	0.062*	0.057*	0.052*	0.054*
	(1.71)	(1.79)	(1.78)	(1.88)	(1.79)	(1.80)
Age	0.032*	0.037*	0.023*	0.031*	0.042*	0.041*
	(1.86)	(1.94)	(1.81)	(1.79)	(1.69)	(1.81)
Size	0.042*	0.031*	0.035*	0.082*	0.067*	0.068*
	(1.89)	(1.85)	(1.72)	(1.78)	(1.79)	(1.81)
Lev	0.054	0.052	0.031	0.038	0.011*	0.013*
	(1.31)	(1.77)	(1.41)	(1.71)	(1.79)	(1.89)
HNTE	0.058**	0.068**	0.082**	0.046**	0.052**	0.061**
	(2.32)	(2.39)	(1.98)	(2.41)	(2.36)	(2.25)
Firm_Cash	0.051*	0.047*	0.046*	0.032*	0.023*	0.016*
	(1.79)	(1.88)	(1.79)	(1.81)	(1.89)	(1.79)
Firm_Owner	0.047*	0.051*	0.035*	0.042*	0.021*	0.048*
	(1.76)	(1.79)	(1.89)	(1.78)	(1.79)	(1.71)
_cons	3.218**	4.209***	3.245***	3.154***	4.008***	4.007***
	(2.19)	(3.35)	(3.15)	(3.38)	(3.11)	(2.79)
Industry FE	Yes	Yes	Yes	Yes	Yes	Yes
Year FE	Yes	Yes	Yes	Yes	Yes	Yes
Pesudo R^2	0.274	0.331	0.357	0.424	0.326	0.359
N	14 016	14 016	14 016	14 016	14 016	14 016

注:* 表示在 10% 水平上显著,** 表示在 5% 水平上显著,*** 表示在 1% 水平上显著。括号内是 t 值。

(2) 替换模型

为了保证实证结果的稳健性,本书还采用替换模型的方式,运用 Logit 方法对模型进行回归,实证结果如表 3.2.13 和 3.2.14 所示。表 3.2.13 的稳健性结果表明,第一,战略投资者技术寻求动机与战略投资者进入时机的回归系数为0.022,且在5%的水平上显著,说明战略投资者技术寻求动机与战略投资者进入时机正相关,与前文结论相符。第二,战略投资者技术寻求动机与战略投资者联合投资的回归系数为-0.051,且在5%的水平上显著,说明战略投资者技术寻求动机与战略投资者联合投资行为负相关,说明战略投资者在采取技术寻求动机时倾向于选择独立投资。第三,战略投资者技术寻求动机与战略投资者分阶段投资行为的回归系数为0.056,且在5%的水平上显著,说明战略投资者技术寻求动机与战略投资者分阶段投资行为正相关,与前文结论相符。表3.2.14的稳健性结果表明,第一,战略投资者市场寻求动机与战略投资者进入时机的回归系数为-0.031,且在5%的水平上显著,说明战略投资者市场寻求动机与战略投资者进入时机负相关,与前文结论相符。第二,战略投资者市场寻求动机与战略投资者联合投资的回归系数为0.058,且在5%的水平上显著,说明战略投资者市场寻求动机与战略投资者联合投资行为正相关,与前文结论相符。第三,战略投资者市场寻求动机与战略投资者分阶段投资行为的回归系数为0.042,且在5%的水平上显著,说明战略投资者市场寻求动机与战略投资者分阶段投资行为正相关,与前文结论相符。

表 3.2.13　采用 Logit 模型:战略投资者技术寻求动机与投资行为

因变量	进入时机		是否联合投资		是否分阶段投资	
	模型 1	模型 2	模型 3	模型 4	模型 5	模型 6
TM		0.022^{**}		-0.051^{**}		0.056^{**}
		(1.98)		(-2.33)		(2.48)
Expe	0.021^{*}	0.032^{*}	0.053^{*}	0.052^{*}	0.022^{*}	0.037^{*}
	(1.69)	(1.89)	(1.82)	(1.88)	(1.78)	(1.81)
Age	0.024^{*}	0.041^{*}	0.017^{*}	0.037^{*}	0.032^{*}	0.021^{*}
	(1.85)	(1.78)	(1.81)	(1.71)	(1.69)	(1.85)
Size	0.032^{*}	0.018^{*}	0.021^{*}	0.047^{*}	0.033^{*}	0.042^{*}
	(1.89)	(1.78)	(1.72)	(1.66)	(1.91)	(1.71)
Lev	0.024^{*}	0.047	0.011^{*}	0.102^{*}	0.112	0.061^{*}
	(1.83)	(1.51)	(1.89)	(1.85)	(1.34)	(1.74)
HNTE	0.117^{**}	0.069^{**}	0.179^{**}	0.302^{**}	0.088^{**}	0.031^{**}
	(1.99)	(2.26)	(2.18)	(2.41)	(2.49)	(1.99)

因变量	进入时机		是否联合投资		是否分阶段投资	
	模型 1	模型 2	模型 3	模型 4	模型 5	模型 6
Firm_Cash	0.057*	0.052*	0.032*	0.041*	0.011*	0.016*
	(1.75)	(1.87)	(1.69)	(1.71)	(1.79)	(1.89)
Firm_Owner	0.026*	0.021*	0.026*	0.031*	0.022*	0.021*
	(1.89)	(1.72)	(1.89)	(1.89)	(1.72)	(1.81)
_cons	3.351**	3.287*	5.207***	2.108***	2.327***	3.506**
	(2.42)	(1.79)	(4.36)	(3.64)	(3.34)	(2.14)
Industry FE	Yes	Yes	Yes	Yes	Yes	Yes
Year FE	Yes	Yes	Yes	Yes	Yes	Yes
Pesudo R^2	0.276	0.411	0.143	0.448	0.288	0.553
N	14 016	14 016	14 016	14 016	14 016	14 016

注:* 表示在 10% 水平上显著,** 表示在 5% 水平上显著,*** 表示在 1% 水平上显著。括号内是 t 值。

表 3.2.14　采用 Logit 模型:战略投资者市场寻求动机与投资行为

因变量	进入时机		是否联合投资		是否分阶段投资	
	模型 1	模型 2	模型 3	模型 4	模型 5	模型 6
MM		−0.031**		0.058**		0.042**
		(−2.31)		(2.16)		(2.19)
Expe	0.041*	0.051*	0.037*	0.038*	0.032*	0.037*
	(1.71)	(1.89)	(1.78)	(1.79)	(1.85)	(1.89)
Age	0.022*	0.018*	0.001*	0.032*	0.021*	0.048*
	(1.86)	(1.82)	(1.89)	(1.87)	(1.69)	(1.71)
Size	0.051*	0.032*	0.032*	0.037*	0.052*	0.041*
	(1.71)	(1.79)	(1.79)	(1.83)	(1.75)	(1.77)
Lev	0.041*	0.051*	0.051	0.036	0.115*	0.072*
	(1.75)	(1.79)	(1.41)	(1.51)	(1.77)	(1.95)
HNTE	0.063**	0.043**	0.012**	0.016**	0.071**	0.068**
	(2.24)	(2.26)	(2.35)	(2.11)	(1.99)	(1.98)
Firm_Cash	0.006*	0.022*	0.021*	0.022*	0.012*	0.028*
	(1.84)	(1.71)	(1.79)	(1.82)	(1.77)	(1.91)

因变量	进入时机		是否联合投资		是否分阶段投资	
	模型 1	模型 2	模型 3	模型 4	模型 5	模型 6
Firm_Owner	0.026*	0.021*	0.026*	0.028*	0.021*	0.026*
	(1.89)	(1.72)	(1.89)	(1.79)	(1.72)	(1.81)
_cons	3.018**	3.024**	4.151***	4.101***	3.429***	3.316**
	(2.41)	(2.13)	(3.69)	(3.83)	(3.38)	(2.19)
Industry FE	Yes	Yes	Yes	Yes	Yes	Yes
Year FE	Yes	Yes	Yes	Yes	Yes	Yes
Pesudo R^2	0.156	0.326	0.389	0.427	0.418	0.433
N	14 016	14 016	14 016	14 016	14 016	14 016

注：* 表示在 10% 水平上显著，** 表示在 5% 水平上显著，*** 表示在 1% 水平上显著。括号内是 t 值。

3.2.7 进一步分析

鉴于战略投资者的高管团队决定了其经营方向和管理模式,是战略投资者部署投资行为的重要信号机制[179]。故而,战略投资者在进行投资行为的决策时,不仅要根据战略投资者的投资动机做出决策,还应关注战略投资者高层管理团队的想法。因此,本书分别加入高管年龄与高管金融背景的调节变量,剖析高管年龄、金融背景异质性条件下,战略投资者投资动机对战略投资者投资行为的影响机制,如图 3.2.1 所示。

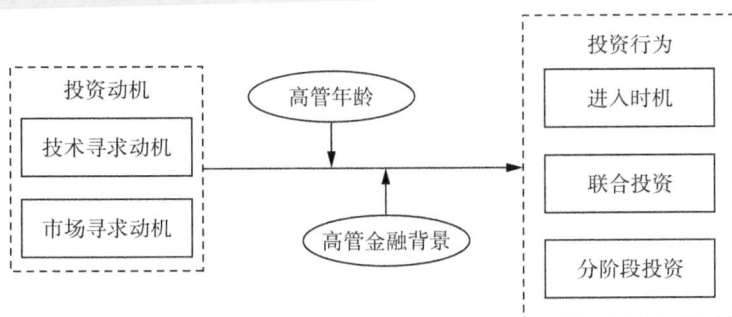

图 3.2.1　高管年龄特征和金融背景的调节效应图

（1）战略投资者投资动机、高管年龄特征与战略投资者投资行为

高管的年龄在一定程度上代表了其处事经验、风险偏好以及价值观等,能够影响其决策风格,进而影响战略投资者的投资行为[180]。首先,年龄较长的高管

决策动因旨在保护个人收益,以实现整个职业生涯中个人私利的最大化[181]。其次,高管团队的平均年龄越大,往往对职业的稳定性更加看重,更倾向于制定保守以及稳健的战略规划。并且通常具备较丰富管理经验,能够较好地控制战略实施过程中的风险,从而能够保证企业投资行为决策的顺利开展[182]。最后,高管团队的平均年龄越大,社会资源越丰富,越有信心进行对外投资。并且年龄越大的高管则更容易对动态变化的环境及时察觉,具有较强的前瞻性和把握全局的能力,能够及时发现投资环节存在的问题,并且能够较合理地解决投资中的问题[183]。因此,根据高阶理论,高管团队的平均年龄特征会影响战略投资者的行为选择方式。

基于此,本书用高管团队平均年龄(TMTage)来替代战略投资者的高管团队平均年龄。然后,设置实证模型(式 3.7—3.12),运用 STATA16 统计软件,采用 Probit 模型进行实证分析。得出的结果如表 3.2.15 和表 3.2.16 所示。

$$\mathrm{Time}_{it} = \beta_0 + \beta_1 TM_{it} + \beta_2 \mathrm{TMTage}_{it} + \beta_3 TM_{it} \times \mathrm{TMTage}_{it} + \beta_4 CV_{it} + \varepsilon_{it}$$
$$(3.7)$$

$$\mathrm{Synd}_{it} = \beta_0 + \beta_1 TM_{it} + \beta_2 \mathrm{TMTage}_{it} + \beta_3 TM_{it} \times \mathrm{TMTage}_{it} + \beta_4 CV_{it} + \varepsilon_{it}$$
$$(3.8)$$

$$\mathrm{Stage}_{it} = \beta_0 + \beta_1 TM_{it} + \beta_2 \mathrm{TMTage}_{it} + \beta_3 TM_{it} \times \mathrm{TMTage}_{it} + \beta_4 CV_{it} + \varepsilon_{it}$$
$$(3.9)$$

$$\mathrm{Time}_{it} = \beta_0 + \beta_1 MM_{it} + \beta_2 \mathrm{TMTage}_{it} + \beta_3 MM_{it} \times \mathrm{TMTage}_{it} + \beta_4 CV_{it} + \varepsilon_{it}$$
$$(3.10)$$

$$\mathrm{Synd}_{it} = \beta_0 + \beta_1 MM_{it} + \beta_2 \mathrm{TMTage}_{it} + \beta_3 MM_{it} \times \mathrm{TMTage}_{it} + \beta_4 CV_{it} + \varepsilon_{it}$$
$$(3.11)$$

$$\mathrm{Stage}_{it} = \beta_0 + \beta_1 MM_{it} + \beta_2 \mathrm{TMTage}_{it} + \beta_3 MM_{it} \times \mathrm{TMTage}_{it} + \beta_4 CV_{it} + \varepsilon_{it}$$
$$(3.12)$$

①战略投资者技术寻求动机、高管年龄特征与战略投资者投资行为

如表 3.2.15 模型 1 所示,高管团队平均年龄与战略投资者技术寻求型动机的交乘项在 10% 的水平上显著为正,说明高管团队平均年龄越大,战略投资者技术寻求型投资动机和早期进入行为正相关。这是因为,当高管团队平均年龄较大时,高管具有较强的投资经验和管理能力,与此同时其拥有较强的社会资源,能够筛选到前景较好的项目,容易抓住市场机会。在技术寻求型下,资源依

靠市场进行配置,故而高管年龄越大,越容易抓住创新机会,进行早期阶段的投资。因此,当高管年龄较大时,战略投资者倾向于采取早期进入行为,从而能够督促企业进行相应的跨界学习。

如表 3.2.15 模型 2 所示,高管团队平均年龄与战略投资者技术寻求型动机的交乘项在 10% 的水平上显著为负,说明了在战略投资者具有技术寻求型动机时,战略投资者的高管平均年龄较大,则倾向于单独投资。首先,越是成熟的高管团队,迁移能力越强,因而接受新事物的能力越强,更能把握当前新事物发展的趋势与方向,了解当前消费者的需求与偏好。其次,平均年龄越大的高管团队越具有创新力,能够做出更多创新性的决策。因此,在高管团队平均年龄较大的情况下,战略投资者倾向于采取单独投资的行为,快速发掘新的市场机会,并且有实力带领团队独自投资于有前景的创新项目,进行跨界探索,有助于提高企业的创新能力。

如表 3.2.15 模型 3 所示,高管团队平均年龄与战略投资者技术寻求型动机的交乘项在 10% 的水平上显著为正,说明了在战略投资者具有技术寻求型动机时,战略投资者的高管平均年龄较大,则倾向于分阶段投资。首先,平均年龄较大的高管团队,往往对职业的稳定性更加看重,更倾向于制定保守以及稳健的战略规划,因而其做决策时较为谨慎。其次,平均年龄越大的高管团队越注重自身职业生涯的发展情况,对其做出的决策有较强的谨慎态度。因此,在高管团队平均年龄较大的情况下,围绕战略投资者的技术寻求型动机,战略投资者倾向于采取分阶段投资的行为,通过设定目标的方式,在被投资企业完成了上一阶段的目标后才能获得下一轮的融资,从而起到一定的监督作用,并且在一定程度上激励企业进行创新活动,激发被投资企业进行创新行为。

表 3.2.15　战略投资者技术寻求动机、高管年龄特征与投资行为

因变量	进入时机	是否联合投资	是否分阶段投资
	模型 1	模型 2	模型 3
TM	0.031*	−0.924*	0.211**
	(1.81)	(−1.84)	(2.24)
TMTage	−0.041*	−0.901*	−0.312*
	(−1.89)	(−1.73)	(−1.79)
TM* TMTage	0.074*	−0.231*	0.332*
	(1.82)	(−1.81)	(1.78)
Expe	0.012*	0.008*	0.008*
	(1.89)	(1.81)	(1.71)

因变量	进入时机	是否联合投资	是否分阶段投资
	模型 1	模型 2	模型 3
Age	0.608*	0.632**	0.503*
	(1.88)	(2.32)	(1.81)
Size	0.708*	0.881*	0.705*
	(1.81)	(1.81)	(1.86)
Lev	0.022*	0.021	0.009*
	(1.89)	(1.41)	(1.81)
HNTE	0.321**	0.318**	0.343**
	(2.19)	(2.41)	(2.48)
Firm_Cash	0.576*	0.641*	0.632*
	(1.83)	(1.82)	(1.71)
Firm_Owner	0.211*	0.279*	0.362*
	(1.89)	(1.71)	(1.81)
_cons	4.121***	2.127***	3.492***
	(3.48)	(3.05)	(3.12)
Industry FE	Yes	Yes	Yes
Year FE	Yes	Yes	Yes
Pesudo R^2	0.321	0.223	0.352
N	14 016	14 016	14 016

注:* 表示在 10% 水平上显著,** 表示在 5% 水平上显著,*** 表示在 1% 水平上显著。括号内是 t 值。

②战略投资者市场寻求动机、高管年龄特征与战略投资者投资行为

如表 3.2.16 模型 1 所示,高管团队平均年龄与战略投资者市场寻求型动机的交乘项在 10% 的水平上显著为负,说明高管团队平均年龄越大,战略投资者市场寻求型投资动机越倾向于采取晚期进入行为。这是因为,当高管团队平均年龄较大时,对财务和职业安全的看重使他们倾向于制定保守的管理策略。因此,在市场寻求型下,资源依靠市场进行配置,故而高管年龄越大,投资行为越保守,越倾向于投资处于成熟期的企业,以减少投资风险。因此,战略投资者倾向于采取晚期进入行为,从而能够保证企业进行市场动机寻求时,获得较大的投资回报。

如表 3.2.16 模型 2 所示,高管团队平均年龄与战略投资者市场寻求型动机

的交乘项在 10% 的水平上显著为正,说明了在战略投资者具有市场寻求型动机时,战略投资者的高管平均年龄较大,则倾向于联合投资。首先,越是经验丰富的高管团队,对风险的厌恶态度越强,进行激进型的改变和采取变革型战略的可能性较小。其次,越是经验丰富的高管团队其知识结构与决策认知能力较年轻高管团队比较强,倾向于采取保守的行为。因此,在高管团队平均年龄较大的情况下,战略投资者倾向于采取联合投资的行为,与其他投资者共同分担投资风险,联合其他投资者对被投资企业进行监督和管理,从而控制投资风险,督促被投资企业进行创新活动。

如表 3.2.16 模型 3 所示,高管团队平均年龄与战略投资者市场寻求型动机的交乘项在 10% 的水平上显著为正,说明了在战略投资者具有市场寻求型动机时,战略投资者的高管平均年龄较大,则倾向于分阶段投资。首先,平均年龄较大的高管团队重视职业安全,他们更愿意维持现状,追求稳定的职业道路。其次,平均年龄越大的高管团队对职业生涯的规划则更多地以财务和职位安全为主,较少参与企业的风险性活动。因此,在高管团队平均年龄较大的情况下,对于战略投资者的市场寻求动机,战略投资者倾向于采取分阶段投资的行为,通过设定目标的方式,在一定程度上激励和帮助企业进行创新活动。

表 3.2.16　战略投资者市场寻求动机、高管年龄特征与投资行为

因变量	进入时机	是否联合投资	是否分阶段投资
	模型 1	模型 2	模型 3
MM	−0.081*	0.204*	0.181**
	(−1.79)	(1.79)	(2.38)
TMTage	0.052*	0.162*	0.102*
	(1.79)	(1.79)	(1.78)
MM* TMTage	−0.074*	0.241*	0.161*
	(−1.87)	(1.94)	(1.81)
Expe	0.017*	0.012*	0.012*
	(1.79)	(1.73)	(1.83)
Age	0.501*	0.567**	0.517*
	(1.91)	(2.31)	(1.79)
Size	0.638*	0.708*	0.718*
	(1.74)	(1.89)	(1.81)

因变量	进入时机	是否联合投资	是否分阶段投资
	模型 1	模型 2	模型 3
Lev	0.021*	0.017	0.018*
	(1.72)	(1.44)	(1.89)
HNTE	0.279**	0.309**	0.349**
	(2.11)	(2.39)	(2.18)
Firm_Cash	0.576*	0.628*	0.631*
	(1.79)	(1.89)	(1.67)
Firm_Owner	0.206*	0.282*	0.361*
	(1.89)	(1.79)	(1.81)
_cons	4.216***	2.442***	3.549***
	(3.64)	(5.63)	(4.39)
Industry FE	Yes	Yes	Yes
Year FE	Yes	Yes	Yes
Pesudo R^2	0.362	0.233	0.611
N	14 016	14 016	14 016

注:*表示在10%水平上显著,**表示在5%水平上显著,***表示在1%水平上显著。括号内是 t 值。

（2）战略投资者投资动机、高管金融背景与战略投资者投资行为

具体而言,从事过金融工作的高管具备相关工作经验,对战略投资具有更为清晰的认知,熟悉金融产品的性质和投资行为[184]。因此,首先,在金融行业工作过的高管往往具有金融市场分析能力以及投资经验,能够较快地发现有前景的行业,因而具有较强的投资动机,能够快速抓住投资机会,并且优化投资组合,所以能够促进战略投资者的投资行为。其次,在金融行业工作过的高管往往具有较强的风险防范意识,能够应对投资前以及投资后的风险。鉴于战略投资者的市场寻求动机和技术寻求动机都具有一定的风险性,新产品的开发和商业化的过程中也存在着较大的不确定性,因而具有金融行业工作经历的高管能够通过优化投资组合,降低战略投资者的投资风险。综上,本书认为战略投资者中如果有金融背景的高管,则能够调节战略投资者投资动机对战略投资者行为的影响。

基于此,为了验证高管团队成员金融背景的调节效应,本书用高管团队中具有金融背景的成员（CEOFIN）来衡量战略投资者的高管团队金融背景。然后,设置实证模型（式 3.13—3.18）,运用 STATA16 统计软件,采用 Probit 模型进

行实证分析。得出的结果如表 3.2.17 和表 3.2.18 所示。

$$Time_{it} = \beta_0 + \beta_1 TM_{it} + \beta_2 CEOFIN_{it} + \beta_3 TM_{it} \times CEOFIN_{it} + \beta_4 CV_{it} + \varepsilon_{it} \tag{3.13}$$

$$Synd_{it} = \beta_0 + \beta_1 TM_{it} + \beta_2 CEOFIN_{it} + \beta_3 TM_{it} \times CEOFIN_{it} + \beta_4 CV_{it} + \varepsilon_{it} \tag{3.14}$$

$$Stage_{it} = \beta_0 + \beta_1 TM_{it} + \beta_2 CEOFIN_{it} + \beta_3 TM_{it} \times CEOFIN_{it} + \beta_4 CV_{it} + \varepsilon_{it} \tag{3.15}$$

$$Time_{it} = \beta_0 + \beta_1 MM_{it} + \beta_2 CEOFIN_{it} + \beta_3 MM_{it} \times CEOFIN_{it} + \beta_4 CV_{it} + \varepsilon_{it} \tag{3.16}$$

$$Synd_{it} = \beta_0 + \beta_1 MM_{it} + \beta_2 CEOFIN_{it} + \beta_3 MM_{it} \times CEOFIN_{it} + \beta_4 CV_{it} + \varepsilon_{it} \tag{3.17}$$

$$Stage_{it} = \beta_0 + \beta_1 MM_{it} + \beta_2 CEOFIN_{it} + \beta_3 MM_{it} \times CEOFIN_{it} + \beta_4 CV_{it} + \varepsilon_{it} \tag{3.18}$$

①战略投资者技术寻求动机、高管金融背景与战略投资者投资行为

如表 3.2.17 模型 1 所示,战略投资者技术寻求型动机与高管金融背景的交乘项在 10% 的水平上显著为正,说明在战略投资者技术寻求型动机下,高管团队的金融背景与投资时机正相关。这是因为,基于战略投资者的技术寻求动机,则希望通过投资早期企业以寻求技术资源,提升自身的研发能力。与此同时,参与被投资企业的技术研发需要较高的资金支持,因而当高管团队成员有金融背景时,有助于战略投资者与银行等金融机构建立良好的关系,从而能够获得更多的贷款额度,进而为战略投资者投资技术型企业提供资金支持。其次,基于烙印理论,高管团队成员具有金融背景,能够促进其在以后的工作生涯中,对金融投资有一定的偏向,因而对外投资的可能性较高。因此,如果战略投资者的高管团队成员具有金融背景,那么战略投资者倾向于采取早期进入行为,从而能够获得被投资企业较多的投资回报。

如表 3.2.17 模型 2 所示,战略投资者技术寻求型动机与高管金融背景的交乘项在 10% 的水平上显著为负,说明了在战略投资者技术寻求型动机下,战略投资者的高管团队成员如果有金融背景,则倾向于采取单独投资的方式。首先,基于战略投资者的技术寻求动机,战略投资者希望从被投资者中学习新进的前沿技术。鉴于在金融行业有过工作经历的高管与金融机构具有较好的关系,也

有较好的资源,因而能够较容易地帮助战略投资者获得投资新技术的资金,从而战略投资者在产生技术寻求动机时倾向于采取单独投资的行为。其次,基于战略投资者的技术寻求动机,战略投资者希望能够降低投资新技术的投资风险。鉴于在金融行业有过工作经历的高管往往具有较强的风险控制能力,因而能够帮助战略投资者控制投资风险,故而战略投资者在技术寻求动机时倾向于采取单独投资的行为。综上所述,如果战略投资者的高管团队具有金融背景,那么战略投资者倾向于采取单独投资的行为,以获得更多投资收益。

如表3.2.17模型3所示,战略投资者技术寻求型动机与高管金融背景的交乘项在10%的水平上显著为正,说明了在战略投资者技术寻求型动机下,战略投资者的高管团队成员如果有金融背景,则倾向于采取分阶段注资的方式。首先,基于战略投资者的技术寻求动机,战略投资者希望从被投资者中学习新进的前沿技术。鉴于在金融行业有过工作经历的高管具有更加谨慎的做事风格,因而希望对被投资企业进行多次考察,从而战略投资者在产生技术寻求动机时倾向于采取分阶段投资的行为。其次,基于战略投资者的技术寻求动机,战略投资者希望能够降低投资新技术的投资风险。鉴于在金融行业有过工作经历的高管往往具有较强的风险控制能力,因而能够帮助战略投资者控制投资风险,故而战略投资者在技术寻求动机时倾向于分阶段投资的行为。因此,如果战略投资者高管团队成员具有金融背景,那么战略投资者倾向于采取分阶段注资的行为,从而降低投资风险,获得较多的投资收益。

表 3.2.17 战略投资者技术寻求动机、高管金融背景与投资行为

因变量	进入时机	是否联合投资	是否分阶段投资
	模型 1	模型 2	模型 3
TM	0.042*	−0.813*	0.311**
	(1.79)	(1.89)	(2.21)
CEOFIN	0.031*	0.896*	0.334*
	(1.79)	(1.79)	(1.86)
TM* CEOFIN	0.078*	−0.641*	0.322*
	(1.81)	(1.82)	(1.74)
Expe	0.016*	0.023*	0.011*
	(1.81)	(1.83)	(1.71)
Age	0.608*	0.632**	0.511*
	(1.85)	(2.37)	(1.72)

因变量	进入时机	是否联合投资	是否分阶段投资
	模型 1	模型 2	模型 3
Size	0.629*	0.715*	0.732*
	(1.84)	(1.81)	(1.89)
Lev	0.133*	0.041*	0.021
	(1.81)	(1.83)	(1.41)
HNTE	0.379**	0.305**	0.317**
	(2.11)	(1.98)	(2.35)
Firm_Cash	0.526*	0.642*	0.631*
	(1.79)	(1.74)	(1.87)
Firm_Owner	0.206*	0.279*	0.356*
	(1.89)	(1.79)	(1.81)
_cons	4.221***	3.161***	3.928***
	(3.88)	(3.59)	(3.57)
Industry FE	Yes	Yes	Yes
Year FE	Yes	Yes	Yes
Pesudo R^2	0.287	0.343	0.418
N	14 016	14 016	14 016

注：* 表示在 10% 水平上显著，** 表示在 5% 水平上显著，*** 表示在 1% 水平上显著。括号内是 t 值。

②战略投资者市场寻求动机、高管金融背景与战略投资者投资行为

如表 3.2.18 模型 1 所示，战略投资者市场寻求型动机与高管金融背景的交乘项在 10% 的水平上显著为正，说明在战略投资者市场寻求型动机下，高管团队的金融背景改变了战略的投资行为。这主要是因为，基于战略投资者的市场寻求动机，战略投资者希望在被投资者的帮助下开拓自身的业务领域。鉴于在金融行业有过工作经历的高管较强的前瞻性，能够把握行业的动态，因而能够帮助战略投资者抓住投资机会，投资处于发展早期的企业。因此，如果战略投资者的高管团队成员具有金融背景，那么战略投资者倾向于采取早期进入行为，从而能够获得被投资企业较多的投资回报。

如表 3.2.18 模型 2 所示，战略投资者市场寻求型动机与高管金融背景的交乘项在 10% 的水平上显著为负，说明了在战略投资者市场寻求型动机下，战略投资者的高管团队成员如果有金融背景，则改变了战略投资者的原有投资行为，

更倾向于采取单独投资的方式。首先,基于战略投资者的市场寻求动机,战略投资者希望开拓新的产品线、拓展新的业务范围。鉴于在金融行业有过工作经历的高管与金融机构具有较好的关系,也有较好的资源,因而能够较容易地帮助战略投资者获得新产品开发和增加产品线的资金,从而战略投资者在产生市场寻求动机时倾向于采取单独投资的行为。其次,基于战略投资者的市场寻求动机,战略投资者希望能够降低进入新领域的风险。鉴于在金融行业有过工作经历的高管往往具有较强的风险控制能力,因而能够帮助战略投资者控制投资风险,故而战略投资者在市场寻求动机时倾向于采取单独投资的行为。综上所述,如果战略投资者的高管团队具有金融背景,那么战略投资者倾向于采取单独投资的行为,以获得更多的投资收益。

如表 3.2.18 模型 3 所示,战略投资者市场寻求型动机与高管金融背景的交乘项在 10% 的水平上显著为正,说明了在战略投资者市场寻求型动机下,战略投资者的高管团队成员如果有金融背景,则倾向于采取分阶段注资的方式。首先,基于战略投资者的市场寻求动机,战略投资者希望进入新的市场,开拓新的产品线。鉴于在金融行业有过工作经历的高管具有更加严谨的做事风格,因而希望与被投资企业进行多次交流,深入学习其市场发展现状,从而战略投资者在产生市场寻求动机时倾向于采取分阶段投资的行为。其次,基于战略投资者的市场寻求动机,战略投资者希望能够降低拓展新业务范围的风险。鉴于在金融行业有过工作经历的高管往往具有较强的风险控制能力,因而能够帮助战略投资者控制投资风险,故而战略投资者在市场寻求动机时倾向于分阶段投资的行为。综上所述,如果战略投资者高管团队成员具有金融背景,那么战略投资者倾向于采取分阶段注资的行为,加强与被投资企业的学习,防范新进入者的风险,从而获得新产品开发的利润。

表 3. 2. 18　战略投资者市场寻求动机、高管金融背景与投资行为

因变量	进入时机	是否联合投资	是否分阶段投资
	模型 1	模型 2	模型 3
MM	-0.051^*	0.221^*	0.334^{**}
	(-1.87)	(1.78)	(2.39)
CEOFIN	0.041^*	-0.313^*	0.313^*
	(1.79)	(-1.79)	(1.81)
MM*CEOFIN	0.082^*	-0.244^*	0.351^*
	(1.83)	(-1.82)	(1.83)

续表

因变量	进入时机	是否联合投资	是否分阶段投资
	模型 1	模型 2	模型 3
Expe	0.011*	0.031*	0.016*
	(1.79)	(1.81)	(1.79)
Age	0.623*	0.629**	0.618*
	(1.71)	(2.44)	(1.89)
Size	0.619*	0.622*	0.711*
	(1.65)	(1.87)	(1.73)
Lev	0.142*	0.043	0.051*
	(1.78)	(1.51)	(1.81)
HNTE	0.344**	0.322**	0.336**
	(2.13)	(2.07)	(1.99)
Firm_Cash	0.583*	0.641*	0.619*
	(1.83)	(1.81)	(1.87)
Firm_Owner	0.206*	0.281*	0.316*
	(1.89)	(1.84)	(1.81)
_cons	4.257***	3.408***	3.581***
	(3.67)	(4.14)	(4.31)
Industry FE	Yes	Yes	Yes
Year FE	Yes	Yes	Yes
Pesudo R^2	0.278	0.377	0.415
N	14 016	14 016	14 016

注：* 表示在 10% 水平上显著，** 表示在 5% 水平上显著，*** 表示在 1% 水平上显著。括号内是 t 值。

3.3 本章小结

本章基于动机—行为框架,围绕战略投资者的技术寻求动机、市场寻求动机两个维度,剖析战略投资者投资动机影响战略投资者投资行为的理论框架,即战略投资者投资行为对投资时机的选择、联合投资行为的选择、分阶段投资行为的选择的影响机制,进而运用 STATA16 统计软件,实证分析战略投资者投资动机对战略投资者投资行为的影响。此外,鉴于战略投资者的投资行为还受到高管团队的影响,因而本章结合高阶理论,加入战略投资者高管团队平均年龄和金融背景对上述影响的调节机制。研究结果表明:(1)基于技术寻求动机,战略投资者倾向于选择早期进入行为、独立投资行为和分阶段投资行为;基于市场寻求动机,战略投资者倾向于选择晚期进入行为、联合投资行为和分阶段投资行为。(2)对于技术寻求型战略投资者,高管团队的年龄越大,越能够增强其采取早期进入行为、独立投资行为以及分阶段投资行为;对于市场寻求型战略投资者,高管团队的年龄越大,越能够促进其选择晚期进入行为、联合投资行为、分阶段投资行为。(3)对于技术寻求型战略投资者,团队中有金融背景的高管对其采取早期进入行为、独立投资行为以及分阶段投资行为有较强的促进作用;对于市场寻求型战略投资者,团队中有金融背景的高管也能够促使其采取早期进入行为、独立投资行为以及分阶段投资行为。

本章基于资源基础理论和智力资本理论，将战略投资者的投资绩效分为创新绩效和财务绩效，探寻在技术寻求动机的驱动下，战略投资者的投资行为对创新绩效和财务绩效的影响机制。并运用STATA16统计软件，实证分析战略投资者在技术寻求型动机的驱动下，不同投资行为分别对创新绩效和财务绩效的影响机制。此外，本书认为战略投资者投资绩效的提升还取决于战略投资者的吸收能力和参与程度，因而还从理论和实证两方面讨论了战略投资者的吸收能力、参与程度对战略投资者投资行为影响投资绩效的调节作用。

第四章

技术寻求动机下战略投资者投资行为对投资绩效的影响

4.1 技术寻求动机下战略投资者投资行为影响投资绩效的理论分析

4.1.1 技术寻求动机下战略投资者投资行为与创新绩效

（1）技术寻求动机下战略投资者进入时机与创新绩效

基于技术寻求动机，战略投资者采取早期进入行为有助于其更充分地承接所投资企业的创新资源[185]，从而促进创新绩效。第一，战略投资者的早期进入行为通过社会资本促进效应，进而提高战略投资者的创新绩效[186]。战略投资者在技术获取动机的驱动下，越早进入被投资企业，越早地与被投资企业进行沟通与交流，不但能够加快新知识吸收和交换[187]，互相学习技术创新知识以增强创新能力，而且还能够利用被投资企业的社会资源，建立合作创新网络，进行协同研发，进而促进创新活动的开展[188]。第二，战略投资者的早期进入行为通过人力资本提升效应，进而提高战略投资者的创新绩效[189]。战略投资者基于技术获取的投资目标，越早进入被投资企业，越能够通过知识交换，分享被投资企业的技术创新知识资源，调动研发人员实施创新策略的积极性[190]，促进被投资企业研发人员与行业龙头企业的培训与交流，从而有助于消化、吸收和设计新技术，进而提升自身的创新能力。第三，战略投资者的早期进入行为，通过结构资本改善效应，进而提高战略投资者的创新绩效[191]。战略投资者在技术获取动机的导向下，越早进入，越能够获得所投资企业的知识溢出[192]，完善组织结构、获得更多管理经验[193]，有助于创新资源在企业内的流动，进而促进企业的创新投入。因此，本书做出如下假设：

假设7：技术寻求动机下，战略投资者早期进入行为能够促进创新绩效的提升。

（2）技术寻求动机下战略投资者独立投资与创新绩效

基于技术寻求动机，战略投资者采取独立投资行为有助于其更完整地承接所投资企业的创新资源，从而促进创新绩效。战略投资者采取独立投资的方式，一方面，是由于其投资的是早期创新项目，需要花费大量的时间成本和人力成本，从而才能保证项目的成功[194]。故而采取单独投资的方式能够避免处理与其他联盟者的关系问题，可以专注于管理项目[195]。另一方面是因为其在行业内的声誉较高，且具备较高的选择能力，故而不需要进行联合投资[196]。当战略投资者采取独立投资行为的方式后，第一，战略投资者的独立投资行为通过社会资本促进效应，进而提高战略投资者的创新绩效。战略投资者在技术获取动机地驱动下，通过独立投资行为，投资处于发展早期的科技型企业，能够较大程度地利用被投资企业的社会网络以及社会资本等[197]，从而增强自身的社会资源，例如与政府部门建立良好的社会关系，有助于获得更多的政府补助等，进而促进创新活动的开展[198]。第二，独立投资行为通过人力资本提升效应，进而提高战略投资者的创新绩效。战略投资者基于技术获取的投资目标，采取独立投资行为，能够加强与被投资企业的交流，促进自身研发人员与被投资企业研发人员的交流与沟通，从而促进消化、吸收和设计新技术[199]，进而提升自身的创新能力。第三，独立投资行为通过结构资本改善效应，进而提高战略投资者的创新绩效。战略投资者在技术获取动机的导向下，采取独立投资行为，避免了合作投资的关系成本，从而有更多的精力与被投资企业进行相互学习，完善组织结构、获得更多管理经验[200]，为创新提供制度保障，进而促进企业的创新投入[201]。因此，本书做出如下假设：

假设8：技术寻求动机下，战略投资者独立投资行为能够促进创新绩效的提升。

（3）技术寻求动机下战略投资者分阶段投资与创新绩效

基于技术寻求动机，战略投资者采取分阶段投资行为有助于其更充分地学习所投资企业的创新资源，从而促进创新绩效。第一，分阶段投资行为通过社会资本促进效应，进而提高战略投资者的创新绩效。战略投资者在技术获取动机的驱动下，通过分阶段投资，多次与被投资企业进行合作交流，能够获得更多资金资助，从而可以够缓解融资约束[202]，调动其实施创新策略的积极性，促进其研发投入，进而促进创新活动的开展。第二，分阶段投资行为通过人力资本提升效应，进而提高战略投资者的创新绩效。战略投资者基于技术获取的投资目标，采取分阶段投资行为，通过与被投资企业多轮次深入的交流和研讨，能够促进自身研发团队与被投资研发团队人员的相互学习，从而推动与被投资企业的深度技术合作[203]，进而提升企业的创新能力。第三，分阶段投资行为通过结构资本改善效应，进而提高战略投资者的创新绩效。战略投资者在技术获取动机的导向下，通过分轮次，多次承接所投资企业的知识转移，从而能够获得所投资企业的知识溢出[204]，完善组织结构、获得更多管理经验，创造良好的创新氛围，进而促进自身的创新投入[205]。因此，本书做出如下假设：

假设9：技术寻求动机下，战略投资者分阶段投资行为能够促进创新绩效的提升。

4.1.2 技术寻求动机下战略投资者投资行为与财务绩效

（1）技术寻求动机下战略投资者进入时机与财务绩效

基于技术寻求动机，战略投资者采取早期进入行为有助于其更充分地承接所投资企业的创新资源,从而促进财务绩效的提升。第一,进入时机行为通过社会资本促进效应,进而提高战略投资者的财务绩效。战略投资者在技术获取动机的驱动下,通过早期进入行为,能够更大程度地利用被投资企业的社会资本溢出,诸如,联系纽带资源、网络结构资源、关系资源机制等[206],加强战略投资者的稀有资源能力,进而促进财务绩效的提升。第二,进入时机行为通过人力资本提升效应,进而提高战略投资者的财务绩效。战略投资者基于技术获取的投资目标,采取早期进入的投资行为,还能越早地通过搭建学习交流平台[207],促进自身人力资源向被投资企业的高管团队学习经验,从而有助于增强战略投资者的核心竞争能力,进而提升企业的财务绩效。第三,早期进入行为通过结构资本改善效应,进而提高战略投资者的财务绩效。战略投资者在技术获取动机的导向下,能够更早地学习新型团队的治理模式,从而完善组织结构、获得更多管理经验,优化配置创新资源,进而促进自身的财务产出[208]。因此,本书做出如下假设:

假设10:技术寻求动机下,战略投资者早期进入行为能够促进财务绩效的提升。

(2)技术寻求动机下战略投资者独立投资与财务绩效

基于技术寻求动机,战略投资者采取独立投资行为有助于其更完整地吸收所投资企业的资源,从而促进财务绩效。当战略投资者采取独立投资行为的方式后,第一,战略投资者的独立投资行为通过社会资本促进效应,进而提高战略投资者的财务绩效。战略投资者在技术获取动机的驱动下,通过独立投资行为,投资处于发展早期的科技型企业,能够广泛地获取到被投资企业的社会资源,从而能够加以运用到自身的生产经营与技术研发[209],进而促进财务绩效的提升。第二,独立投资行为通过人力资本提升效应,进而提高战略投资者的财务绩效。战略投资者基于技术获取的投资目标,采取独立投资行为,能够强化与被投资企业的交流,增强自身研发人员与被投资企业研发人员的交流与沟通,从而建立起自身的竞争优势和核心能力[210],进而提升自身的财务能力。第三,独立投资行为通过结构资本改善效应,进而提高战略投资者的创新绩效。战略投资者在技术获取动机的导向下,采取独立投资行为,避免了合作投资的关系成本[211],从而有更多的精力与被投资企业进行相互学习,知识协同通过内外部系统的动态建立、商业过程的改革优化,从而促进财务绩效的提升[212]。因此,本书做出如下假设:

假设11:技术寻求动机下,战略投资者独立投资行为能够促进财务绩效的提升。

(3)技术寻求动机下战略投资者分阶段投资与财务绩效

基于技术寻求动机,战略投资者采取分阶段投资行为有助于其更充分地承接所投资企业的知识资源,从而促进财务绩效。第一,分阶段投资行为通过社会资本促进效应,进而提高战略投资者的财务绩效。战略投资者在技术获取动机的驱动下,通过采取分阶段投资的方式,对被投资企业进行多轮次的投资,不但能够加强与被投资企业拥有的社会资本的接触[213],增强自身的社会资源和关系网络,为自身的技术研发寻求更多的技术保障和资金支持,进而促进战略投资者财务绩效的提升。第二,分阶段投资行为通过人力资本提升效应,进而提高战略投资者的财务绩效。战略投资者基于技术获取的投资目标,通常会进行分阶段的投资行为,因而可以通过多轮次,深入地向被投资企业学习经验、共享知识[214],从而能够促进自身团队人力资源知识素养和专业能力的提升[215],进而能够促进财务绩效的增强。第三,分阶段投资行为通过结构资本改善效应,进而提高战略投资者的财务绩效。战略投资者在技术获取动机的导向下,能够加强与被投资企业的资源整合、团队互动[216],完善组织结构、获得更多管理经验,增强各种要素在组织内部的流动,进而能够促进企业的财务产出。因此,本书做出如下假设:

假设 12:技术寻求动机下,战略投资者分阶段投资行为能够促进财务绩效的提升。

4.1.3　概念模型

本书基于资源基础理论和智力资本理论,将战略投资者的投资绩效分为创新绩效和财务绩效,探寻在战略投资者技术寻求动机下,战略投资者的投资行为分别对创新绩效和财务绩效的影响。理论分析认为,战略投资者投资行为能够促进所投企业的投资绩效,表现为战略投资者不但能够改善企业的融资约束,也能够帮助所投企业引入研发人才,还能够改善所投企业的治理结构,从而提升企业的智力资本,进而有利于投资绩效的提高。根据理论分析和研究假设,绘制了概念模型图,如图 4.1.1。

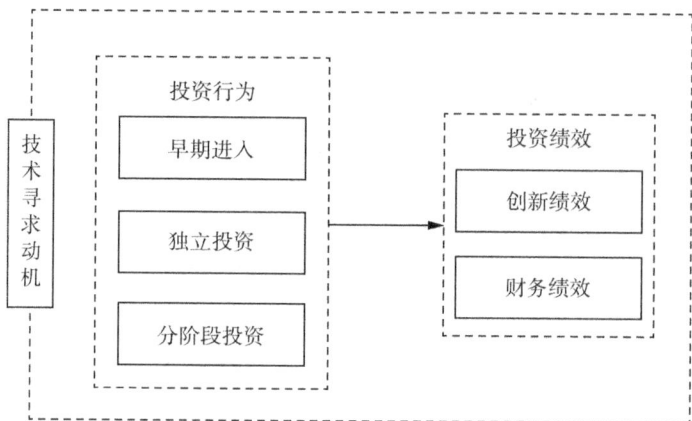

图 4.1.1　技术寻求动机下战略投资者投资行为影响投资绩效的概念模型图

4.2　技术寻求动机下战略投资者投资行为影响投资绩效的实证分析

4.2.1　样本选取与数据来源

本书选择 A 股上市公司为初选样本,分析其 2015—2020 年间的战略投资行为。本书借鉴刘伟和黄江林[278]的做法对样本进行处理。通过手动收集,检索 Wind 资讯、CVSource 数据库、巨潮资讯网和沪深证券交易所等平台数据,查找关于战略投资者的数据和信息。在此基础上,通过分析初选样本公司 2015—2020 年的并购信息、对外投资公告、超募资金使用情况、年度报告等,识别出沪深上市公司进行的战略投资活动。然而,存在部分上市公司在公布投资公告后,并未进行真正投资活动的情况,因而本书对公司发布公告后的新闻以及年报进行了审查,并通过走访调研和邮件咨询的形式进行了核对,剔除了发布投资公告但并未进行投资的战略投资者的记录。并且由于本章的研究对象为技术寻求型战略投资者,因而在上述筛选过程之后,最终得到 2015—2020 年间 11 089 个观测值。此外,为了排除极端值的影响,本书对所有连续变量进行 1% 和 99% 分位数的缩尾处理。

4.2.2　模型设定与变量定义

为了检验技术寻求动机驱动下战略投资者投资行为对其投资绩效的影响,本书设定如下实证模型(式 4.1—4.6):

$$\text{Patent}_{it} = \beta_0 + \beta_1 \text{Time}_{it} + \beta_2 CV_{it} + \varepsilon_{it} \tag{4.1}$$

$$\text{Patent}_{it} = \beta_0 + \beta_1 \text{Synd}_{it} + \beta_2 CV_{it} + \varepsilon_{it} \tag{4.2}$$

$$\text{Patent}_{it} = \beta_0 + \beta_1 \text{Stage}_{it} + \beta_2 CV_{it} + \varepsilon_{it} \tag{4.3}$$

$$\text{ROA}_{it} = \beta_0 + \beta_1 \text{Time}_{it} + \beta_2 CV_{it} + \varepsilon_{it} \tag{4.4}$$

$$\text{ROA}_{it} = \beta_0 + \beta_1 \text{Synd}_{it} + \beta_2 CV_{it} + \varepsilon_{it} \tag{4.5}$$

$$\text{ROA}_{it} = \beta_0 + \beta_1 \text{Stage}_{it} + \beta_2 CV_{it} + \varepsilon_{it} \tag{4.6}$$

(1) 因变量:战略投资者的投资绩效

①创新绩效(Patent)。本书的被解释变量为战略投资者的创新绩效。关于创新绩效的测量方式,目前的大多学者都采用企业申请或获得的专利数量衡量,且未区分发明专利、外观设计专利和实用新型专利的类别。其中,发明专利的技

术含量最高,创新性最大,通常授权给具有突破性的、独创性的专利技术或方法,最能体现申请人的创新能力。考虑到技术寻求动机下战略投资者的投资行为是为了寻求技术的突破,因而本书选取企业每年获得的发明专利(Patent)作为衡量创新绩效的指标,数据来自国家知识产权局网站。

②财务绩效(ROA)。大部分学者衡量企业财务绩效均使用 ROA 作为指标,该指标能够表示每单位资产创造利润能力的大小,是企业盈利能力的反映。基于此,本书用资产收益率(ROA)来衡量战略投资者的财务绩效。资产收益率(ROA)=净利润/总资产。

(2) 自变量:战略投资者的投资行为

①战略投资者进入时机(Time)。如果战略投资者该年度每一次投资处于发展早期的企业,则记 $Time_n$ 为 1,否则为 0。Time 的值为战略投资者进入时机的倾向值,由战略投资者每一次的进入时机取值($Time_n$)加总后求平均值,该值越大表明战略投资者越倾向于投资处于发展早期的企业。

②战略投资者联合投资行为(Synd)。如果战略投资者该年度每一次投资时采用联合投资行为,则记 $Synd_n$ 为 1,否则为 0。Synd 的值为战略投资者联合投资行为的倾向值,由战略投资者每一次的联合投资行为取值($Synd_n$)加总后求平均值,该值越大表明战略投资者越倾向于采取联合投资行为。

③战略投资者分阶段投资行为(Stage)。如果战略投资者该年度每一次投资采用分阶段投资行为,则记 $Stage_n$ 为 1,否则为 0。Stage 的值为战略投资者分阶段投资行为的倾向值,由战略投资者每一次的分阶段投资行为取值($Stage_n$)加总后求均值,该值越大表明战略投资者越倾向采取分阶段投资行为。

(3) 控制变量

战略投资者层面的控制变量。第一,投资经验(Expe),战略投资者成立以来投资总次数。第二,存续期(Age),战略投资者成立以来到投资时的年份。第三,企业规模(Size),企业总资产的自然对数。第四,资产负债率(Lev),企业总负债额与资产总额的比值。第五,是否高科技企业(HNTE),哑变量,如果战略投资者是高科技企业,取值 1,否则为 0。

被投资企业层面的控制变量。本书参照梁婧姝等[217]以及施国平等[218]的研究,选取如下被投资企业层面的控制变量:第一,被投资企业的创新水平(Firm_Inv),该值用战略投资者该年度所投资企业的创新水平加总后求均值。每一家被投资企业的创新水平用其 R&D 支出除以营业收入表示。第二,被投资企业的托宾 Q 值(Firm_Tq),该值用战略投资者该年度所投资企业的托宾 Q 值加总后求均值。每一家被投资企业的托宾 Q 值用(股票市场价值+债务账面价值)/资产总额表示。主要变量定义如表 4.2.1。

表 4.2.1　主要变量定义

变量类型	变量	变量符号	变量定义
因变量	创新绩效	Patent	发明专利获取数量,取自然对数
	财务绩效	ROA	资产收益率(ROA)=净利润/总资产
自变量	进入时机	Time	如果战略投资者该年度每一次投资处于发展早期的企业,则记 $Time_n$ 为 1,否则为 0。Time 的值为战略投资者进入时机的倾向值,由战略投资者每一次的进入时机取值($Time_n$)加总后求平均值,该值越大表明战略投资者越倾向于投资处于发展早期的企业
	是否联合投资	Synd	如果战略投资者该年度每一次投资时采用联合投资行为,则记 $Synd_n$ 为 1,否则为 0。Synd 的值为战略投资者联合投资行为的倾向值,由战略投资者每一次的联合投资行为取值($Time_n$)加总后求平均值,该值越大表明战略投资者越倾向于采取联合投资行为
	是否分阶段投资	Stage	如果战略投资者该年度每一次投资时采用分阶段投资行为,则记 $Stage_n$ 为 1,否则为 0。Stage 的值为战略投资者分阶段投资行为的倾向值,由战略投资者每一次的分阶段投资行为取值($Stage_n$)加总后求平均值,该值越大表明战略投资者越倾向于采取分阶段投资行为
控制变量	投资经验	Expe	成立以来投资总次数
	存续期	Age	成立以来到投资时的总时间
	企业规模	Size	企业总资产的自然对数
	资产负债率	Lev	企业总负债额与资产总额的比值
	是否高科技企业	HNTE	哑变量,如果企业是高科技企业,取值 1,否则为 0
	被投资企业的创新水平	Firm_Inv	该值用战略投资者该年度所投资企业的创新水平加总后求均值。每一家被投资企业的创新水平用其 R&D 支出除以营业收入表示
	被投资企业的托宾 Q 值	Firm_Tq	该值用战略投资者该年度所投资企业的托宾 Q 值加总后求均值。每一家被投资企业的托宾 Q 值用(股票市场价值+债务账面价值)/资产总额表示

4.2.3　描述性统计

表 4.2.2 报告了本章主要变量的描述性统计结果。根据表中结果,战略投资者的创新绩效 Patent 大多数处于相对中等的水平。衡量财务绩效标准的 ROA 均值为 0.39,标准差为 0.04,最大值为 0.23,最小值为 0.04。基于技术寻求型动机,战略投资者进入时机 Time 的均值为 0.74,表明在技术寻求动机下战略投资者大多投资处于发展早期的企业。判断是否联合投资的指标 Synd 均值

为0.33,说明在技术寻求动机下战略投资者大多投资采取独立投资的方式。判断是否分阶段投资的指标Stage均值为0.62,表明在技术寻求动机下战略投资者大多采取分阶段的投资方式。

在控制变量方面,变量Expe的均值为36.11,标准差为4.02,最大值为347,最小值为0,由此可知,绝大多数的战略投资者具有较丰富的投资经验。变量Age均值为8.17,标准差为10.57,最大值为21,最小值为6,说明企业需要在成立之后发展经营一段时间才会进行战略投资。变量Size的均值为22.84,表明样本企业普遍具有较高的资产规模。变量Lev的均值为0.43,标准差为0.31,最大值为0.88,最小值为0.05,表明战略投资者都有不同程度的负债比率。变量HNTE均值为0.89,标准差为0.43,由此可知大多数的技术寻求动机型战略投资者为高科技企业。变量Firm_Inv的均值为0.02,说明技术寻求型战略投资者所投资企业的研发水平较高。变量Firm_Tq的均值为2.02,说明技术寻求型战略投资者所投资企业具有较好的市场估值。

表4.2.2　变量描述性统计

变量	实测值	平均值	标准差	最小值	最大值
Patent	11 089	5.22	0.84	0.00	8.48
ROA	11 089	0.39	0.04	0.04	0.23
Time	11 089	0.74	0.43	0.00	1.00
Synd	11 089	0.33	0.50	0.00	1.00
Stage	11 089	0.62	0.32	0.00	1.00
Expe	11 089	36.11	4.02	0.00	347.00
Age	11 089	8.17	10.57	6.00	21.00
Size	11 089	22.84	1.47	18.61	28.09
Lev	11 089	0.43	0.31	0.05	0.88
HNTE	11 089	0.89	0.43	0.00	1.00
Firm_Inv	9 816	0.02	0.11	0.02	0.19
Firm_Tq	9 816	2.02	1.48	0.88	8.36

4.2.4　实证结果分析

本章对技术寻求动机下战略投资者投资行为与投资绩效的关系进行了实证分析,二者的回归结果如表4.2.3和4.2.4显示。

（1）技术寻求动机下战略投资者投资行为对创新绩效的回归结果

表 4.2.3 模型 2 显示，在技术寻求动机的驱动下，战略投资者进入时机与战略投资者创新绩效的回归系数为 0.031，且在 5% 的水平上显著，说明战略投资者进入时机与战略投资者创新绩效正相关，即战略投资者进入时机越早，能够获得的创新绩效越多，因此假设 7 得以验证。这主要是因为，战略投资者在技术寻求动机的驱动下，投资处于发展早期的科技型企业，不但能够与被投资企业通过沟通、交流、学习等共享措施获取知识，还能够通过知识交换、建立沟通机制、分享知识资源，积极、有效地传递和转移知识[219]，也能够完善组织结构、获得更多管理经验，从而促进创新绩效的提升。

表 4.2.3 模型 3 显示，在技术寻求动机的驱动下，战略投资者是否联合投资与战略投资者创新绩效的回归系数为 -0.051，且在 5% 的水平上显著，说明战略投资者独立投资行为更能促进创新绩效的提升，即战略投资者采取独立投资的行为，能够获得的创新绩效越多，因此假设 8 得以验证。这主要是因为，战略投资者在技术寻求动机的驱动下，通过独立投资行为，投资处于发展早期的科技型企业，不但能够较大程度地利用被投资企业的社会网络以及社会资本，还能够促进自身研发人员与被投资企业研发人员的交流与沟通，也能够完善组织架构、建立健全企业制度[220]，从而促进创新绩效的提升。

表 4.2.3 模型 4 显示，在技术寻求动机的驱动下，战略投资者分阶段投资与战略投资者创新绩效的回归系数为 0.022，且在 5% 的水平上显著，说明战略投资者分阶段投资与战略投资者创新绩效正相关，即战略投资者采取分阶段投资行为，能够获得的创新绩效越多，因此假设 9 得以验证。这主要是因为，战略投资者在技术寻求动机的驱动下，通过分阶段投资行为，不但能够多次与被投资企业进行合作交流，调动其实施创新策略的积极性，还能降低投资风险，避免因被投资企业后续技术研发不足而导致投资失败，也能够调整部门设置、学习管理方法，从而促进自身的创新绩效。

被投资企业层面的控制变量回归结果显示：①在技术寻求动机下，被投资企业的创新水平与战略投资者创新绩效显著正相关，即被投资企业的创新水平越高，越能够通过知识交换，与战略投资者分享技术创新知识资源，从而提升战略投资者的创新绩效。②在技术寻求动机下，被投资企业的托宾 Q 值与战略投资者创新绩效显著正相关，即被投资企业的市场估值越高，拥有越多的投资潜力，能够吸引较多的投资者，从而能够学习到更多的技术创新经验，从而有助于提升战略投资者的创新绩效。

表 4.2.3　技术寻求动机下战略投资者投资行为对创新绩效的影响

创新绩效	模型 1	模型 2	模型 3	模型 4
Time		0.031**		
		(2.23)		
Synd			−0.051**	
			(−2.29)	
Stage				0.022*
				(1.88)
Expe	0.071**	0.042**	0.042**	0.037**
	(2.18)	(2.21)	(2.16)	(2.11)
Age	0.024*	0.025*	0.032*	0.011*
	(1.89)	(1.77)	(1.81)	(1.89)
Size	0.162*	0.247*	0.017*	0.101*
	(1.81)	(1.86)	(1.71)	(1.81)
Lev	0.021*	0.072*	0.024	0.012*
	(1.78)	(1.81)	(1.42)	(1.81)
HNTE	0.342**	0.602**	0.213**	0.681**
	(2.01)	(2.27)	(2.39)	(2.49)
Firm_Inv	0.101*	0.058*	0.032*	0.096*
	(1.86)	(1.91)	(1.69)	(1.88)
Firm_Tq	0.042**	0.101*	0.064*	0.043*
	(2.21)	(1.78)	(1.68)	(1.82)
_cons	2.113**	2.108***	3.222*	5.237***
	(2.41)	(3.84)	(1.81)	(4.26)
Industry FE	Yes	Yes	Yes	Yes
Year FE	Yes	Yes	Yes	Yes
R^2	0.233	0.448	0.441	0.543
N	9 816	9 816	9 816	9 816

注:* 表示在 10% 水平上显著,** 表示在 5% 水平上显著,*** 表示在 1% 水平上显著。括号内是 t 值。

(2) 技术寻求动机下战略投资者投资行为对财务绩效的回归结果

表 4.2.4 模型 2 显示,在技术寻求动机的驱动下,战略投资者进入时机与战略投资者财务绩效的回归系数为 0.051,且在 5% 的水平上显著,说明战略投资者进入时机与战略投资者财务绩效正相关,即战略投资者进入时机越早,能够获

得的财务绩效越多,因此假设 10 得以验证。这主要是因为,战略投资者在技术获取动机的驱动下,通过投资处于发展早期的科技型企业,不但能够加强战略投资者的稀有资源能力,还能通过被投资企业开拓新产品市场,获取市场收益,也能够促进自身人员向被投资企业的高管团队学习经验,更早地学习新型团队的治理模式,从而促进战略投资者财务绩效的提升。

表 4.2.4 模型 3 显示,在技术寻求动机的驱动下,战略投资者是否联合投资与战略投资者财务绩效的回归系数为 -0.011,且在 5% 的水平上显著,说明战略投资者采取独立投资行为能够提升企业的财务绩效,因此假设 11 得以验证。这主要是因为,战略投资者在技术寻求动机的驱动下,通过独立投资行为,投资处于发展早期的科技型企业,不但能够广泛地获取到被投资企业的社会资源,还能够强化与被投资企业的交流,也能够通过内外部系统的动态建立、商业过程的改革优化[221],从而提升战略投资者的财务绩效。

表 4.2.4 模型 4 显示,在技术寻求动机的驱动下,战略投资者分阶段投资与战略投资者财务绩效的回归系数为 0.012,且在 10% 的水平上显著,说明战略投资者分阶段投资行为与战略投资者财务绩效正相关,即战略投资者采取分阶段投资,能够获得的财务绩效越多,因此假设 12 得以验证。这主要是因为,战略投资者在技术寻求动机的驱动下,通过分阶段投资行为,不但能够增强自身的社会资源和关系网络,还能够促进自身团队人力资源知识素养和专业能力的提升,也能够加强与被投资企业的资源整合、团队互动[222],从而促进战略投资者财务绩效的提升。

被投资企业层面的控制变量回归结果显示:①在战略投资者技术寻求动机下,被投资企业的创新水平与战略投资者财务绩效显著正相关,即被投资企业的创新水平越高,能够创造更多的创新租,从而给战略投资者带来更多的投资回报。②在战略投资者技术寻求动机下,被投资企业的托宾 Q 值与战略投资者财务绩效显著正相关,即被投资企业的成长性越高,拥有更多的发展机会,从而更能提升战略投资者的财务绩效。

表 4.2.4　技术寻求动机下战略投资者投资行为对财务绩效的影响

财务绩效	模型 1	模型 2	模型 3	模型 4
Time		0.051**		
		(2.34)		
Synd			-0.011**	
			(-2.31)	

财务绩效	模型 1	模型 2	模型 3	模型 4
Stage				0.012^*
				(1.81)
Expe	0.002^{**}	0.001^{**}	0.002^{**}	0.015^{**}
	(2.19)	(2.11)	(2.36)	(2.21)
Age	0.011^*	0.022^*	0.023^*	0.045^*
	(1.79)	(1.78)	(1.81)	(1.81)
Size	0.989^*	0.082^*	0.031^*	0.201^*
	(1.78)	(1.81)	(1.72)	(1.89)
Lev	0.061^*	0.124^*	0.045	0.102^*
	(1.89)	(1.76)	(1.42)	(1.89)
HNTE	0.145^{**}	0.065^{**}	0.021^{**}	0.864^{**}
	(1.99)	(2.11)	(2.12)	(2.31)
Firm_Inv	0.036^*	0.037^*	0.032^{**}	0.053^*
	(1.83)	(1.91)	(2.17)	(1.92)
Firm_Tq	0.048^*	0.031^*	0.029^*	0.012^*
	(1.77)	(1.85)	(1.92)	(1.81)
_cons	2.131^{**}	2.424^{***}	3.072^*	2.217^{***}
	(2.45)	(2.79)	(1.81)	(3.21)
Industry FE	Yes	Yes	Yes	Yes
Year FE	Yes	Yes	Yes	Yes
R^2	0.156	0.344	0.564	0.639
N	9 816	9 816	9 816	9 816

注：* 表示在 10% 水平上显著，** 表示在 5% 水平上显著，*** 表示在 1% 水平上显著。括号内是 t 值。

4.2.5 内生性问题讨论

内生性问题产生的原因主要包括两个方面，一是因变量和自变量之间互为因果的关系，二是遗漏重要的变量。本章可能存在的内生性问题主要在于，战略投资者基于技术寻求动机，通过投资早期企业，并采取独立投资行为和分阶段投资行为获得了投资绩效之后，还能够反向驱动其投资行为。因此，被解释变量可能与主要解释变量存在互为因果的问题。此外，本章尽量多地引入合理的控制变量,但是战略投资者的投资绩效是一个非常复杂的命题,必然存在遗漏变量的问题,这也会使基准模型存在内生性问题。综上,本章存在反向因果以及遗漏变量的内生性问题。对于此,本章将采用工具变量法、GMM法以及增加遗漏变量法处理内生性问题。

（1）工具变量的方法

鉴于战略投资者的投资行为与投资绩效之间可能存在反向因果的关系,本书首先通过工具变量的两阶段最小二乘法（2SLS）对内生性问题进行处理,采用滞后一期的解释变量作为工具变量。投资行为的滞后一期属于上期末行为,选择该变量作为工具变量,一方面由于行为连贯性的存在,该变量与原有解释变量存在相关关系,另一方面也可以降低解释变量与被解释变量之间的内生关系,适当增强解释变量的外生性。基于此,本书采用滞后一期的解释变量作为工具变量对模型重新进行回归,得到的实证结果如表4.2.5和4.2.6所示。

表4.2.5的第（1）列和第（2）列展示了滞后一期的进入时机作为工具变量的两阶段最小二乘法回归结果。Kleibergen-Paap rk Wald LM的检验结果说明模型不存在不可识别问题,Cragg-Donald Wald F的检验结果说明不存在弱工具变量问题。第二阶段的回归结果显示,在使用滞后一期作为工具变量控制内生性问题后,在战略投资者技术寻求动机下,战略投资者进入时机与创新绩效依然在5%的水平上显著正相关。第（3）列和第（4）列展示了滞后一期的是否联合投资作为工具变量的两阶段最小二乘法回归结果。Kleibergen-Paap rk Wald LM的检验结果说明模型不存在不可识别问题,Cragg-Donald Wald F的检验结果说明不存在弱工具变量问题。第二阶段的回归结果显示,使用滞后一期作为工具变量控制内生性问题后,在战略投资者技术寻求动机下,战略投资者是否联合投资与创新绩效依然在5%的水平上显著负相关。第（5）列和第（6）列展示了滞后一期的分阶段投资作为工具变量的两阶段最小二乘法回归结果。Kleibergen-Paap rk Wald LM的检验结果说明模型不存在不可识别问题,Cragg-Donald Wald F的检验结果说明不存在弱工具变量问题。第二阶段的回归结果显示,使用滞后一期作为工具变量控制内生性问题后,在战略投资者技术寻求动机下,战略投资者分阶段投资与创新绩效依然在5%的水平上显著正相关。综上所述,本书模型的内生性问题总体上并不影响回归结果的稳健性,回归结果具有较好的稳健性。

表 4.2.5 工具变量法：技术寻求动机下战略投资者投资行为与创新绩效

因变量	第一阶段 Time (1)	第二阶段 Patent (2)	第一阶段 Synd (3)	第二阶段 Patent (4)	第一阶段 Stage (5)	第二阶段 Patent (6)
L. Time	0.319**					
	(2.08)					
Time		0.227**				
		(2.24)				
L. Synd			0.136**			
			(2.16)			
Synd				−0.022**		
				(−2.45)		
L. Stage					0.128**	
					(2.31)	
Stage						0.134**
						(2.52)
Expe	0.031**	0.028**	0.046**	0.033**	0.042**	0.035**
	(2.04)	(1.97)	(2.06)	(2.11)	(2.19)	(2.12)
Age	0.029*	0.018*	0.026*	0.037	0.014	0.021*
	(1.81)	(1.88)	(1.74)	(1.53)	(1.47)	(1.73)
Size	0.169*	0.086*	0.093*	0.125*	0.104*	0.122*
	(1.76)	(1.72)	(1.77)	(1.78)	(1.87)	(1.81)
Lev	0.054*	0.048*	0.025*	0.032*	0.041*	0.033*
	(1.82)	(1.77)	(1.69)	(1.73)	(1.92)	(1.85)
HNTE	0.214**	0.309**	0.223**	0.261**	0.289**	0.256**
	(2.23)	(2.06)	(2.29)	(2.17)	(2.41)	(2.32)
Firm_Inv	0.277**	0.234**	0.438**	0.446**	0.217**	0.229**
	(2.12)	(2.09)	(2.34)	(2.23)	(2.21)	(2.25)
Firm_Tq	0.314**	0.367**	0.359**	0.337**	0.365**	0.322**
	(2.08)	(2.24)	(2.15)	(2.28)	(2.16)	(2.34)
_cons	3.128***	3.449***	3.234***	4.023***	3.247***	3.184***
	(3.64)	(2.65)	(2.89)	(3.23)	(3.06)	(2.97)
Industry FE	Yes	Yes	Yes	Yes	Yes	Yes
Year FE	Yes	Yes	Yes	Yes	Yes	Yes

因变量	第一阶段	第二阶段	第一阶段	第二阶段	第一阶段	第二阶段
	Time	Patent	Synd	Patent	Stage	Patent
	(1)	(2)	(3)	(4)	(5)	(6)
N	8 180	8 180	8 180	8 180	8 180	8 180
Kleibergen-Paap rk Wald LM		11.279		12.624		9.177
Cragg-Donald Wald F		22.188		21.176		20.268

注：* 表示在 10% 水平上显著，** 表示在 5% 水平上显著，*** 表示在 1% 水平上显著。括号内是 t 值。

表 4.2.6 的第(1)列和第(2)列展示了滞后一期的进入时机作为工具变量的两阶段最小二乘法回归结果。Kleibergen-Paap rk Wald LM 的检验结果说明模型不存在不可识别问题，Cragg-Donald Wald F 的检验结果说明不存在弱工具变量问题。第二阶段的回归结果显示，使用滞后一期作为工具变量控制内生性问题后，在战略投资者技术寻求动机下，战略投资者进入时机与财务绩效依然在5%的水平上显著正相关。第(3)列和第(4)列展示了滞后一期的是否联合投资作为工具变量的两阶段最小二乘法回归结果。Kleibergen-Paap rk Wald LM 的检验结果说明模型不存在不可识别问题，Cragg-Donald Wald F 的检验结果说明不存在弱工具变量问题。第二阶段的回归结果显示，使用滞后一期作为工具变量控制内生性问题后，在战略投资者技术寻求动机下，战略投资者是否联合投资与财务绩效依然在5%的水平上显著负相关。第(5)列和第(6)列展示了滞后一期的分阶段投资作为工具变量的两阶段最小二乘法回归结果。Kleibergen-Paap rk Wald LM 的检验结果说明模型不存在不可识别问题，Cragg-Donald Wald F 的检验结果说明不存在弱工具变量问题。第二阶段的回归结果显示，使用滞后一期作为工具变量控制内生性问题后，在战略投资者技术寻求动机下，战略投资者分阶段投资方式与财务绩效依然在10%的水平上显著正相关。综上所述，本书模型的内生性问题总体上并不影响回归结果的稳健性，回归结果具有较好的稳健性。

表 4.2.6　工具变量法：技术寻求动机下战略投资者投资行为与财务绩效

因变量	第一阶段	第二阶段	第一阶段	第二阶段	第一阶段	第二阶段
	Time	ROA	Synd	ROA	Stage	ROA
	(1)	(2)	(3)	(4)	(5)	(6)
L. Time	0.234**					
	(2.13)					

续表

因变量	第一阶段 Time	第二阶段 ROA	第一阶段 Synd	第二阶段 ROA	第一阶段 Stage	第二阶段 ROA
	(1)	(2)	(3)	(4)	(5)	(6)
Time		0.042**				
		(2.24)				
L. Synd			0.153**			
			(2.09)			
Synd				−0.053**		
				(−2.06)		
L. Stage					0.129*	
					(1.71)	
Stage						0.059**
						(2.17)
Expe	0.052**	0.075*	0.046**	0.064*	0.043**	0.053*
	(2.27)	(1.73)	(2.06)	(168)	(2.19)	(1.83)
Age	0.032*	0.042*	0.042*	0.033*	0.012*	0.044*
	(1.87)	(1.84)	(1.84)	(1.88)	(1.79)	(1.91)
Size	0.257*	0.033*	0.021*	0.043*	0.105*	0.072*
	(1.76)	(1.75)	(1.77)	(1.79)	(1.87)	(1.84)
Lev	0.082*	0.058*	0.025	0.037	0.019*	0.023*
	(1.89)	(1.67)	(1.49)	(1.44)	(1.91)	(1.79)
HNTE	0.612**	0.073**	0.223**	0.088**	0.689**	0.069**
	(2.23)	(2.31)	(2.29)	(1.99)	(2.41)	(2.15)
Firm_Inv	0.782*	0.801*	0.853*	0.734*	0.938*	0.076*
	(1.95)	(1.75)	(1.72)	(1.91)	(1.83)	(1.74)
Firm_Tq	0.324*	0.173*	0.206*	0.296*	0.105*	0.257*
	(1.82)	(1.73)	(1.67)	(1.68)	(1.85)	(1.82)
_cons	3.357**	3.297*	5.217***	2.118***	2.337***	3.516**
	(2.38)	(1.73)	(4.06)	(3.74)	(3.44)	(2.04)
Industry FE	Yes	Yes	Yes	Yes	Yes	Yes

续表

因变量	第一阶段	第二阶段	第一阶段	第二阶段	第一阶段	第二阶段
	Time	ROA	Synd	ROA	Stage	ROA
	(1)	(2)	(3)	(4)	(5)	(6)
Year FE	Yes	Yes	Yes	Yes	Yes	Yes
N	8 180	8 180	8 180	8 180	8 180	8 180
Kleibergen-Paap rk Wald LM		10.257		9.729		9.185
Cragg-Donald Wald F		21.182		20.114		20.363

注：* 表示在 10% 水平上显著，** 表示在 5% 水平上显著，*** 表示在 1% 水平上显著。括号内是 t 值。

（2）GMM 的方法

本书构造动态面板数据，采用广义矩估计法（GMM）解决可能存在的内生性问题。将被解释变量的滞后期与主要解释变量当作内生变量，将控制变量当作工具变量，控制时间固定效应和行业固定效应，用两步 GMM 方法进行回归。

表 4.2.7 汇报了技术寻求动机下战略投资者投资行为影响创新绩效的 GMM 结果，被解释变量为战略投资者的创新绩效。AR(1) 检验值趋近于 0，AR(2) 检验值和 Sargan 检验值均大于 0.05，说明模型是有效的、回归结果是可信的。广义矩估计法中各个变量的系数符号和显著性与基准回归均无明显差异。即在技术寻求动机驱动下，战略投资者的早期进入行为、单独投资行为以及分阶段投资行为均能够促进其创新绩效的提升，这一结论即使在考虑内生性问题之后也依然成立。

表 4.2.7　技术寻求动机下战略投资者投资行为与创新绩效的 GMM 估计结果

创新绩效	模型 1	模型 2	模型 3
Time	0.053 **		
	(2.34)		
Synd		−0.011 **	
		(−2.31)	
Stage			0.012 *
			(1.81)
Expe	0.001 **	0.003 **	0.016 **
	(2.11)	(2.36)	(2.21)
Age	0.021 *	0.022 *	0.037 *
	(1.78)	(1.81)	(1.81)

续表

创新绩效	模型 1	模型 2	模型 3
Size	0.082*	0.032*	0.201*
	(1.81)	(1.72)	(1.89)
Lev	0.124*	0.045	0.102*
	(1.76)	(1.42)	(1.89)
HNTE	0.065**	0.021**	0.864**
	(2.11)	(2.12)	(2.31)
Firm_Inv	0.037*	0.039**	0.051*
	(1.78)	(1.99)	(1.92)
Firm_Tq	0.026*	0.034*	0.018*
	(1.74)	(1.93)	(1.81)
_cons	2.424***	3.072*	2.217***
	(2.79)	(1.81)	(3.21)
Industry FE	Yes	Yes	Yes
Year FE	Yes	Yes	Yes
N	8 023	8 023	8 023
AR(2)	0.465	0.501	0.412
Sargan 检验值	0.823	0.773	0.748

注：* 表示在 10% 水平上显著，** 表示在 5% 水平上显著，*** 表示在 1% 水平上显著。括号内是 t 值。

表 4.2.8 汇报了技术寻求动机下战略投资者投资行为影响财务绩效的 GMM 结果，被解释变量为战略投资者财务绩效。AR(1) 检验值趋近于 0，AR(2) 检验值和 Sargan 检验值均大于 0.05，说明模型是有效的、回归结果是可信的。广义矩估计法中各个变量的系数符号和显著性与基准回归均无明显差异。即在技术寻求动机驱动下，战略投资者的早期进入行为、单独投资行为以及分阶段投资行为均能够促进其财务绩效的提升，这一结论即使在考虑内生性问题之后也依然成立。

表 4.2.8　技术寻求动机下战略投资者投资行为与财务绩效的 GMM 估计结果

财务绩效	模型 1	模型 2	模型 3
Time	0.051**		
	(2.14)		
Synd		−0.011**	
		(−2.31)	

续表

财务绩效	模型 1	模型 2	模型 3
Stage			0.012*
			(1.89)
Expe	0.001**	0.002**	0.016**
	(2.11)	(2.21)	(2.48)
Age	0.021*	0.022*	0.042*
	(1.81)	(1.76)	(1.84)
Size	0.082*	0.031*	0.201*
	(1.91)	(1.89)	(1.74)
Lev	0.124*	0.052	0.101*
	(1.82)	(1.51)	(1.82)
HNTE	0.067**	0.021**	0.865**
	(2.26)	(2.13)	(2.41)
Firm_Inv	0.021*	0.025*	0.048*
	(1.78)	(1.71)	(1.61)
Firm_Tq	0.042*	0.012*	0.102*
	(1.79)	(1.89)	(1.85)
_cons	2.424***	3.081*	2.217***
	(2.89)	(1.82)	(3.21)
Industry FE	Yes	Yes	Yes
Year FE	Yes	Yes	Yes
N	8 023	8 023	8 023
AR(2)	0.544	0.492	0.452
Sargan 检验值	0.827	0.798	0.864

注：* 表示在 10% 水平上显著，** 表示在 5% 水平上显著，*** 表示在 1% 水平上显著。括号内是 t 值。

（3）控制可能的遗漏变量

针对遗漏变量的问题，尽管本书在前文中已经选择了影响战略投资者投资绩效的变量，并汇总了相关控制变量，但本书不可避免地存在其他遗漏变量。参考前人相关研究可以发现，投资绩效还受投资者创新投入[86]、资产规模[223]以及治理结构[86]的影响，因而本书在模型 1、2、3、4 中加入战略投资者层面的创新投入(RDS)、资产规模(Asset)、第一大股东持股比例(Top)为控制变量。其中,战略投资者的创新投入用当期研发投入除以营业收入表示。战略投资者的资产规模用当期总资产的自然对数表示。

表4.2.9的结果显示,在控制了战略投资者的创新投入、资产规模、第一大股东持股比例之后,各核心变量的系数符号和显著性与基准回归均无明显差异。即在技术寻求动机驱动下,战略投资者的早期进入行为、单独投资行为以及分阶段投资行为均能够促进其创新绩效的提升。

表 4.2.9　控制遗漏变量:技术寻求动机下战略投资者投资行为与创新绩效

创新绩效	模型 1	模型 2	模型 3	模型 4
Time		0.025^{**}		
		(2.19)		
Synd			-0.063^{**}	
			(-2.21)	
Stage				0.016^{*}
				(1.78)
Expe	0.072^{**}	0.051^{**}	0.039^{**}	0.037^{**}
	(2.18)	(2.21)	(2.01)	(2.13)
Age	0.024^{*}	0.022^{*}	0.036^{*}	0.011^{*}
	(1.81)	(1.89)	(1.74)	(1.89)
Size	0.157^{*}	0.247^{*}	0.016^{*}	0.101^{*}
	(1.81)	(1.86)	(1.71)	(1.84)
Lev	0.021^{*}	0.072^{*}	0.021	0.018^{*}
	(1.85)	(1.81)	(1.41)	(1.82)
HNTE	0.342^{**}	0.602^{**}	0.213^{**}	0.679^{**}
	(2.01)	(2.13)	(2.21)	(2.25)
Firm_Inv	0.031^{**}	0.036^{**}	0.064^{**}	0.048^{**}
	(1.98)	(1.85)	(2.36)	(2.17)
Firm_Tq	0.057^{**}	0.026^{**}	0.172^{*}	0.197^{*}
	(1.99)	(2.34)	(1.82)	(1.75)
RDS	0.987^{*}	0.083^{*}	0.032^{*}	0.201^{*}
	(1.78)	(1.81)	(1.88)	(1.77)

续表

创新绩效	模型 1	模型 2	模型 3	模型 4
Asset	0.061*	0.124*	0.052*	0.101*
	(1.89)	(1.76)	(1.86)	(1.89)
Top	0.145**	0.067**	0.018**	0.864**
	(1.99)	(2.11)	(2.16)	(2.18)
_cons	2.113**	2.108***	3.222*	5.237***
	(2.41)	(3.84)	(1.81)	(4.01)
Industry FE	Yes	Yes	Yes	Yes
Year FE	Yes	Yes	Yes	Yes
R^2	0.233	0.448	0.441	0.543
N	9 816	9 816	9 816	9 816

注：* 表示在 10% 水平上显著，** 表示在 5% 水平上显著，*** 表示在 1% 水平上显著。括号内是 t 值。

表 4.2.10 的结果显示，在控制了战略投资者的创新投入、资产规模、第一大股东持股比例之后，各核心变量的系数符号和显著性与基准回归均无明显差异。即在技术寻求动机驱动下，战略投资者的早期进入行为、单独投资行为以及分阶段投资行为均能够促进其财务绩效的提升。

表 4.2.10　控制遗漏变量：技术寻求动机下战略投资者投资行为与财务绩效

创新绩效	模型 1	模型 2	模型 3	模型 4
Time		0.032**		
		(2.19)		
Synd			−0.051**	
			(−2.01)	
Stage				0.022*
				(1.78)
Expe	0.068**	0.048**	0.041**	0.038**
	(2.31)	(2.34)	(2.01)	(2.12)
Age	0.021*	0.031*	0.037*	0.011*
	(1.89)	(1.81)	(1.89)	(1.89)
Size	0.157*	0.252*	0.016*	0.102*
	(1.81)	(1.86)	(1.71)	(1.78)

创新绩效	模型 1	模型 2	模型 3	模型 4
Lev	0.021*	0.072*	0.021	0.012*
	(1.79)	(1.81)	(1.41)	(1.86)
HNTE	0.342**	0.602**	0.213**	0.681**
	(2.01)	(2.33)	(2.23)	(2.49)
Firm_Inv	0.029*	0.042**	0.048*	0.037**
	(1.88)	(2.14)	(1.86)	(2.26)
Firm_Tq	0.059**	0.025*	0.158*	0.192**
	(2.17)	(1.84)	(1.79)	(1.98)
RDS	0.089*	0.081*	0.032*	0.189*
	(1.78)	(1.74)	(1.86)	(1.81)
Asset	0.061*	0.124*	0.055*	0.102*
	(1.89)	(1.81)	(1.77)	(1.74)
Top	0.151**	0.067**	0.023**	0.864**
	(1.99)	(2.12)	(2.13)	(2.31)
_cons	2.113**	2.108***	3.222*	5.237***
	(2.35)	(3.84)	(1.81)	(4.14)
Industry FE	Yes	Yes	Yes	Yes
Year FE	Yes	Yes	Yes	Yes
R^2	0.233	0.448	0.441	0.543
N	9 816	9 816	9 816	9 816

注:* 表示在 10% 水平上显著,** 表示在 5% 水平上显著,*** 表示在 1% 水平上显著。括号内是 t 值。

4.2.6 稳健性检验

冯根福等[279]研究认为,研发支出、专利数量和研发强度能够较好地度量企业技术资源,而专利作为企业技术研发的成果,能够较好地反映企业技术资源水平。因此,本书用战略投资者获得国家知识产权局授权的所有专利数量作为替代变量(专利数量 Patent_1),用来衡量战略投资者的创新绩效,进行稳健性检验。战略投资者投资行为对创新绩效的稳健性检验结果如表 4.2.11 所示,战略投资者的进入时机对创新绩效具有正向影响,战略投资者的独立投资行为能够促进创新绩效的提升,战略投资者的分阶段投资行为对创新绩效具有正向影响,与前文假设一致。

表 4.2.11 技术寻求动机下战略投资者投资行为与创新绩效的稳健性检验

创新绩效	模型 1	模型 2	模型 3	模型 4
Time		0.051^{**}		
		(2.43)		
Synd			-0.042^{**}	
			(-2.11)	
Stage				0.042^{**}
				(2.33)
Expe	0.017^{**}	0.041^{**}	0.036^{**}	0.032^{**}
	(2.24)	(2.21)	(2.29)	(1.99)
Age	0.101^{*}	0.052^{*}	0.102^{*}	0.061^{*}
	(1.79)	(1.81)	(1.78)	(1.89)
Size	0.042^{*}	0.101^{*}	0.047^{*}	0.067^{*}
	(1.89)	(1.82)	(1.89)	(1.81)
Lev	0.021^{*}	0.013^{*}	0.101^{*}	0.036
	(1.71)	(1.84)	(1.89)	(1.52)
HNTE	0.101^{**}	0.062^{**}	0.122^{**}	0.091^{**}
	(2.25)	(2.31)	(2.11)	(2.19)
Firm_Inv	0.158^{*}	0.245^{*}	0.101^{*}	0.016^{*}
	(1.72)	(1.86)	(1.77)	(1.71)
Firm_Tq	0.014^{**}	0.076^{*}	0.033^{*}	0.021^{*}
	(2.31)	(1.78)	(1.85)	(1.92)
_cons	3.441^{**}	2.112^{***}	3.21^{***}	3.223^{***}
	(2.41)	(3.79)	(3.11)	(3.402)
Industry FE	Yes	Yes	Yes	Yes
Year FE	Yes	Yes	Yes	Yes
R^2	0.124	0.232	0.423	0.332
N	9 816	9 816	9 816	9 816

注：* 表示在 10% 水平上显著，** 表示在 5% 水平上显著，*** 表示在 1% 水平上显著。括号内是 t 值。

净资产收益率（ROE）＝净利润/净资产×100％，又称股东权益报酬率，表示每单位净资产创造利润能力的大小,反映了企业自有资本的盈利能力。为了检验战略投资者投资行为对财务绩效的稳健性结果,本书选择净资产收益率(ROE)作为资产收益率(ROA)的替代指标进行稳健性检验,以增强结果的可靠性。稳健性检验结果表明,战略投资者的进入时机对财务绩效具有正向影响,战略投资者的独立投资行为能够促进财务绩效的提升,战略投资者的分阶段投资行为对财务绩效具有正向影响,与前文假设一致。

表 4.2.12　技术寻求动机下战略投资者投资行为与财务绩效的稳健性检验

财务绩效	模型 1	模型 2	模型 3	模型 4
Time		0.061**		
		(2.51)		
Synd			−0.072**	
			(−2.16)	
Stage				0.038**
				(2.42)
Expe	0.011**	0.042**	0.056**	0.033**
	(1.99)	(2.11)	(2.14)	(2.38)
Age	0.045*	0.032*	0.017*	0.022*
	(1.79)	(1.78)	(1.71)	(1.88)
Size	0.013*	0.002*	0.016*	0.001*
	(1.78)	(1.89)	(1.78)	(1.81)
Lev	0.047*	0.041*	0.027	0.022*
	(1.71)	(1.82)	(1.42)	(1.88)
HNTE	0.031**	0.018**	0.012**	0.025**
	(2.15)	(2.12)	(1.97)	(2.21)
Firm_Inv	0.096*	0.082*	0.202*	0.032*
	(1.78)	(0.75)	(1.79)	(1.89)
Firm_Tq	0.061*	0.124*	0.023*	0.045**
	(1.89)	(1.78)	(1.69)	(1.98)
_cons	2.141**	2.223***	3.317**	4.472***
	(2.41)	(4.14)	(2.14)	(4.52)
Industry FE	Yes	Yes	Yes	Yes

财务绩效	模型1	模型2	模型3	模型4
Year FE	Yes	Yes	Yes	Yes
R^2	0.254	0.317	0.452	0.548
N	9 816	9 816	9 816	9 816

注:* 表示在10%水平上显著,** 表示在5%水平上显著,*** 表示在1%水平上显著。括号内是 t 值。

4.2.7　进一步分析

战略投资者进行投资之后,其是否能够从被投资企业中学习到知识和经验,一方面在于其是否有较强的吸收能力[224],另一方面在于其在被投资企业中的参与程度[225]。基于此,战略投资者投资行为对投资绩效的效果还受到战略投资者吸收能力和参与程度的影响。因此,本书进一步加入战略投资者的吸收能力与参与程度对上述影响的调节效应,如图4.2.1。

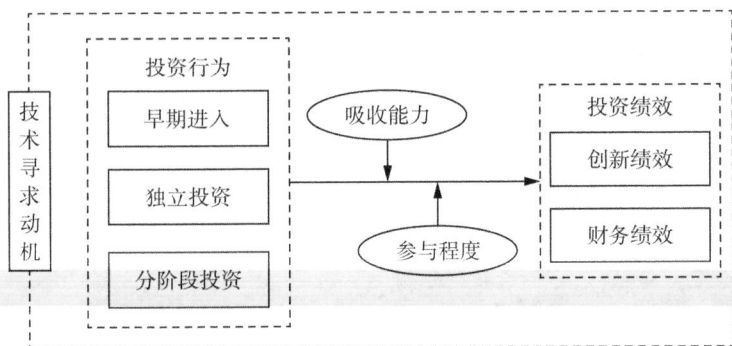

图4.2.1　战略投资者吸收能力和参与程度的调节效应图

（1）技术寻求动机下战略投资者投资行为、吸收能力与投资绩效

战略投资者可以通过投资进行对外学习,寻求外部企业的知识溢出效应,从而提升企业价值[226]。然而,战略投资者能否学习到其他企业的知识,能否获得投资绩效,还取决于战略投资者的吸收能力。吸收能力指企业对显性或者隐性知识的理解和消化的过程,是一个极为复杂且需要不断学习、不断探索的过程[227]。如果战略投资者的吸收能力较强,那么其在与被投资企业的合作中,能够有效辨别被投资企业有价值的知识和信息[228],并通过模仿学习,促进战略投资者和被投资企业之间知识的交融和整合,从而取长补短,实现共赢。在战略投资者技术寻求动机下,如果战略投资者的吸收能力强,则能够通过参与被投资企业的日常经营,实现技术创新知识要素的积累和连接,推动创新要素在双方之间

的流动[229]，进而进行利用和模仿，提升自身的创新能力，最终提升投资绩效。因此，在战略投资者技术寻求动机下，其早期进入行为、单独投资行为以及分阶段投资行为对投资绩效的影响还受到战略投资者吸收能力（Absorbility）的影响。

基于此，本书用员工中研发人员所占比例（R&D Staff）来替代战略投资者的吸收能力（Absorbility）。然后，设置实证模型（式 4.7—4.12），运用 STATA16 统计软件，采用多元回归模型进行实证分析，结果如表 4.2.13 和表 4.2.14 所示。

$$\text{Patent}_{it} = \beta_0 + \beta_1 \text{Time}_{it} + \beta_2 \text{Absorbility}_{it} + \beta_3 \text{Time}_{it} \times \text{Absorbility}_{it} + \beta_4 CV_{it} + \varepsilon_{it} \tag{4.7}$$

$$\text{Patent}_{it} = \beta_0 + \beta_1 \text{Synd}_{it} + \beta_2 \text{Absorbility}_{it} + \beta_3 \text{Synd}_{it} \times \text{Absorbility}_{it} + \beta_4 CV_{it} + \varepsilon_{it} \tag{4.8}$$

$$\text{Patent}_{it} = \beta_0 + \beta_1 \text{Stage}_{it} + \beta_2 \text{Absorbility}_{it} + \beta_3 \text{Stage}_{it} \times \text{Absorbility}_{it} + \beta_4 CV_{it} + \varepsilon_{it} \tag{4.9}$$

$$\text{ROA}_{it} = \beta_0 + \beta_1 \text{Time}_{it} + \beta_2 \text{Absorbility}_{it} + \beta_3 \text{Time}_{it} \times \text{Absorbility}_{it} + \beta_4 CV_{it} + \varepsilon_{it} \tag{4.10}$$

$$\text{ROA}_{it} = \beta_0 + \beta_1 \text{Synd}_{it} + \beta_2 \text{Absorbility}_{it} + \beta_3 \text{Synd}_{it} \times \text{Absorbility}_{it} + \beta_4 CV_{it} + \varepsilon_{it} \tag{4.11}$$

$$\text{ROA}_{it} = \beta_0 + \beta_1 \text{Stage}_{it} + \beta_2 \text{Absorbility}_{it} + \beta_3 \text{Stage}_{it} \times \text{Absorbility}_{it} + \beta_4 CV_{it} + \varepsilon_{it} \tag{4.12}$$

①技术寻求动机下战略投资者投资行为、吸收能力与创新绩效

由表 4.2.13 的结果可知，在技术寻求型动机驱动下，吸收能力与战略投资者进入时机的交乘项在 10% 的水平上显著为正；吸收能力与战略投资者联合投资的交乘项在 10% 的水平上显著为负；吸收能力与战略投资者分阶段投资的交乘项在 10% 的水平上显著为正。上述结果表明，战略投资者的吸收能力可以正向调节早期投资、独立投资和分阶段投资行为对创新绩效的影响。这是因为，战略投资者的吸收能力不仅可以帮助其识别被投资企业的信息，将其现有知识与被投资企业的新知识相融合，从而开发新思维[230]，还能够促进战略投资者将被投资企业的知识进行转换与利用[231]，以及帮助企业通过识别被投资企业的信息，从而迸发新的思想[232]，进一步提升战略投资者的社会资本、人力资本以及结构资本效应。

表 4.2.13 技术寻求动机下战略投资者投资行为、吸收能力与创新绩效

创新绩效	模型 1	模型 2	模型 3
Time	0.021*		
	(1.79)		
Absorbility	0.032*		
	(1.94)		
Time*Absorbility	0.087*		
	(1.89)		
Synd		−0.821*	
		(−1.89)	
Absorbility		0.962*	
		(1.82)	
Synd*Absorbility		−0.198*	
		(−1.77)	
Stage			0.282**
			(2.31)
Absorbility			0.401*
			(1.92)
Stage*Absorbility			0.422*
			(1.89)
Expe	0.026**	0.021**	0.067**
	(2.19)	(1.98)	(2.16)
Age	0.691*	0.672***	0.574*
	(1.78)	(2.83)	(1.78)
Size	0.671*	0.880*	0.783*
	(1.89)	(1.79)	(1.81)
Lev	0.087*	0.061*	0.037
	(1.81)	(1.89)	(1.44)
HNTE	0.412**	0.402**	0.461**
	(2.21)	(2.28)	(1.98)
Firm_Inv	0.583*	0.642*	0.631*
	(1.79)	(1.74)	(1.87)

创新绩效	模型 1	模型 2	模型 3
Firm_Tq	0.027*	0.022*	0.026*
	(1.89)	(1.92)	(1.81)
_cons	4.702***	2.382***	3.701***
	(3.98)	(3.69)	(3.39)
Industry FE	Yes	Yes	Yes
Year FE	Yes	Yes	Yes
R^2	0.391	0.306	0.402
N	9 816	9 816	9 816

注：*表示在10%水平上显著，**表示在5%水平上显著，***表示在1%水平上显著。括号内是t值。

②技术寻求动机下战略投资者投资行为、吸收能力与财务绩效

如表4.2.14所示，在技术寻求型动机驱动下，吸收能力与战略投资者进入时机的交乘项在10%的水平上显著为正；吸收能力与战略投资者联合投资的交乘项在10%的水平上显著为负；吸收能力与战略投资者分阶段投资的交乘项在10%的水平上显著为正。上述结果表明，战略投资者的吸收能力可以正向调节早期投资、独立投资和分阶段投资行为对财务绩效的影响。这是因为，吸收能力强的战略投资者一般具有较强的学习、整合外部信息的能力，并且能够将被投资企业的知识转化为战略投资者企业的内部知识资本[233]。加之，吸收能力强的战略投资者能够识别、吸收被投资企业有价值的知识，将被投资企业的知识资源加以应用与开发[234]，进而进一步提升战略投资者的社会资本、人力资本以及结构资本效应。

表 4.2.14　技术寻求动机下战略投资者投资行为、吸收能力与财务绩效

财务绩效	模型 1	模型 2	模型 3
Time	0.036*		
	(1.89)		
Absorbility	0.031*		
	(1.81)		
Time* Absorbility	0.072*		
	(1.71)		
Synd		−0.891*	
		(−1.88)	
Absorbility		0.822*	

续表

财务绩效	模型 1	模型 2	模型 3
		(1.91)	
Synd* Absorbility		−0.298*	
		(−1.84)	
Stage			0.252**
			(2.45)
Absorbility			0.371*
			(1.89)
Stage* Absorbility			0.401*
			(1.81)
Expe	0.047**	0.018**	0.021**
	(2.17)	(2.27)	(2.15)
Age	0.722*	0.713**	0.589*
	(1.91)	(2.21)	(1.79)
Size	0.673*	0.901*	0.792*
	(1.83)	(1.79)	(1.81)
Lev	0.046*	0.041	0.038*
	(1.86)	(1.51)	(1.91)
HNTE	0.412**	0.378**	0.462**
	(1.97)	(2.02)	(2.32)
Firm_Inv	0.582*	0.644*	0.631*
	(1.78)	(1.89)	(1.71)
Firm_Tq	0.026*	0.022*	0.026*
	(1.79)	(1.72)	(1.82)
_cons	4.723***	2.201***	3.647***
	(3.88)	(3.89)	(3.79)
Industry FE	Yes	Yes	Yes
Year FE	Yes	Yes	Yes
R^2	0.401	0.392	0.393
N	9 816	9 816	9 816

注：* 表示在 10% 水平上显著，** 表示在 5% 水平上显著，*** 表示在 1% 水平上显著。括号内是 t 值。

（2）技术寻求动机下战略投资者投资行为、参与程度与投资绩效

战略投资者的参与程度越高，对被投资企业管理决策的参与程度越大，能够

增进战略投资者与被投资企业的沟通和信任[235]，从而使战略投资者能够更有效地获取以及利用被投资企业的异质性知识和信息，有助于投资目标的实现。当战略投资者的投资动机为技术寻求时，如果战略投资者的参与程度越强，越能够更快、更准确地获取被投资企业技术创新相关的知识[236]，获取创新有关的资源，从而能够有效地提升战略投资者的技术研发能力，进而提升战略投资者的投资绩效。此外，战略投资者基于技术寻求动机往往会和被投资企业进行协同研发，那么较高的参与程度能够增强战略投资者与被投资企业的合作效率、增加双方的凝聚力，有助于双方顺畅的沟通和交换关键信息，从而能够提高协同研发绩效，共同推进关键核心技术突破，从而提升战略投资者的投资绩效。因此，在战略投资者技术寻求动机下，其早期进入、单独投资以及分阶段投资行为对投资绩效的影响还将受到战略投资者参与程度（Participation）的影响。

基于此，本书用战略投资者在被投资企业中所占的比例（Ratio）来替代战略投资者的参与程度（Participation）。设置实证模型式（4.13—4.18），运用STATA16 统计软件，采用多元回归模型进行实证分析。得出的结果如表4.2.15 和表 4.2.16 所示。

$$\text{Patent}_{it} = \beta_0 + \beta_1 \text{Time}_{it} + \beta_2 \text{Participation}_{it} + \beta_3 \text{Time}_{it} \times \text{Participation}_{it} \\ + \beta_4 CV_{it} + \varepsilon_{it} \tag{4.13}$$

$$\text{Patent}_{it} = \beta_0 + \beta_1 \text{Synd}_{it} + \beta_2 \text{Participation}_{it} + \beta_3 \text{Synd}_{it} \times \text{Participation}_{it} \\ + \beta_4 CV_{it} + \varepsilon_{it} \tag{4.14}$$

$$\text{Patent}_{it} = \beta_0 + \beta_1 \text{Stage}_{it} + \beta_2 \text{Participation}_{it} + \beta_3 \text{Stage}_{it} \times \text{Participation}_{it} \\ + \beta_4 CV_{it} + \varepsilon_{it} \tag{4.15}$$

$$\text{ROA}_{it} = \beta_0 + \beta_1 \text{Time}_{it} + \beta_2 \text{Participation}_{it} + \beta_3 \text{Time}_{it} \times \text{Participation}_{it} \\ + \beta_4 CV_{it} + \varepsilon_{it} \tag{4.16}$$

$$\text{ROA}_{it} = \beta_0 + \beta_1 \text{Synd}_{it} + \beta_2 \text{Participation}_{it} + \beta_3 \text{Synd}_{it} \times \text{Participation}_{it} \\ + \beta_4 CV_{it} + \varepsilon_{it} \tag{4.17}$$

$$\text{ROA}_{it} = \beta_0 + \beta_1 \text{Stage}_{it} + \beta_2 \text{Participation}_{it} + \beta_3 \text{Stage}_{it} \times \text{Participation}_{it} \\ + \beta_4 CV_{it} + \varepsilon_{it} \tag{4.18}$$

①技术寻求动机下战略投资者投资行为、参与程度与创新绩效

如表 4.2.15 所示，在技术寻求型动机驱动下，参与程度与战略投资者进入时机的交乘项在 10% 的水平上显著为正；参与程度与战略投资者是否联合投资

的交乘项在10%的水平上显著为负；参与程度与战略投资者分阶段投资的交乘项在10%的水平上显著为正。上述结果表明，战略投资者的参与程度可以正向调节早期投资、独立投资和分阶段投资行为对创新绩效的影响。这是因为，较高的参与程度对战略投资者来说意味着其在所投资的企业中拥有的管理权和决策权较大[237]，能够从被投资企业中获取更多有价值的资源，进而进一步提升战略投资者的社会资本、人力资本以及结构资本效应。

表4.2.15　技术寻求动机下战略投资者投资行为、参与程度与创新绩效

创新绩效	模型1	模型2	模型3
Time	0.036*		
	(1.89)		
Participation	0.031*		
	(1.81)		
Time* Participation	0.072*		
	(1.82)		
Synd		−0.941*	
		(−1.88)	
Participation		0.972*	
		(1.79)	
Synd* Participation		−0.312*	
		(−1.71)	
Stage			0.283**
			(2.29)
Participation			0.372*
			(1.87)
Stage* Participation			0.382*
			(1.81)
Expe	0.026**	0.031**	0.027**
	(2.28)	(2.34)	(2.31)
Age	0.652*	0.673**	0.601*
	(1.79)	(2.48)	(1.78)
Size	0.773*	0.883*	0.784*
	(1.72)	(1.79)	(1.81)

创新绩效	模型 1	模型 2	模型 3
Lev	0.037	0.051*	0.023*
	(1.41)	(1.88)	(1.94)
HNTE	0.381**	0.398**	0.402**
	(2.28)	(2.11)	(2.14)
Firm_Inv	0.576*	0.641*	0.632*
	(1.79)	(1.81)	(1.72)
Firm_Tq	0.031*	0.022*	0.027*
	(1.89)	(1.86)	(1.81)
_cons	4.521***	2.364***	3.502***
	(3.74)	(3.76)	(3.68)
Industry FE	Yes	Yes	Yes
Year FE	Yes	Yes	Yes
R^2	0.472	0.394	0.486
N	9 816	9 816	9 816

注:* 表示在 10%水平上显著,** 表示在 5%水平上显著,*** 表示在 1%水平上显著。括号内是 t 值。

②技术寻求动机下战略投资者投资行为、参与程度与财务绩效

如表 4.2.16 所示,在技术寻求型动机驱动下,参与程度与战略投资者进入时机的交乘项在 10%的水平上显著为正;参与程度与战略投资者是否联合投资的交乘项在 10%的水平上显著为负;参与程度与战略投资者分阶段投资的交乘项在 10%的水平上显著为正。上述结果表明,战略投资者的参与程度可以正向调节早期投资、独立投资和分阶段投资行为对财务绩效的影响。这是因为,较高的参与程度对战略投资者来说意味着其在所投资的企业中拥有较大的话语权,能够从被投资企业中获取更多关键信息和资源,进而进一步提升战略投资者的社会资本、人力资本以及结构资本效应。

表 4.2.16 技术寻求动机下战略投资者投资行为、参与程度与财务绩效

财务绩效	模型 1	模型 2	模型 3
Time	0.031*		
	(1.88)		
Participation	0.046*		
	(1.81)		

续表

财务绩效	模型 1	模型 2	模型 3
Time * Participation	0.072 *		
	(1.89)		
Synd		−0.961 *	
		(1.73)	
Participation		0.943 *	
		(1.84)	
Synd * Participation		−0.289 *	
		(1.94)	
Stage			0.273 **
			(2.38)
Participation			0.382 *
			(1.89)
Stage * Participation			0.397 *
			(1.82)
Expe	0.024 **	0.021 **	0.018 **
	(1.97)	(2.01)	(2.12)
Age	0.672 *	0.704 **	0.561 *
	(1.78)	(2.35)	(1.79)
Size	0.811 *	0.857 *	0.778 *
	(1.89)	(1.78)	(1.83)
Lev	0.031	0.042 *	0.022 *
	(1.52)	(1.89)	(1.88)
HNTE	0.401 **	0.402 **	0.382 **
	(2.49)	(2.37)	(2.21)
Firm_Inv	0.582 *	0.643 *	0.631 *
	(1.78)	(1.74)	(1.71)
Firm_Tq	0.031 *	0.022 *	0.027 *
	(1.89)	(1.92)	(1.82)
_cons	4.621 ***	2.265 ***	3.602 ***
	(3.97)	(3.79)	(3.58)
Industry FE	Yes	Yes	Yes

续表

财务绩效	模型 1	模型 2	模型 3
Year FE	Yes	Yes	Yes
R^2	0.452	0.385	0.493
N	9 816	9 816	9 816

注:* 表示在 10% 水平上显著,** 表示在 5% 水平上显著,*** 表示在 1% 水平上显著。括号内是 t 值。

4.3　本章小结

　　本章基于资源基础理论和智力资本理论,将战略投资者的投资绩效分为创新绩效和财务绩效,检验在技术寻求动机下,战略投资者的投资行为对两种投资绩效的异质性影响。此外,本书认为战略投资者投资绩效的提升还取决于战略投资者的吸收能力和参与程度,进而加入了吸收能力和参与程度的调节变量,从理论和实证角度检验战略投资者的吸收能力、参与程度对战略投资者投资行为影响战略投资者绩效的机制。研究发现:(1)在技术寻求动机驱动下,战略投资者的早期进入行为、单独投资行为以及分阶段投资行为均能够促进其创新绩效和财务绩效的提升,表现为战略投资者不但能够改善其融资约束,也能够增强其研发人才素质,还能够完善其治理结构,从而提升其智力资本,进而有利于投资绩效的提高。(2)在技术寻求动机驱动下,战略投资者的吸收能力能够增强其投资行为对投资绩效的影响。主要表现为,战略投资者的吸收能力能够帮助其通过识别被投资企业的信息,将其现有知识与被投资企业的新知识相融合,从而开发新思维,进而进一步提升战略投资者的社会资本、人力资本以及结构资本效应,提升其投资绩效。(3)在技术寻求动机驱动下,战略投资者的参与程度能够增强其投资行为对投资绩效的影响。主要表现为,较高的参与程度对战略投资者来说意味着其在被投资的企业中拥有的管理权和决策权较大,能够从被投资企业中获取更多有价值的资源,进而进一步提升其社会资本、人力资本以及结构资本效应,创造更多的投资绩效。

本章基于资源基础理论和知识溢出效应理论，将战略投资者的投资绩效分为创新绩效和财务绩效，探寻在市场寻求动机的驱动下，战略投资者的投资行为对创新绩效和财务绩效的影响机制。并运用STATA16统计软件，实证分析战略投资者在市场寻求动机的驱动下，不同投资行为分别对创新绩效和财务绩效的影响机制。此外，本书认为战略投资者投资绩效的提升还取决于战略投资者的吸收能力和参与程度，因而还从理论和实证两方面讨论了战略投资者的吸收能力、参与程度对战略投资者投资行为影响投资绩效的调节作用。

第五章

市场寻求动机下战略投资者投资行为对投资绩效的影响

5.1 市场寻求动机下战略投资者投资行为影响投资绩效的理论分析

5.1.1 市场寻求动机下战略投资者投资行为与创新绩效

（1）市场寻求动机下战略投资者进入时机与创新绩效

基于市场寻求动机，战略投资者选择晚期进入行为有助于其利用被投资企业的新产品开发资源和市场创新资源，从而促进创新收益的提高。战略投资者基于市场寻求动机一般倾向于投资成熟期的企业，主要是因为，成熟期的企业具有较多的供应商、消费者，因而能够满足战略投资者进行市场寻求的目标[238]，有助于增进战略投资者的创造性、降低战略投资者的开发成本、缩短战略投资者新产品的开发周期[239]。第一，战略投资者的晚期进入行为通过提升规模经济效应，进而提高战略投资者的创新绩效。在市场寻求动机的驱动下，战略投资者的晚期进入行为，能够通过与成熟企业的交流与学习，吸收成熟企业的新产品开发经验[240]，从而再次分配和调整新产品的生产流程，降低新产品的生产成本，进而提高新产品开发的规模经济效应[241]，提高战略投资者的新产品创新绩效。第二，战略投资者的晚期进入行为通过提升范围经济效应，进而提高战略投资者的创新绩效。战略投资者在市场获取动机的驱动下，战略投资者的晚期进入行为，能够通过战略投资者与成熟企业的市场资源的整合，通过承接成熟企业的客户资源以及上游供应商资源，扩大新产品的开发力度，从而能够产生范围经济效应[242-243]，进而提高战略投资者的创新绩效。第三，战略投资者的晚期进入行为通过提升管理效率效应，进而提高战略投资者的创新绩效。在战略投资者市场寻求动机的驱动下，能够通过对成熟企业的模仿效应，改善结构资本，完善组织结构、获得更多管理经验[244]，促进创新要素在企业内部的流动，进而提高战略投资者的创新绩效[245]。因此，本书做出如下假设：

假设13：市场寻求动机下，战略投资者晚期进入行为能够促进创新绩效的提升。

（2）市场寻求动机下战略投资者联合投资与创新绩效

基于市场寻求动机，战略投资者采取联合投资行为有助于其更充分地承接所投资企业的创新资源，从而促进创新绩效的提升。第一，联合投资行为通过扩大规模经济效应，进而提高战略投资者的创新绩效[246]。战略投资者在市场获取动机的驱动下，通过联合投资，与其他投资者联合，能够产生规模效应，从而可以扩大生产规模，促进其对新产品的研发投入，进而促进创新绩效的提升[247]。第二,联合投资行为通过扩大范围经济效应,进而提高战略投资者的创新绩效。战略投资者基于市场获取的投资目标,采取与其他投资者联合投资行为,与其他投资者合作,共同致力于对被投资企业的市场渠道的开发和拓展,从而能够从中获得新的产品研发和市场渠道信息,产生范围经济[248],进而促进新产品创新绩效的提升。第三,联合投资行为通过提升管理效率效应,进而提高战略投资者的新产品创新绩效。战略投资者在市场获取动机的导向下,能够获得其他投资者的知识溢出,完善组织结构、获得更多管理经验,促进创新要素在组织部门之间的流动,进而促进企业的创新投入[249]。因此,本书做出如下假设:

假设14:市场寻求动机下,战略投资者联合投资行为能够促进创新绩效的提升。

(3) 市场寻求动机下战略投资者分阶段投资与创新绩效

基于市场寻求动机,战略投资者采取分阶段投资行为有助于其更充分地承接所投资企业的创新资源,从而促进创新绩效。第一,分阶段投资行为通过扩大规模经济效应,进而提高战略投资者的创新绩效。战略投资者在市场获取动机的驱动下,通过分阶段投资,强化对被投资企业的模仿,深入学习被投资企业的产品生产过程,从而提升新产品生产的专业化能力,扩大规模效应[250],进而促进创新活动的开展。第二,分阶段投资行为通过扩大范围经济效应[251],进而提高战略投资者的创新绩效。战略投资者基于市场获取的投资目标,采取分阶段投资的行为,还能够加强与被投资企业之间的融合,通过与被投资企业的协同研发,共同研发新的产品线、探索新的市场渠道[252],并且利用被投资企业现有的客户资源,从而提升范围经济[253],进而提升企业的创新能力。第三,分阶段投资行为通过扩大管理效率效应,进而提高战略投资者的创新绩效。战略投资者在市场获取动机的导向下,能够获得被投资企业的管理经验,完善组织结构、获得更多管理启示[254],促进创新要素的企业自身内部各部门的流动,进而促进企业的创新投入。因此,本书做出如下假设:

假设15:市场寻求动机下,战略投资者分阶段投资行为能够促进创新绩效的提升。

5.1.2 市场寻求动机下战略投资者投资行为与财务绩效

(1) 市场寻求动机下战略投资者进入时机与财务绩效

基于市场寻求动机,战略投资者采取晚期进入行为有助于其更充分地承接所投资企业的市场资源,从而促进财务绩效的提升。第一,晚期进入行为扩大规模经济效应,进而提高战略投资者的财务绩效。战略投资者在市场获取动机的驱动下,通过投资处于成熟期的企业,能够学习成熟企业的生产技术设备、管理方针、人员培养等,从而促进企业生产效率的增长[255],提高企业的市场占有率和定价能力,使得企业获得更好的盈利水平[256],进而提升战略投资者的财务绩效。第二,早期进入行为通过扩大范围经济,进而提高战略投资者的财务绩效。战略投资者基于市场获取的投资目标,投资成熟期企业,利用被投资企业的生产资源和市场资源,进行多元化生产[257],从而提升新产品的生产范围,打造自身的核心竞争力,进而提升企业的财务能力[258]。第三,早期进入行为通过扩大管理效率效应,进而提高战略投资者的创新绩效。战略投资者在市场获取动机的导向下,通过学习成熟企业对于顾客、供应商的管理经验,与上下游企业保持良好的合作关系[259],提高合作的效率,进而促进企业的财务绩效。因此,本书做出如下假设:

假设16:市场寻求动机下,战略投资者晚期进入行为能够促进财务绩效的提升。

(2)市场寻求动机下战略投资者联合投资与财务绩效

基于市场寻求动机,战略投资者采取联合投资行为有助于其更充分地承接所投资企业的市场资源,从而促进财务绩效的提升。第一,联合投资行为通过扩大规模经济效应,进而提高战略投资者的财务绩效。战略投资者在市场获取动机的驱动下,通过联合投资,与其他投资者共同投资于被投资企业,可以加速与其他行业的集聚与联合[260],促进信息的交流和资源共享,不断扩大生产规模,从而促进新产品的研发和市场的开拓[261],进而促进财务绩效的提升。第二,联合投资行为通过扩大范围经济效应,进而提高战略投资者的财务绩效。战略投资者基于市场获取的投资目标,采取与其他投资者联合投资行为,通过互相交流与借鉴,采取多元化的生产方式,把多元化市场开发和多元化产品研发结合起来[262],拓展经营收入来源,进而提升企业的财务能力。第三,联合投资行为通过扩大管理效率效应,进而提高战略投资者的创新绩效。战略投资者在市场获取动机的导向下,与其他投资者共同关注被投资企业的生产经营状态[263],加强对被投资企业的监督与管理,并通过反哺效应学习被投资企业的组织结构与管理方针,进而促进企业的财务产出[264]。因此,本书做出如下假设:

假设17:市场寻求动机下,战略投资者联合投资行为能够促进财务绩效的提升。

(3)市场寻求动机下战略投资者分阶段投资与财务绩效

基于市场寻求动机,战略投资者采取分阶段投资行为有助于其更充分地承接所投资企业的市场资源,从而促进财务绩效的提升。第一,分阶段投资行为通过扩大规模经济效应,进而提高战略投资者的财务绩效。战略投资者在市场获取动机的驱动下,通过分阶段投资,与被投资企业进行深入的交流与协同,能够利用被投资企业的市场资源和网络资源,进行多元化的投资,进而促进战略投资者的财务绩效[265]。第二,分阶段投资通过扩大范围经济效应,进而提高战略投资者的财务绩效。战略投资者基于市场获取的投资目标,采取分阶段的投资方式,在多轮次的投资中,对被投资企业的产品研发和市场规模进行跨界学习[266],还能够通过搭建学习交流平台,促进企业研发人员与被投资企业的培训与交流,从而进行多元化的投资,产生范围经济效应[267],进而提升企业的财务能力。第三,分阶段投资通过提升管理效率效应,进而提高战略投资者的财务绩效。战略投资者在市场获取动机的导向下,能够在多轮次的投资中,学习被投资企业的市场资源管理方法,从而完善组织结构、获得更多管理经验,进而促进企业的财务产出[268]。因此,本书做出如下假设:

假设 18:市场寻求动机下,战略投资者分阶段投资行为能够促进财务绩效的提升。

5.1.3　概念模型

本书基于资源基础理论和知识溢出效应,将战略投资者的投资绩效分为创新绩效和财务绩效,探寻在市场寻求动机驱动下,战略投资者的投资行为分别对创新绩效和财务绩效的影响。理论分析认为,战略投资者投资行为能够促进所投企业的投资绩效,表现为通过承接被投资企业的知识溢出,战略投资者不但能够扩大自身的规模经济效应,也能够提升自身的范围经济效应,还能够增强自身的管理效率效应,进而有利于投资绩效的提高。根据理论分析和研究假设,绘制了概念模型图,如图 5.1.1。

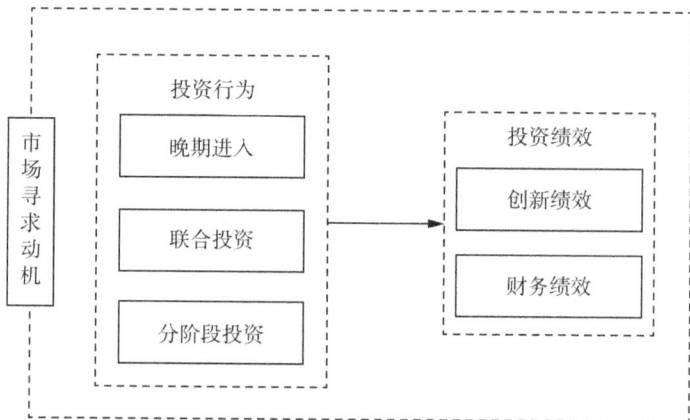

图 5.1.1　市场寻求动机下战略投资者投资行为影响投资绩效的概念模型图

5.2　市场寻求动机下战略投资者投资行为影响投资绩效的实证分析

5.2.1　样本选取与数据来源

本章同样选择 A 股上市公司为初选样本,分析其 2015—2020 年间的战略投资行为。本书借鉴刘伟和黄江林[278]的做法对样本进行如下处理,通过手动收集,检索 Wind 资讯、CVSource 数据库、巨潮资讯网和沪深证券交易所等平台数据,查找关于战略投资者的数据和信息。在此基础上,通过分析初选样本公司 2015—2020 年的并购信息、对外投资公告、超募资金使用情况、年度报告等,识别出沪深上市公司进行的战略投资活动。考虑到存在部分上市公司在公布投资公告后,并未进行真正投资活动的情况,本书对公司发布公告后的新闻以及年报进行了审查,并通过走访调研和邮件咨询的形式进行了核对,剔除了发布投资公告但并未进行投资的战略投资者的记录。并且由于本章的研究对象为市场寻求型战略投资者,因而在上述筛选过程之后,最终得到 2015—2020 年间 10123 个观测值。此外,为了排除极端值的影响,本书对所有连续变量进行 1% 和 99% 分位数的缩尾处理。

5.2.2　模型设定与变量定义

为了检验市场寻求动机驱动下战略投资者投资行为对其投资绩效的影响,本书设定如下实证模型:

$$\text{Patent}_{it} = \beta_0 + \beta_1 \text{Time}_{it} + \beta_2 CV_{it} + \varepsilon_{it} \tag{5.1}$$

$$\text{Patent}_{it} = \beta_0 + \beta_1 \text{Synd}_{it} + \beta_2 CV_{it} + \varepsilon_{it} \tag{5.2}$$

$$\text{Patent}_{it} = \beta_0 + \beta_1 \text{Stage}_{it} + \beta_2 CV_{it} + \varepsilon_{it} \tag{5.3}$$

$$\text{ROA}_{it} = \beta_0 + \beta_1 \text{Time}_{it} + \beta_2 CV_{it} + \varepsilon_{it} \tag{5.4}$$

$$\text{ROA}_{it} = \beta_0 + \beta_1 \text{Synd}_{it} + \beta_2 CV_{it} + \varepsilon_{it} \tag{5.5}$$

$$\text{ROA}_{it} = \beta_0 + \beta_1 \text{Stage}_{it} + \beta_2 CV_{it} + \varepsilon_{it} \tag{5.6}$$

(1) 因变量:战略投资者的投资绩效

①创新绩效(Patent)。本书的被解释变量为战略投资者的创新绩效。关于创新绩效的测量方式,目前的大多学者都采用企业申请或获得的专利数量衡量,且未区分发明专利、外观设计专利和实用新型专利的类别。其中,发明专利的技

术含量最高,创新性最大,通常授权给具有突破性的、独创性的专利技术或方法,最能体现申请人的创新能力。鉴于战略投资者的市场寻求动机是为了寻求新产品的突破、创造全新的产品,因而本书选取企业每年获得的发明专利(Patent)作为衡量创新绩效的指标,数据来自国家知识产权局网站。

②财务绩效(ROA)。大部分学者衡量企业财务绩效均使用 ROA 作为指标,该指标能够表示每单位资产创造利润能力的大小,是企业盈利能力的反映。基于此,本书用资产收益率(ROA)来衡量战略投资者的财务绩效。资产收益率(ROA)=净利润/总资产。

(2) 自变量:战略投资者的投资行为

①战略投资者进入时机(Time)。如果战略投资者该年度每一次投资处于发展早期的企业,则记 $Time_n$ 为 1,否则为 0。Time 的值为战略投资者进入时机的倾向值,由战略投资者每一次的进入时机取值($Time_n$)加总后求平均值,该值越大表明战略投资者越倾向于投资处于发展早期的企业。

②战略投资者联合投资行为(Synd)。如果战略投资者该年度每一次投资时采用联合投资行为,则记 $Synd_n$ 为 1,否则为 0。Synd 的值为战略投资者联合投资行为的倾向值,由战略投资者每一次的联合投资行为取值($Synd_n$)加总后求平均值,该值越大表明战略投资者越倾向于采取联合投资。

③战略投资者分阶段投资行为(Stage)。如果战略投资者该年度每一次投资时采用分阶段投资行为,则记 $Stage_n$ 为 1,否则为 0。Stage 的值为战略投资者分阶段投资行为的倾向值,由战略投资者每一次的分阶段投资行为取值($Stage_n$)加总后求平均值,该值越大表明战略投资者越倾向于分阶段投资。

(3) 控制变量

战略投资者层面的控制变量。第一,战略投资者的投资经验(Expe),成立以来投资总次数。第二,战略投资者的存续期(Age),成立以来到投资时的时间。第三,战略投资者规模(Size),企业总资产的自然对数。第四,资产负债率(Lev),企业总负债额与资产总额的比值。第五,是否高科技企业(HNTE),哑变量,如果企业是高科技企业,取值 1,否则为 0。

被投资企业层面的控制变量。本书参照梁婧姝等[217]以及施国平等[218]的研究,选取如下被投资企业层面的控制变量:第一,被投资企业的创新水平(Firm_Inv),该值用战略投资者该年度所投资企业的创新水平加总后求均值。每一家被投资企业的创新水平用其 R&D 支出除以营业收入表示。第二,被投资企业的托宾 Q 值(Firm_Tq),该值用战略投资者该年度所投资企业的托宾 Q 值加总后求均值。每一家被投资企业的托宾 Q 值用(股票市场价值+债务账面价值)/资产总额表示。主要变量定义如表 5.2.1。

表 5.2.1　主要变量定义

变量类型	变量	变量符号	变量定义
因变量	创新绩效	Patent	发明专利数,取自然对数
	财务绩效	ROA	资产收益率(ROA)=净利润/总资产
自变量	进入时机	Time	如果战略投资者该年度每一次投资处于发展早期的企业,则记 $Time_n$ 为 1,否则为 0。Time 的值为战略投资者进入时机的倾向值,由战略投资者每一次的进入时机取值($Time_n$)加总后求平均值,该值越大表明战略投资者越倾向于投资处于发展早期的企业
	是否联合投资	Synd	如果战略投资者该年度每一次投资时采用联合投资行为,则记 $Synd_n$ 为 1,否则为 0。Synd 的值为战略投资者联合投资行为的倾向值,由战略投资者每一次的联合投资行为取值($Synd_n$)加总后求平均值,该值越大表明战略投资者越倾向于采取联合投资行为
	是否分阶段投资	Stage	如果战略投资者该年度每一次投资时采用分阶段投资行为,则记 $Stage_n$ 为 1,否则为 0。Stage 的值为战略投资者分阶段投资行为的倾向值,由战略投资者每一次的分阶段投资行为取值($Stage_n$)加总后求平均值,该值越大表明战略投资者越倾向于采取分阶段投资行为
控制变量	投资经验	Expe	成立以来投资总次数
	存续期	Age	成立以来到投资时的总时间
	规模	Size	企业总资产的自然对数
	资产负债率	Lev	企业总负债额与资产总额的比值
	是否高科技企业	HNTE	哑变量,如果战略投资者是高科技企业,取值 1,否则为 0
	被投资企业的创新水平	Firm_Inv	该值用战略投资者该年度所投资企业的创新水平加总求均值。每一家被投资企业的创新水平用其 R&D 支出除以营业收入表示
	被投资企业的托宾 Q 值	Firm_Tq	该值用战略投资者该年度所投资企业的托宾 Q 值加总后求均值。每一家被投资企业的托宾 Q 值用(股票市场价值+债务账面价值)/资产总额表示

5.2.3　描述性统计

表 5.2.2 报告了本章主要变量的描述性统计结果。由表中的结果可知,以市场寻求型战略投资者为样本,战略投资者的创新绩效 Patent 大多数处于相对中等的水平。衡量财务绩效标准的 ROA 均值为 0.04,标准差为 0.02,最大值为 0.27,最小值为 0.04。在战略投资者市场寻求动机驱动下,进入时机 Time

的均值为 0.29,表明基于市场寻求动机战略投资者大多投资处于成熟期的企业。判断是否联合投资的标准 Synd 均值为 0.68,表明基于市场寻求动机战略投资者大多投资采用联合投资策略行为。判断是否分阶段投资的标准 Stage 均值为 0.72,表明基于市场寻求动机的战略投资者大多采用分阶段投资行为。

在控制变量方面,变量 Expe 的均值为 36.11,由此可知,绝大多数的战略投资者都在成立以来经历过多次投资。变量 Age 均值为 10.23,说明企业需要在成立之后发展经营一段时间才会进行战略投资。变量 Size 的均值为 22.61,表明样本企业普遍具有较高的资产规模。变量 Lev 的均值为 0.43,表明企业都有不同程度的负债比率。变量 HNTE 均值为 0.47,标准差为 0.21,由此可知多数基于市场寻求投资动机的战略投资者不属于高科技企业。变量 Firm_Inv 的均值为 0.02,说明市场寻求型战略投资者所投资企业的研发水平有待提高。变量 Firm_Tq 的均值为 2.24,说明市场寻求型战略投资者所投资企业的大部分都有良好的估值。

表 5.2.2 变量描述性统计

Variable	Obs	mean	sd	min	max
Patent	10 123	5.04	0.71	0.00	7.72
ROA	10 123	0.14	0.02	0.04	0.27
Time	10 123	0.29	0.31	0.00	1.00
Synd	10 123	0.68	0.14	0.00	1.00
Stage	10 123	0.72	0.493	0.00	1.00
Expe	10 123	36.11	3.21	0.00	354.00
Age	10 123	10.23	2.12	8.00	32.00
Size	10 123	22.61	1.53	18.72	27.19
Lev	10 123	0.43	0.27	0.05	0.88
HNTE	10 123	0.47	0.21	0.00	1.00
Firm_Inv	7 835	0.02	0.03	0.00	0.18
Firm_Tq	7 835	2.24	1.26	0.87	10.29

5.2.4 实证结果分析

本章对市场寻求动机下战略投资者投资行为与投资绩效的关系进行了实证分析,二者的回归结果如表 5.2.3 和 5.2.4 所示。

（1）市场寻求动机下战略投资者投资行为对创新绩效的回归结果

表5.2.3模型2的结果显示,在市场寻求动机的驱动下,战略投资者进入时机与战略投资者创新绩效的回归系数为－0.042,且在5%的水平上显著,说明战略投资者采取晚期进入的行为,能够获得的创新绩效更多,因此假设13得以验证。模型3显示,在市场寻求动机的驱动下,战略投资者联合投资与战略投资者创新绩效的回归系数为0.041,且在5%的水平上显著,说明战略投资者联合投资与战略投资者创新绩效正相关,即战略投资者采取联合投资的行为,能够获得的创新绩效越多,因此假设14得以验证。模型4显示,在市场寻求动机的驱动下,战略投资者分阶段投资与战略投资者创新绩效的回归系数为0.052,且在5%的水平上显著,说明战略投资者分阶段投资行为与战略投资者创新绩效正相关,即战略投资者采取分阶段投资,能够获得的创新绩效越多,因此假设15得以验证。产生上述结果原因主要是,基于市场寻求动机,战略投资者采取晚期进入、联合投资以及分阶段投资的行为,不但能够通过提升规模经济效应,吸收成熟企业的新产品开发经验,还能够通过提升范围经济效应,扩大新产品的开发力度,也能够通过提升管理效率效应,完善组织结构、获得更多管理经验,从而促进创新绩效的提升。

被投资企业层面的控制变量回归结果显示:①在战略投资者市场寻求动机下,被投资企业的创新水平与战略投资者创新绩效显著正相关,即被投资企业的创新水平越高,越能够给战略投资者创造新产品的开发资源和渠道,帮助战略投资者改善新产品的生产流程,降低新产品的生产成本。②在战略投资者市场寻求动机下,被投资企业的托宾 Q 值与战略投资者创新绩效显著正相关,即被投资企业的市场估值越高,能够吸引到更多的优质创新资源,从而帮助战略投资者提升创新绩效。

表5.2.3　市场寻求动机下战略投资者投资行为对创新绩效的影响

创新绩效	模型1	模型2	模型3	模型4
Time		−0.042**		
		(−2.36)		
Synd			0.041**	
			(2.39)	
Stage				0.052**
				(2.41)
Expe	0.036*	0.041*	0.052*	0.057*
	(1.79)	(1.89)	(1.69)	(1.81)

创新绩效	模型 1	模型 2	模型 3	模型 4
Age	0.007**	0.012**	0.032**	0.021**
	(2.21)	(2.16)	(2.11)	(2.38)
Size	0.012**	0.201**	0.143**	0.202**
	(1.98)	(2.01)	(2.12)	(2.19)
Lev	0.011	0.053*	0.122	0.031*
	(1.51)	(1.89)	(1.51)	(1.88)
HNTE	0.209*	0.224*	0.311*	0.504*
	(1.69)	(1.78)	(1.88)	(1.72)
Firm_Inv	0.161*	0.245*	0.017*	0.101*
	(1.84)	(1.72)	(1.78)	(1.86)
Firm_Tq	0.021*	0.078*	0.022*	0.012*
	(1.78)	(1.81)	(1.85)	(1.93)
_cons	3.161**	2.312***	3.534*	4.122***
	(2.28)	(3.48)	(1.78)	(3.43)
Industry FE	Yes	Yes	Yes	Yes
Year FE	Yes	Yes	Yes	Yes
R^2	0.316	0.229	0.344	0.427
N	7 835	7 835	7 835	7 835

注：* 表示在 10% 水平上显著，** 表示在 5% 水平上显著，*** 表示在 1% 水平上显著。括号内是 t 值。

（2）市场寻求动机下战略投资者投资行为对财务绩效的回归结果

表 5.2.4 模型 2 显示，在市场寻求动机的驱动下，战略投资者进入时机与战略投资者财务绩效的回归系数为 −0.021，且在 5% 的水平上显著，说明战略投资者采取晚期进入的行为，能够获得的财务绩效越多，因此假设 16 得以验证。这主要是因为，基于市场寻求动机，战略投资者采取晚期进入行为，不但能够通过扩大规模经济效应，学习成熟企业的生产技术、管理方针、人员培养等，还能够通过扩大范围经济，进行多元化生产，也能够通过扩大管理效率效应，与上下游企业之间保持良好合作关系，提高合作效率，提升财务绩效。

表 5.2.4 模型 3 显示，在市场寻求动机的驱动下，战略投资者联合投资与战略投资者财务绩效的回归系数为 0.072，且在 5% 的水平上显著，说明战略投资者联合投资与战略投资者财务绩效正相关，即战略投资者采取联合投资行为，能够获得的财务绩效越多，因此假设 17 得以验证。这主要是因为，基于市场寻求动机，战略投资者采取联合投资行为，投资成熟期企业，不但能够通过扩大规模

经济效应,加速与其他行业的集聚与联合,还能够通过扩大范围经济效应,把多元化市场开发和多元化产品研发结合起来,也能够通过扩大管理效率效应,通过反哺效应学习被投资企业的组织结构与管理方针,提升财务绩效。

表5.2.4模型4显示,在市场寻求动机的驱动下,战略投资者分阶段投资与战略投资者财务绩效的回归系数为0.027,且在5%的水平上显著,说明战略投资者分阶段投资行为与战略投资者财务绩效正相关,即战略投资者采取分阶段投资行为,能够获得的财务绩效越多,因此假设18得以验证。这主要是因为,基于市场寻求动机,战略投资者采取分阶段投资行为,投资成熟期企业,不但能够通过扩大规模经济效应,进行多元化的投资,还能够通过扩大范围经济效应,对被投资企业的产品研发和市场规模进行跨界学习,也能够通过提升管理效率效应,学习被投资企业的市场资源管理方法,促进财务绩效的提升。

被投资企业层面的控制变量回归结果显示:①在战略投资者市场寻求动机下,被投资企业的创新水平与战略投资者财务绩效显著正相关,即被投资企业的创新水平越高,越有助于战略投资者向其学习,从而越能够增强战略投资者的核心竞争能力。②在战略投资者市场寻求动机下,被投资企业的托宾Q值与战略投资者财务绩效显著正相关,即被投资企业的托宾Q值越高,战略投资者能够寻求更多的社会资本溢出,诸如,联系纽带资源、网络结构资源、关系资源机制等,对财务绩效的提升越多。

表5.2.4　市场寻求动机下战略投资者投资行为对财务绩效的影响

财务绩效	模型1	模型2	模型3	模型4
Time		-0.021^{**}		
		(-2.31)		
Synd			0.072^{**}	
			(2.24)	
Stage				0.027^{**}
				(2.31)
Expe	0.002^{*}	0.001^{*}	0.002^{*}	0.015^{*}
	(1.78)	(1.87)	(1.72)	(1.81)
Age	0.021^{**}	0.011^{**}	0.012^{**}	0.022^{**}
	(1.98)	(2.24)	(2.19)	(2.28)
Size	0.051^{**}	0.063^{**}	0.068^{**}	0.078^{**}
	(1.99)	(2.18)	(2.27)	(2.11)

财务绩效	模型1	模型2	模型3	模型4
Lev	0.052*	0.091*	0.062*	0.111*
	(1.78)	(1.78)	(1.72)	(1.89)
HNTE	0.224*	0.112*	0.061*	0.202*
	(1.81)	(1.89)	(1.71)	(1.72)
Firm_Inv	0.011*	0.016*	0.027*	0.043*
	(1.79)	(1.81)	(1.93)	(1.81)
Firm_Tq	0.097*	0.082*	0.026*	0.201*
	(1.78)	(1.79)	(1.88)	(1.89)
_cons	3.142**	3.121***	3.146**	3.201***
	(2.41)	(3.21)	(2.38)	(2.61)
Industry FE	Yes	Yes	Yes	Yes
Year FE	Yes	Yes	Yes	Yes
R^2	0.212	0.145	0.267	0.323
N	7 835	7 835	7 835	7 835

注：* 表示在10%水平上显著，** 表示在5%水平上显著，*** 表示在1%水平上显著。括号内是 t 值。

5.2.5 内生性问题讨论

内生性问题产生的原因主要包括两个方面，一是因变量和自变量之间互为因果的关系，二是遗漏重要的变量。本章可能存在的内生性问题主要在于，战略投资者基于市场寻求动机，通过投资处于成熟期企业，并使用联合投资和分阶段投资获得了投资绩效后，也可以增强其进行战略投资的行为。因此，被解释变量可能与主要解释变量存在互为因果的问题。此外，本章尽量多地引入合理的控制变量，但是战略投资者的投资绩效是一个非常复杂的命题，必然存在遗漏变量的问题，这也会使基准模型存在内生性问题。综上，本章存在反向因果以及遗漏变量的内生性问题。对于此，本章将采用工具变量法、GMM法以及增加遗漏变量法处理内生性问题。

（1）工具变量的方法

本书首先通过工具变量的两阶段最小二乘法（2SLS）对内生性问题进行处理，采用滞后一期的解释变量作为工具变量。投资行为的滞后一期属于上期末行为，选择该变量作为工具变量，一方面由于行为连贯性的存在，该变量与原有解释变量存在相关关系，另一方面也可以降低解释变量与被解释变量之间的内生关系,适当增强解释变量的外生性。基于此,本书采用滞后一期的解释变量作为工具变量对模型重新进行回归,得到的实证结果如表 5.2.5 和 5.2.6 所示。

表 5.2.5 的第(1)列和第(2)列展示了滞后一期的进入时机作为工具变量的两阶段最小二乘法回归结果。Kleibergen-Paap rk Wald LM 的检验结果说明模型不存在不可识别问题,Cragg-Donald Wald F 的检验结果说明不存在弱工具变量问题。第二阶段的回归结果显示,在使用合适的工具变量控制内生性问题后,在市场寻求动机下,战略投资者进入时机与创新绩效依然在 5% 的水平上显著负相关。第(3)列和第(4)列展示了滞后一期的是否联合投资作为工具变量的两阶段最小二乘法回归结果。Kleibergen-Paap rk Wald LM 的检验结果说明模型不存在不可识别问题,Cragg-Donald Wald F 的检验结果说明不存在弱工具变量问题。第二阶段的回归结果显示,在使用合适的工具变量控制内生性问题后,在市场寻求动机下,战略投资者联合投资与创新绩效依然在 5% 的水平上显著正相关。第(5)列和第(6)列展示了滞后一期的分阶段投资作为工具变量的两阶段最小二乘法回归结果。Kleibergen-Paap rk Wald LM 的检验结果说明模型不存在不可识别问题,Cragg-Donald Wald F 的检验结果说明不存在弱工具变量问题。第二阶段的回归结果显示,在使用合适的工具变量控制内生性问题后,在市场寻求动机下,战略投资者分阶段投资与创新绩效依然在 5% 的水平上显著正相关。上述结果表明,本书模型的内生性问题总体上并不影响回归结果的稳健性,回归结果具有较好的稳健性。

表 5.2.5　工具变量法:市场寻求动机下战略投资者投资行为与创新绩效

因变量	第一阶段 Time (1)	第二阶段 Patent (2)	第一阶段 Synd (3)	第二阶段 Patent (4)	第一阶段 Stage (5)	第二阶段 Patent (6)
L. Time	0.158**					
	(2.11)					
Time		−0.034**				
		(−2.13)				
L. Synd			0.253**			
			(2.09)			
Synd				0.046**		
				(2.06)		
L. Stage					0.229*	
					(1.71)	

续表

因变量	第一阶段 Time (1)	第二阶段 Patent (2)	第一阶段 Synd (3)	第二阶段 Patent (4)	第一阶段 Stage (5)	第二阶段 Patent (6)
Stage						0.043**
						(2.19)
Expe	0.052**	0.055*	0.046**	0.062*	0.043**	0.023*
	(2.27)	(1.72)	(2.06)	(1.83)	(2.19)	(1.67)
Age	0.032*	0.021*	0.042*	0.043*	0.012*	0.034*
	(1.87)	(1.83)	(1.84)	(1.79)	(1.79)	(1.75)
Size	0.257*	0.026*	0.021*	0.054*	0.105*	0.037*
	(1.76)	(1.78)	(1.77)	(1.69)	(1.87)	(1.79)
Lev	0.082*	0.018*	0.025	0.109*	0.019*	0.028*
	(1.89)	(1.82)	(1.49)	(1.75)	(1.91)	(1.73)
HNTE	0.612**	0.189**	0.223**	0.312**	0.689**	0.127**
	(2.23)	(2.18)	(2.29)	(2.31)	(2.41)	(1.98)
Firm_Inv	0.167*	0.257*	0.021*	0.105*	0.034*	0.049*
	(1.89)	(1.76)	(1.77)	(1.87)	(1.93)	(1.75)
Firm_Tq	0.023*	0.082*	0.025*	0.019*	0.121*	0.067*
	(1.75)	(1.89)	(1.89)	(1.91)	(1.74)	(1.84)
_cons	3.357**	3.297*	5.217***	2.118***	2.337***	3.516**
	(2.38)	(1.73)	(4.06)	(3.74)	(3.44)	(2.04)
Industry FE	Yes	Yes	Yes	Yes	Yes	Yes
Year FE	Yes	Yes	Yes	Yes	Yes	Yes
N	6 529	6 529	6 529	6 529	6 529	6 529
Kleibergen-Paap rk Wald LM		9.187		12.334		10.201
Cragg-Donald Wald F		20.265		22.397		22.178

注：* 表示在10%水平上显著，** 表示在5%水平上显著，*** 表示在1%水平上显著。括号内是 t 值。

表5.2.6的第(1)列和第(2)列展示了滞后一期的进入时机作为工具变量的两阶段最小二乘法回归结果。Kleibergen-Paap rk Wald LM 的检验结果说明模型不存在不可识别问题，Cragg-Donald Wald F 的检验结果说明不存在弱工具变量问题。第二阶段的回归结果显示，在使用合适的工具变量控制内生性问题后，在市场寻求动机下，战略投资者进入时机与财务绩效依然在5%的水平上显著负相关。第(3)列和第(4)列展示了滞后一期的是否联合投资作为工具变量的两

阶段最小二乘法回归结果。Kleibergen-Paap rk Wald LM 的检验结果说明模型不存在不可识别问题,Cragg-Donald Wald F 的检验结果说明不存在弱工具变量问题。第二阶段的回归结果显示,在使用合适的工具变量控制内生性问题后,在市场寻求动机下,战略投资者联合投资与财务绩效依然在 5% 的水平上显著正相关。第(5)列和第(6)列展示了滞后一期的是否分阶段投资作为工具变量的两阶段最小二乘法回归结果。Kleibergen-Paap rk Wald LM 的检验结果说明模型不存在不可识别问题,Cragg-Donald Wald F 的检验结果说明不存在弱工具变量问题。第二阶段的回归结果显示,在使用合适的工具变量控制内生性问题后,在市场寻求动机下,战略投资者分阶段方式与财务绩效依然在 5% 的水平上显著正相关。上述结果表明,本书模型的内生性问题总体上并不影响回归结果的稳健性,回归结果具有较好的稳健性。

表 5.2.6 工具变量法:市场寻求动机下战略投资者投资行为与财务绩效

因变量	第一阶段 Time (1)	第二阶段 ROA (2)	第一阶段 Synd (3)	第二阶段 ROA (4)	第一阶段 Stage (5)	第二阶段 ROA (6)
L. Time	0.134** (2.13)					
Time		−0.056** (−2.24)				
L. Synd			0.153** (2.09)			
Synd				0.012** (2.37)		
L. Stage					0.129* (1.71)	
Stage						0.018* (1.84)
Expe	0.052** (2.27)	0.002** (2.18)	0.046** (2.06)	0.074** (2.12)	0.043** (2.19)	0.027* (1.73)
Age	0.032* (1.87)	0.027* (1.88)	0.042* (1.84)	0.023* (1.84)	0.012* (1.79)	0.037* (1.64)

因变量	第一阶段	第二阶段	第一阶段	第二阶段	第一阶段	第二阶段
	Time	ROA	Synd	ROA	Stage	ROA
	(1)	(2)	(3)	(4)	(5)	(6)
Size	0.257*	0.089*	0.021*	0.167*	0.105*	0.034*
	(1.76)	(1.71)	(1.77)	(1.89)	(1.87)	(1.93)
Lev	0.082*	0.134*	0.025	0.023*	0.019*	0.121
	(1.89)	(1.86)	(1.49)	(1.75)	(1.91)	(1.44)
HNTE	0.612**	0.071**	0.223**	0.352**	0.689**	0.095**
	(2.23)	(2.16)	(2.29)	(2.09)	(2.41)	(2.41)
Firm_Inv	0.005**	0.002**	0.005**	0.013**	0.005**	0.002**
	(2.13)	(2.18)	(2.26)	(2.41)	(2.17)	(2.19)
Firm_Tq	0.012*	0.027*	0.032*	0.044*	0.012*	0.027*
	(1.76)	(1.88)	(1.91)	(1.87)	(1.72)	(1.88)
_cons	3.357**	3.297*	5.217***	2.118***	2.337***	3.516**
	(2.38)	(1.73)	(4.06)	(3.74)	(3.44)	(2.04)
Industry FE	Yes	Yes	Yes	Yes	Yes	Yes
Year FE	Yes	Yes	Yes	Yes	Yes	Yes
N	6 529	6 529	6 529	6 529	6 529	6 529
Kleibergen-Paap rk Wald LM		10.942		10.116		10.288
Cragg-Donald Wald F		21.034		22.753		22.172

注:*表示在10%水平上显著,**表示在5%水平上显著,***表示在1%水平上显著。括号内是 t 值。

（2）GMM 法

本书构造动态面板数据,采用广义矩估计法(GMM)解决可能存在的内生性问题。将被解释变量的滞后期与主要解释变量当作内生变量,将控制变量当作工具变量,控制时间固定效应和行业固定效应,用两步 GMM 方法进行回归。

表 5.2.7 汇报了市场寻求动机下战略投资者投资行为影响投资绩效的 GMM 结果,被解释变量为战略投资者的创新绩效。AR(1)检验值趋近于 0, AR(2)检验值和 Sargan 检验值均大于 0.05,说明模型是有效的、回归结果是可信的。广义矩估计法中各个变量的系数符号和显著性与基准回归均无明显差异。即在市场寻求动机驱动下,战略投资者的晚期进入行为、联合投资行为以及分阶段投资行为均能够促进其创新绩效的提升,这一结论即使在考虑内生性问

题之后也依然成立。

表 5.2.7　市场寻求动机下战略投资者投资行为与创新绩效的 GMM 估计结果

创新绩效	模型 1	模型 2	模型 3
Time	-0.042^{**}		
	(-2.36)		
Synd		0.043^{**}	
		(2.38)	
Stage			0.051^{**}
			(2.41)
Expe	0.041^{*}	0.053^{*}	0.056^{*}
	(1.86)	(1.69)	(1.82)
Age	0.012^{**}	0.032^{**}	0.022^{**}
	(2.12)	(2.27)	(2.37)
Size	0.201^{**}	0.144^{**}	0.207^{**}
	(2.01)	(2.12)	(2.18)
Lev	0.052^{*}	0.122	0.031^{*}
	(1.87)	(1.51)	(1.89)
HNTE	0.243^{*}	0.311^{*}	0.502^{*}
	(1.84)	(1.88)	(1.71)
Firm_Inv	0.021^{*}	0.022^{*}	0.025^{*}
	(1.71)	(1.79)	(1.78)
Firm_Tq	0.052^{*}	0.037^{*}	0.039^{*}
	(1.85)	(1.89)	(1.92)
_cons	2.312^{***}	3.532^{*}	4.123^{***}
	(3.47)	(1.79)	(3.29)
Industry FE	Yes	Yes	Yes
Year FE	Yes	Yes	Yes
N	6 392	6 392	6 392
AR(2)	0.487	0.464	0.359
Sargan 检验值	0.854	0.761	0.843

注：* 表示在 10% 水平上显著，** 表示在 5% 水平上显著，*** 表示在 1% 水平上显著。括号内是 t 值。

表 5.2.8 汇报了市场寻求动机下战略投资者投资行为影响投资绩效的 GMM 回归结果,被解释变量为战略投资者的财务绩效。AR(1)检验值趋近于 0,AR(2)检验值和 Sargan 检验值均大于 0.05,说明模型是有效的、回归结果是可信的。广义矩估计法中各个变量的系数符号和显著性与基准回归均无明显差异。即在市场寻求动机驱动下,战略投资者的晚期进入行为、联合投资行为以及分阶段投资行为均能够促进财务绩效提升,这一结论即使在考虑内生性问题之后也依然成立。

表 5.2.8　市场寻求动机下战略投资者投资行为与财务绩效的 GMM 估计结果

财务绩效	模型 1	模型 2	模型 3
Time	-0.022^{**}		
	(-2.31)		
Synd		0.071^{**}	
		(2.24)	
Stage			0.027^{**}
			(2.31)
Expe	0.001^{*}	0.002^{*}	0.011^{*}
	(1.89)	(1.87)	(1.89)
Age	0.012^{**}	0.014^{**}	0.022^{**}
	(2.24)	(2.01)	(2.11)
Size	0.063^{**}	0.062^{**}	0.071^{**}
	(2.19)	(2.11)	(2.34)
Lev	0.087^{*}	0.061^{*}	0.103^{*}
	(1.79)	(1.68)	(1.89)
HNTE	0.111^{*}	0.058^{*}	0.203^{*}
	(1.88)	(1.89)	(1.71)
Firm_Inv	0.016^{*}	0.001^{*}	0.032^{*}
	(1.92)	(1.75)	(1.72)
Firm_Tq	0.032^{*}	0.028^{*}	0.025^{*}
	(1.67)	(1.84)	(1.79)
_cons	3.121^{***}	3.142^{**}	3.204^{***}
	(3.21)	(2.44)	(2.79)

续表

财务绩效	模型 1	模型 2	模型 3
Industry FE	Yes	Yes	Yes
Year FE	Yes	Yes	Yes
N	6 392	6 392	6 392
AR(2)	0.466	0.424	0.495
Sargan 检验值	0.841	0.879	0.793

注：* 表示在 10% 水平上显著，** 表示在 5% 水平上显著，*** 表示在 1% 水平上显著。括号内是 t 值。

（3）控制可能的遗漏变量

针对遗漏变量的问题，尽管本书在前文中已经选择了影响战略投资者投资绩效的变量，并汇总了相关控制变量，但本书还不可避免地存在其他遗漏变量。参考前人相关研究可以发现，投资绩效还受投资者创新投入[86]、资产规模[223]以及治理结构[86]的影响，因而本书在模型 5.1、5.2、5.3、5.4、5.5、5.6 中加入战略投资者层面的创新投入（RDS）、资产规模（Asset）、第一大股东持股比例（Top）为控制变量。其中，战略投资者的创新投入用当期研发投入除以营业收入表示。战略投资者的资产规模用当期总资产的自然对数表示。

表 5.2.9 结果显示，在控制了战略投资者的创新投入、资产规模、第一大股东持股比例之后，各核心变量的系数符号和显著性与基准回归均无明显差异。即在市场寻求动机驱动下，战略投资者的晚期进入行为、联合投资行为以及分阶段投资行为均能够促进其创新绩效的提升。

表 5.2.9　控制遗漏变量：市场寻求动机下战略投资者投资行为与创新绩效

创新绩效	模型 1	模型 2	模型 3	模型 4
Time		−0.057**		
		(−2.18)		
Synd			0.036**	
			(2.39)	
Stage				0.021*
				(1.79)
Expe	0.064**	0.051**	0.045**	0.041**
	(2.19)	(2.23)	(2.01)	(2.18)

创新绩效	模型 1	模型 2	模型 3	模型 4
Age	0.021*	0.022*	0.042*	0.011*
	(1.89)	(1.82)	(1.89)	(1.89)
Size	0.157*	0.252*	0.014*	0.102*
	(1.81)	(1.86)	(1.87)	(1.84)
Lev	0.021*	0.072*	0.022	0.012*
	(1.71)	(1.82)	(1.43)	(1.92)
HNTE	0.342**	0.602**	0.213**	0.682**
	(2.01)	(2.28)	(2.21)	(2.48)
Firm_Inv	0.033**	0.027*	0.038*	0.036**
	(1.98)	(1.82)	(1.85)	(2.16)
Firm_Tq	0.051*	0.027*	0.105*	0.164**
	(1.85)	(1.92)	(1.85)	(2.35)
RDS	0.097*	0.081*	0.032*	0.201*
	(1.78)	(1.79)	(1.92)	(1.74)
Asset	0.061*	0.124*	0.045	0.101*
	(1.92)	(1.81)	(1.57)	(1.91)
Top	0.151**	0.067**	0.025**	0.864**
	(1.99)	(2.11)	(2.26)	(2.31)
_cons	2.113**	2.112***	3.222*	5.242***
	(2.35)	(3.79)	(1.81)	(4.26)
Industry FE	Yes	Yes	Yes	Yes
Year FE	Yes	Yes	Yes	Yes
R^2	0.233	0.448	0.441	0.543
N	7 835	7 835	7 835	7 835

注：* 表示在 10% 水平上显著，** 表示在 5% 水平上显著，*** 表示在 1% 水平上显著。括号内是 t 值。

表 5.2.10 结果显示，在控制了战略投资者的创新投入、资产规模、第一大股东持股比例之后，各个变量的系数符号和显著性与基准回归均无明显差异。即在市场寻求动机驱动下，战略投资者的晚期进入行为、联合投资行为以及分阶段投资行为均能够促进其财务绩效的提升。

表 5. 2. 10 控制遗漏变量：市场寻求动机下战略投资者投资行为与财务绩效

财务绩效	模型 1	模型 2	模型 3	模型 4
Time		-0.031^{**}		
		(-2.19)		
Synd			0.047^{**}	
			(2.29)	
Stage				0.022^{*}
				(1.78)
Expe	0.071^{**}	0.042^{**}	0.042^{**}	0.041^{**}
	(2.19)	(2.21)	(2.26)	(2.11)
Age	0.013^{*}	0.022^{*}	0.046^{*}	0.011^{*}
	(1.81)	(1.82)	(1.89)	(1.89)
Size	0.157^{*}	0.247^{*}	0.011^{*}	0.102^{*}
	(1.81)	(1.86)	(1.71)	(1.81)
Lev	0.023^{*}	0.086^{*}	0.021	0.016^{*}
	(1.78)	(1.81)	(1.41)	(1.93)
HNTE	0.342^{**}	0.602^{**}	0.213^{**}	0.682^{**}
	(2.19)	(2.21)	(2.24)	(2.47)
Firm_Inv	0.046^{**}	0.049^{**}	0.031^{*}	0.043^{**}
	(1.99)	(2.17)	(1.79)	(2.37)
Firm_Tq	0.056^{*}	0.035^{*}	0.217^{**}	0.138^{**}
	(1.95)	(1.87)	(2.08)	(2.16)
RDS	0.087^{*}	0.082^{*}	0.032^{*}	0.201^{*}
	(1.78)	(1.78)	(1.88)	(1.89)
Asset	0.062^{*}	0.131^{*}	0.052^{*}	0.101^{*}
	(1.89)	(1.81)	(1.76)	(1.74)
Top	0.145^{**}	0.064^{**}	0.021^{**}	0.854^{**}
	(1.99)	(2.36)	(2.26)	(2.31)
_cons	2.113^{**}	2.108^{***}	3.222^{*}	5.241^{***}
	(2.35)	(3.78)	(1.81)	(4.26)
Industry FE	Yes	Yes	Yes	Yes

财务绩效	模型 1	模型 2	模型 3	模型 4
Year FE	Yes	Yes	Yes	Yes
R^2	0.233	0.448	0.441	0.543
N	7 835	7 835	7 835	7 835

注：* 表示在 10% 水平上显著，** 表示在 5% 水平上显著，*** 表示在 1% 水平上显著。括号内是 t 值。

5.2.6　稳健性检验

冯根福等[279]指出，企业所拥有的专利代表了其技术资源水平，是企业的技术研发的成果的体现。因此，本书用战略投资者获得国家知识产权局授权的所有专利数量作为替代变量（专利数量 Patent_1），用来衡量战略投资者的创新绩效，进行稳健性检验。战略投资者投资行为对创新绩效的稳健性检验结果如表5.2.11 所示，在战略投资者市场寻求型动机的驱动下，战略投资者的晚期进入行为能够促进创新绩效的提升；战略投资者的联合投资行为对创新绩效具有正向影响；战略投资者的分阶段投资行为对创新绩效具有正向影响，与前文假设一致。

表 5.2.11　市场寻求动机下战略投资者投资行为与创新绩效的稳健性检验

创新绩效	模型 1	模型 2	模型 3	模型 4
Time		-0.032^{**}		
		(-2.26)		
Synd			0.041^{**}	
			(2.21)	
Stage				0.062^{**}
				(2.19)
Expe	0.112^{*}	0.032^{*}	0.0621^{*}	0.013^{*}
	(1.78)	(1.89)	(1.78)	(1.78)
Age	0.021^{**}	0.043^{**}	0.202^{**}	0.074^{**}
	(2.13)	(1.98)	(2.19)	(2.18)
Size	0.041^{**}	0.072^{**}	0.035^{**}	0.021^{**}
	(1.99)	(2.32)	(1.98)	(2.11)
Lev	0.042^{*}	0.021	0.043^{*}	0.052
	(1.89)	(1.51)	(1.84)	(1.61)

续表

创新绩效	模型 1	模型 2	模型 3	模型 4
HNTE	0.021*	0.032*	0.044*	0.032*
	(1.81)	(1.78)	(1.79)	(1.79)
Firm_Inv	0.033*	0.054*	0.033*	0.041*
	(1.87)	(1.89)	(1.78)	(1.86)
Firm_Tq	0.022*	0.011*	0.001*	0.032*
	(1.79)	(1.77)	(1.89)	(1.71)
_cons	3.266**	3.139***	3.051***	3.282***
	(2.31)	(3.19)	(3.59)	(3.29)
Industry FE	Yes	Yes	Yes	Yes
Year FE	Yes	Yes	Yes	Yes
R^2	0.143	0.189	0.175	0.301
N	7 835	7 835	7 835	7 835

注: * 表示在 10% 水平上显著, ** 表示在 5% 水平上显著, *** 表示在 1% 水平上显著。括号内是 t 值。

净资产收益率(ROE)＝净利润/净资产,又称股东权益报酬率,表示每单位净资产创造利润能力的大小,反映了企业自有资本的盈利能力。为了检验战略投资者投资行为对财务绩效的稳健性结果,本书选择净资产收益率(ROE)作为资产收益率(ROA)的替代指标进行稳健性检验,以增强结果的可靠性。稳健性检验结果表明,在战略投资者市场寻求型动机的驱动下,战略投资者的晚期进入行为能够促进财务绩效的提升,战略投资者的联合投资行为能够正向影响财务绩效,战略投资者的分阶段投资行为也能够正向影响财务绩效,与前文假设一致。

表 5.2.12　市场寻求动机下战略投资者投资行为与财务绩效的稳健性检验

财务绩效	模型 1	模型 2	模型 3	模型 4
Time		−0.053**		
		(−1.98)		
Synd			0.071**	
			(2.44)	
Stage				0.042**
				(2.49)

财务绩效	模型 1	模型 2	模型 3	模型 4
Expe	0.017*	0.042*	0.012*	0.031*
	(1.79)	(1.71)	(1.78)	(1.72)
Age	0.042**	0.021**	0.053**	0.045**
	(2.25)	(2.18)	(2.11)	(2.38)
Size	0.031**	0.012**	0.014**	0.025**
	(2.09)	(2.18)	(2.01)	(2.14)
Lev	0.052*	0.061*	0.042	0.021
	(1.78)	(1.93)	(1.51)	(1.42)
HNTE	0.032*	0.032*	0.011*	0.022*
	(1.79)	(1.88)	(1.69)	(1.89)
Firm_Inv	0.008*	0.021	0.016*	0.023*
	(1.78)	(1.68)	(1.89)	(1.75)
Firm_Tq	0.051*	0.052*	0.036*	0.041*
	(1.81)	(1.77)	(1.84)	(1.87)
_cons	2.051**	2.003***	2.562***	3.012***
	(2.13)	(3.32)	(3.39)	(3.48)
Industry FE	Yes	Yes	Yes	Yes
Year FE	Yes	Yes	Yes	Yes
R^2	0.189	0.266	0.314	0.323
N	7 835	7 835	7 835	7 835

注：* 表示在 10% 水平上显著，** 表示在 5% 水平上显著，*** 表示在 1% 水平上显著。括号内是 t 值。

5.2.7 进一步分析

战略投资者进行投资之后，其是否能够提高其创新绩效和财务绩效，一方面在于其能否从被投资者企业中吸收有用的资源和知识，另一方面在于其能否较深入地参与被投资企业的经营管理。基于此，战略投资者投资行为对投资绩效的作用效果还受到战略投资者吸收能力和参与程度的影响。因此，本书进一步加入战略投资者的吸收能力与参与程度对上述影响的调节效应，如图 5.2.1。

（1）市场寻求动机下战略投资者投资行为、吸收能力与投资绩效

战略投资者可以借助外部企业的知识溢出效应，通过不断对外学习，汲取经

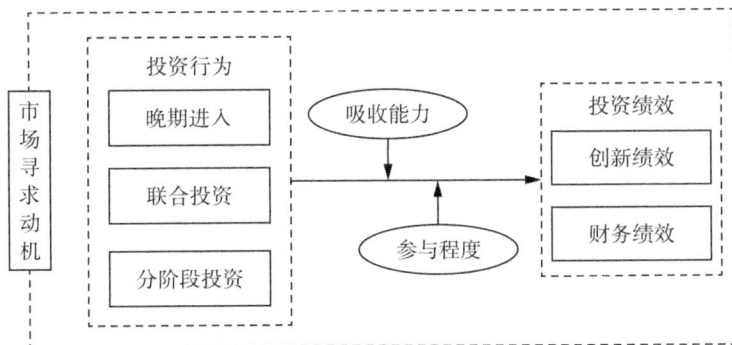

图 5.2.1　战略投资者吸收能力和参与程度的调节效应图

验,从而实现企业价值的提升。但是,对于战略投资者而言,不仅需要对外学习的能力,更需要提升自身的吸收能力。吸收能力是指企业对于显性或隐性知识的理解和消化的过程,是一个极其复杂并且需要不断学习探索的过程,是否拥有吸收能力一定程度上决定了战略投资者能否学习到其他企业的知识,能否获得投资绩效。吸收能力强的战略投资者,在其与被投资企业的合作中,能够清晰判断出有意义的知识与经验,不断学习总结,促进战略投资者与被投资企业之间知识信息的互通融合,从而取长补短,互帮互助,实现共赢。战略投资者以寻求市场为投资动机,若其具备较强的吸收能力,则能够充分地参与被投资企业的经营,积累市场网络资源和营销资源,实现资源之间的互通连接,实现市场要素在双方之间流动,进一步通过被投资企业的市场资源,开拓新业务,推出新产品,最终提高投资效益。因此,在战略投资者市场寻求动机下,战略投资者吸收能力还将会影响其晚期进入行为、联合投资行为以及分阶段投资行为对投资绩效的作用。

基于此,本书用员工中研发人员所占比例(R&Dstaff)来替代战略投资者的吸收能力(Absorbility)。然后,设置实证模型 5.7—5.12,运用 STATA16 统计软件,采用多元回归模型进行实证分析。得出的结果如表 5.2.13 和表 5.2.14 所示。

$$
\begin{aligned}
\text{Patent}_{it} = {} & \beta_0 + \beta_1 \text{Time}_{it} + \beta_2 \text{Absorbility}_{it} + \beta_3 \text{Time}_{it} \times \text{Absorbility}_{it} \\
& + \beta_4 CV_{it} + \varepsilon_{it}
\end{aligned} \tag{5.7}
$$

$$
\begin{aligned}
\text{Patent}_{it} = {} & \beta_0 + \beta_1 \text{Synd}_{it} + \beta_2 \text{Absorbility}_{it} + \beta_3 \text{Synd}_{it} \times \text{Absorbility}_{it} \\
& + \beta_4 CV_{it} + \varepsilon_{it}
\end{aligned} \tag{5.8}
$$

$$
\begin{aligned}
\text{Patent}_{it} = {} & \beta_0 + \beta_1 \text{Stage}_{it} + \beta_2 \text{Absorbility}_{it} + \beta_3 \text{Stage}_{it} \times \text{Absorbility}_{it} \\
& + \beta_4 CV_{it} + \varepsilon_{it}
\end{aligned} \tag{5.9}
$$

$$\mathrm{ROA}_{it} = \beta_0 + \beta_1 \mathrm{Time}_{it} + \beta_2 \mathrm{Absorbility}_{it} + \beta_3 \mathrm{Time}_{it} \times \mathrm{Absorbility}_{it}$$
$$+ \beta_4 CV_{it} + \varepsilon_{it} \tag{5.10}$$

$$\mathrm{ROA}_{it} = \beta_0 + \beta_1 \mathrm{Synd}_{it} + \beta_2 \mathrm{Absorbility}_{it} + \beta_3 \mathrm{Synd}_{it} \times \mathrm{Absorbility}_{it}$$
$$+ \beta_4 CV_{it} + \varepsilon_{it} \tag{5.11}$$

$$\mathrm{ROA}_{it} = \beta_0 + \beta_1 \mathrm{Stage}_{it} + \beta_2 \mathrm{Absorbility}_{it} + \beta_3 \mathrm{Stage}_{it} \times \mathrm{Absorbility}_{it}$$
$$+ \beta_4 CV_{it} + \varepsilon_{it} \tag{5.12}$$

①市场寻求动机下战略投资者投资行为、吸收能力与创新绩效

如表 5.2.13 所示,在市场寻求型动机驱动下,吸收能力与战略投资者进入时机的交乘项在 10% 的水平上显著为负,吸收能力与战略投资者联合投资的交乘项在 10% 的水平上显著为正,吸收能力与战略投资者分阶段投资的交乘项在 5% 的水平上显著为正。上述结果表明,战略投资者的吸收能力可以正向调节晚期投资、联合投资和分阶段投资对创新绩效的影响。这是因为,一方面,企业吸收能力帮助企业识别被投资企业的信息,将其现有知识与被投资企业的新知识相融合,从而产生新的思维模式;另一方面,吸收能力包括获取与消化外部知识的能力,这些能力均能促进战略投资者将被投资企业的知识进行转换与利用,进而提升战略投资者的规模经济效应、范围经济效应以及管理效率效应。

表 5.2.13　市场寻求动机下战略投资者投资行为、吸收能力与创新绩效

创新绩效	模型 1	模型 2	模型 3
Time	-0.011^*		
	(-1.79)		
Absorbility	0.052^*		
	(1.88)		
Time* Absorbility	-0.031^*		
	(-1.81)		
Synd		0.031^*	
		(1.88)	
Absorbility		0.412^*	
		(1.89)	
Synd* Absorbility		0.116^*	
		(1.71)	

创新绩效	模型 1	模型 2	模型 3
Stage			0.361**
			(2.31)
Absorbility			0.602**
			(2.49)
Stage* Absorbility			0.452**
			(2.12)
Expe	0.022*	0.031*	0.063*
	(1.79)	(1.79)	(1.89)
Age	0.311**	0.524**	0.02**
	(1.98)	(2.41)	(2.21)
Size	0.612**	0.721**	0.742**
	(2.48)	(2.32)	(2.16)
Lev	0.102*	0.091*	0.083*
	(1.81)	(1.71)	(1.79)
HNTE	0.314*	0.445*	0.212*
	(1.82)	(1.78)	(1.82)
Firm_Inv	0.576*	0.638*	0.629*
	(1.79)	(1.81)	(1.75)
Firm_Tq	0.031*	0.021*	0.025*
	(1.79)	(1.88)	(1.82)
_cons	3.172***	3.022***	3.801***
	(3.59)	(3.41)	(3.42)
Industry FE	Yes	Yes	Yes
Year FE	Yes	Yes	Yes
R^2	0.216	0.243	0.315
N	7 835	7 835	7 835

注：* 表示在 10% 水平上显著，** 表示在 5% 水平上显著，*** 表示在 1% 水平上显著。括号内是 t 值。

②市场寻求动机下战略投资者投资行为、吸收能力与财务绩效

如表 5.2.14 所示，在市场寻求型动机驱动下，吸收能力与战略投资者进入

时机的交乘项在10%的水平上显著为负,吸收能力与战略投资者联合投资的交乘项在10%的水平上显著为正,吸收能力与战略投资者分阶段投资的交乘项在5%的水平上显著为正。上述结果表明,战略投资者的吸收能力可以正向调节晚期投资、联合投资和分阶段投资行为对财务绩效的影响。这是因为,一方面,吸收能力强的战略投资者一般具有较强的学习、整合外部信息的能力,并且能够将被投资企业的知识转化为战略投资者企业的内部知识资本;另一方面,吸收能力强的战略投资者能够识别、吸收被投资企业有价值的知识,并且能够将被投资企业的知识资源加以应用与开发,进而提升规模经济效应、范围经济效应以及管理效率效应。

表5.2.14 市场寻求动机下战略投资者投资行为、吸收能力与财务绩效

财务绩效	模型1	模型2	模型3
Time	-0.028^*		
	(-1.89)		
Absorbility	0.042^*		
	(1.71)		
Time* Absorbility	-0.051^*		
	(-1.81)		
Synd		0.611^*	
		(1.72)	
Absorbility		0.712^*	
		(1.71)	
Synd* Absorbility		0.408^*	
		(1.82)	
Stage			0.305^{**}
			(2.22)
Absorbility			0.412^{**}
			(2.31)
Stage* Absorbility			0.504^*
			(1.79)
Expe	0.057^*	0.041^*	0.063^*
	(1.79)	(1.78)	(1.81)

财务绩效	模型1	模型2	模型3
Age	0.212**	0.148**	0.139**
	(2.19)	(2.26)	(2.27)
Size	0.542**	0.212**	0.304**
	(2.23)	(2.11)	(1.99)
Lev	0.091*	0.062*	0.087*
	(1.89)	(1.81)	(1.71)
HNTE	0.232*	0.326*	0.268*
	(1.81)	(1.94)	(1.78)
Firm_Inv	0.581*	0.638*	0.629*
	(1.93)	(1.82)	(1.71)
Firm_Tq	0.025*	0.021*	0.027*
	(1.79)	(1.92)	(1.81)
_cons	3.12***	3.01***	3.224***
	(3.28)	(3.82)	(3.27)
Industry FE	Yes	Yes	Yes
Year FE	Yes	Yes	Yes
R^2	0.217	0.288	0.304
N	7 835	7 835	7 835

注：* 表示在10%水平上显著，** 表示在5%水平上显著，*** 表示在1%水平上显著。括号内是 t 值。

（2）市场寻求动机下战略投资者投资行为、参与程度与投资绩效

战略投资者的参与程度越高，对被投资企业管理决策的参与程度越大，意味着战略投资者与被投资企业的沟通程度与信任程度越深。因此，战略投资者可以及时寻求以及利用被投资企业的异质性知识与信息，有助于获得投资效益。战略投资者以寻求市场为投资动机，若其参与程度越高，便能更高效、更准确地汲取被投资企业的生产经验和营销经验，整合市场网络相关资源，从而充分提高战略投资者开发、销售新品的能力，进而推动其实现投资目标。此外，战略投资者在市场寻求动机下，更加期望借助被投资企业的营销方式，参与被投资企业的生产经营，实现高程度的参与，从而增强战略投资者与被投资企业的凝聚力，提高双方的合作效率，实现深入交流和信息互通，进而提高合作效益。因此，在战略投资者市场寻求动机下，其晚期进入、联合投资以及分阶段投资行为对投资绩

效的影响还受到战略投资者参与程度(Participation)的作用。

基于此,本书用战略投资者在被投资企业中所占的比例(ratio)来替代战略投资者的参与程度(Participation)。设置实证模型 5.13—5.18,运用 STATA 16 软件,采用多元回归模型进行实证分析。得出的结果如表 5.2.15 和表 5.2.16 所示。

$$\text{Patent}_{it} = \beta_0 + \beta_1 \text{Time}_{it} + \beta_2 \text{Participation}_{it} + \beta_3 \text{Time}_{it} \times \text{Participation}_{it}$$
$$+ \beta_4 CV_{it} + \varepsilon_{it} \tag{5.13}$$

$$\text{Patent}_{it} = \beta_0 + \beta_1 \text{Synd}_{it} + \beta_2 \text{Participation}_{it} + \beta_3 \text{Synd}_{it} \times \text{Participation}_{it}$$
$$+ \beta_4 CV_{it} + \varepsilon_{it} \tag{5.14}$$

$$\text{Patent}_{it} = \beta_0 + \beta_1 \text{Stage}_{it} + \beta_2 \text{Participation}_{it} + \beta_3 \text{Stage}_{it} \times \text{Participation}_{it}$$
$$+ \beta_4 CV_{it} + \varepsilon_{it} \tag{5.15}$$

$$\text{ROA}_{it} = \beta_0 + \beta_1 \text{Time}_{it} + \beta_2 \text{Participation}_{it} + \beta_3 \text{Time}_{it} \times \text{Participation}_{it}$$
$$+ \beta_4 CV_{it} + \varepsilon_{it} \tag{5.16}$$

$$\text{ROA}_{it} = \beta_0 + \beta_1 \text{Synd}_{it} + \beta_2 \text{Participation}_{it} + \beta_3 \text{Synd}_{it} \times \text{Participation}_{it}$$
$$+ \beta_4 CV_{it} + \varepsilon_{it} \tag{5.17}$$

$$\text{ROA}_{it} = \beta_0 + \beta_1 \text{Stage}_{it} + \beta_2 \text{Participation}_{it} + \beta_3 \text{Stage}_{it} \times \text{Participation}_{it}$$
$$+ \beta_4 CV_{it} + \varepsilon_{it} \tag{5.18}$$

①市场寻求动机下战略投资者投资行为、参与程度与创新绩效

如表 5.2.15 模型 1 所示,在市场寻求型动机驱动下,参与程度与战略投资者进入时机的交乘项在 10%的水平上显著为负,参与程度与战略投资者联合投资的交乘项在 10%的水平上显著为正,参与程度与战略投资者分阶段投资的交乘项在 5%的水平上显著为正。上述结果表明,战略投资者的参与程度可以正向调节晚期投资、联合投资和分阶段投资行为对创新绩效的影响。这是因为,较高的参与程度对战略投资者来说意味着其在所投资的企业中拥有的管理权和决策权较大,能够从被投资企业中获取更多有价值的资源,进而进一步提升战略投资者的规模经济效应、范围经济效应以及管理效率效应。

表 5.2.15　市场寻求动机下战略投资者投资行为、参与程度与创新绩效

创新绩效	模型 1	模型 2	模型 3
Time	-0.022^*		
	(-1.78)		
Participation	0.051^*		
	(1.71)		

续表

创新绩效	模型 1	模型 2	模型 3
Time* Participation	-0.028^{*}		
	(-1.83)		
Synd		0.711^{*}	
		(1.92)	
Participation		0.727^{*}	
		(1.89)	
Synd* Participation		0.543^{*}	
		(1.79)	
Stage			0.342^{**}
			(2.11)
Participation			0.413^{**}
			(2.42)
Stage* Participation			0.412^{**}
			(2.21)
Expe	0.021^{*}	0.042^{*}	0.012^{*}
	(1.72)	(1.88)	(1.89)
Age	0.503^{**}	0.547^{**}	0.514^{**}
	(1.99)	(2.25)	(2.26)
Size	0.352^{**}	0.411^{**}	0.375^{**}
	(2.26)	(2.19)	(1.97)
Lev	0.041	0.062^{*}	0.026^{*}
	(1.52)	(1.72)	(1.78)
HNTE	0.257^{*}	0.308^{*}	0.326^{*}
	(1.83)	(1.81)	(1.82)
Firm_Inv	0.581^{*}	0.628^{*}	0.619^{*}
	(1.78)	(1.89)	(1.87)
Firm_Tq	0.022^{*}	0.021^{*}	0.026^{*}
	(1.89)	(1.92)	(1.81)
_cons	4.012^{***}	2.557^{***}	3.103^{***}
	(3.57)	(3.39)	(3.68)
Industry FE	Yes	Yes	Yes

创新绩效	模型 1	模型 2	模型 3
Year FE	Yes	Yes	Yes
R^2	0.315	0.301	0.349
N	7 835	7 835	7 835

注:*表示在 10%水平上显著,**表示在 5%水平上显著,***表示在 1%水平上显著。括号内是 t 值。

②市场寻求动机下战略投资者投资行为、参与程度与财务绩效

如表 5.2.16 模型 1 所示,在市场寻求型动机驱动下,参与程度与战略投资者进入时机的交乘项在 10%的水平上显著为负,参与程度与战略投资者联合投资的交乘项在 10%的水平上显著为正,参与程度与战略投资者分阶段投资的交乘项在 10%的水平上显著为正。上述结果表明,战略投资者的参与程度可以正向调节晚期投资、联合投资和分阶段投资行为对财务绩效的影响。这是因为,较高的参与程度对战略投资者来说意味着其在所投资的企业中拥有的管理权和决策权较大,能够从被投资企业中获取更多有价值的资源,进一步提升战略投资者的规模经济效应、范围经济效应以及管理效率效应。

表 5.2.16　市场寻求动机下战略投资者投资行为、参与程度与财务绩效

财务绩效	模型 1	模型 2	模型 3
Time	−0.032*		
	(−1.86)		
Participation	0.056*		
	(1.81)		
Time* Participation	−0.014*		
	(−1.78)		
Synd		0.612*	
		(1.72)	
Participation		0.708*	
		(1.91)	
Synd* Participation		0.207*	
		(1.88)	
Stage			0.322**
			(2.28)

续表

财务绩效	模型 1	模型 2	模型 3
Participation			0.407*
			(1.91)
Stage* Participation			0.221*
			(1.88)
Expe	0.031*	0.012*	0.044*
	(1.82)	(1.89)	(1.81)
Age	0.601**	0.524**	0.572**
	(2.23)	(2.01)	(1.99)
Size	0.602**	0.681**	0.723**
	(2.05)	(2.14)	(2.38)
Lev	0.055	0.152*	0.043*
	(1.41)	(1.81)	(1.86)
HNTE	0.344*	0.368*	0.321*
	(1.82)	(1.89)	(1.78)
Firm_Inv	0.577*	0.638*	0.631*
	(1.78)	(1.74)	(1.67)
Firm_Tq	0.022*	0.021*	0.026*
	(1.89)	(1.72)	(1.81)
_cons	3.442***	3.212***	3.601***
	(3.81)	(3.69)	(3.59)
Industry FE	Yes	Yes	Yes
Year FE	Yes	Yes	Yes
R^2	0.317	0.298	0.266
N	7 835	7 835	7 835

注：* 表示在 10% 水平上显著，** 表示在 5% 水平上显著，*** 表示在 1% 水平上显著。括号内是 t 值。

5.3　本章小结

本章基于资源基础理论和知识溢出效应理论，将战略投资者的投资绩效分为创新绩效和财务绩效，检验在市场寻求动机下，战略投资者的投资行为对两种投资绩效的异质性影响。此外,本书认为战略投资者投资绩效的提升还取决于战略投资者的吸收能力和参与程度,进而加入了吸收能力和参与程度的调节变量,从理论和实证角度检验战略投资者的吸收能力、参与程度对战略投资者投资行为影响战略投资者绩效的机制。研究发现:(1)在市场寻求动机驱动下,战略投资者的晚期进入行为、联合投资行为以及分阶段投资行为均能够促进其创新绩效和财务绩效的提升,表现为战略投资者不但能够获得规模经济效应,还能够提升范围经济效应,也能够增强管理效率效应,从而利用知识溢出效应,提高其投资绩效。(2)在市场寻求动机驱动下,战略投资者的吸收能力能够增强其投资行为对投资绩效的影响。主要表现为,吸收能力强的战略投资者具有较强的学习、整合外部信息的能力,并且能够将被投资企业的知识转化为战略投资者的内部知识资本,进一步提升战略投资者的规模经济效应、范围经济效应以及管理效率效应,从而增强投资绩效。(3)在市场寻求动机驱动下,战略投资者的参与程度能够增强其投资行为对投资绩效的影响。主要表现为,较高的参与程度对战略投资者来说能够更快、更准确地与被投资企业共享信息资源,能够更有效地寻求并利用所需关键资源和信息,进而提高战略投资者的规模经济效应、范围经济效应以及管理效率效应,创造更多的投资绩效。

本章基于情境化视角，探究在不同外部环境下，通过进入时机、联合—独立投资以及是否分阶段投资策略组合，不同动机的战略投资者实现高绩效的可能路径。具体而言，本章利用定性比较分析方法，实证研究在不同政府支持力度和行业竞争强度影响下，技术寻求和市场寻求动机的战略投资者实现高创新绩效和财务绩效的组态条件，以期将研究成果更好地落地于企业实践。

第六章

战略投资者投资行为对投资绩效影响的组态分析

6.1　问题提出

　　尽管本书的第四、五两章通过实证研究发现，整体而言在技术寻求动机下，战略投资者早期进入行为、独立投资行为、分阶段投资行为对其创新绩效和财务绩效具有正向影响；在市场寻求动机下，战略投资者晚期进入行为、联合投资行为、分阶段投资行为对其创新绩效和财务绩效具有正向影响，但是，同时采用对应的三种类型行为(例如在早期进行分阶段地独立投资)是否会对其绩效产生最为积极的作用这一问题仍然未能通过定量方法予以检验。这是因为，本书认为通过回归模型验证绩效的影响因素具有一定的局限性，这表现在传统的回归思想难以应用于探讨多种行为共同作用下的绩效研究，特别是在不同的行为组合可能会导致水平相当的高绩效或低绩效的情形下，这一局限尤为明显。此外，基于回归分析得到的一些结论在可操作性层面存在一定不足，例如针对战略性投资者的晚期进入行为，在某些情况下是否分阶段投资可能并不重要，晚期进入这一时点特征也可能限制了其选择分阶段投资行为，反之亦然。

　　依据"动机—行为—绩效"框架，本书指出，战略投资者的绩效受到其投资行为的影响。事实上，除了企业自身的行为，外界因素的直接作用和权变影响也十分重要，但这些因素在上文中较少被提及。例如，政府积极的态度和行为能够为战略投资者提供政策、法律和人才等方面的支持，有助于战略投资者更好地利用资源，为企业的创新和发展提供保障。在不同的行业，由于进入退出壁垒、竞争强度不同，以及行业独有的一些特征的影响，战略投资者的行为对其绩效的影响也可能出现微妙的差异。制度逻辑理论以及制度组态的相关研究指出，企业绩效是由企业自身行为以及多种制度因素共同作用产生的结果[269-272]。同时，企业的战略投资受行业和市场环境以及政府政策影响很大，面对复杂多变的行业和政策环境，不同的投资行为组合会有差异性影响，因此可能存在不同的制度和行为组态都会产生高绩效水平的可能性，表现出"殊途同归"的特点，以及类似的行为在不同的制度和行业背景中产生差异性绩效的可能性，表现出"同道殊途"的特点。那么，在什么样的制度背景下，战略投资者的行为会导致更高的创新绩效和财务绩效？在类似或不同的制度背景下，战略投资者又该选择怎样的进入时机以及进入方式组合，以实现更高的创新绩效和财务绩效？对上述问题的回答不但可以补充本书第四章和第五章未能解决的问题，而且可以提高本书研究结果的针对性和可操作性。基于此，本章将引入组态视角，在上文研究的进入时机、独立或联合投资、是否分阶段投资三种类型行为前因的基础上，新引入两个极为关键的外部前因——政府支持力度和行业竞争强度,从而探究在不同政府支持力度和行业竞争强度下,战略投资者实现高绩效或者低绩效的进入时机和进入方式行为组合。

6.2　研究方法

定性比较分析(QCA)是基于布尔代数和集合理论分析组态问题复杂因果关系的方法,也是一种介于案例导向和变量导向之间的一种新型集合分析方法[273]。与传统的多元回归分析相比,QCA 强调某一特定结果并不是前因条件独立影响而出现的,而是多个前因条件的组合所引致。QCA 方法具有多重并发性的特征。其中,多重是指路径的数量,主要是导致某一特定结果的路径可以是多种,而并发则是指产生特定结果的每条路径都是由不同前因变量组成的[274]。因此,该方法在探究某一特定结果产生的复杂前因时具有较优的效果。QCA 根据变量类型分为 csQCA(清晰集定性比较分析)、mvQCA(多值集定性比较分析)和 fsQCA(模糊集定性比较分析)。本书选取被广泛使用的 fsQCA 进行分析,其原因主要有以下几点:

第一,虽然前述章节已经揭示了不同动机下战略投资者采取不同投资行为的创新绩效和财务绩效。但这些分析都是强调单一投资方式对投资绩效的影响,因此我们无法从整体的角度探究战略投资者投资绩效的影响机制。此外,对于战略投资者投资绩效而言,现有文献中关于投资行为与投资绩效之间的关系并未形成统一答案。QCA 方法则可以通过揭示产生高投资绩效的所有前因组合,并揭示不同组合形成特定结果的概率,进而分析变量间的因果关系。因此,该方法可以满足本书探究战略投资者不同投资绩效形成的投资行为组合的需求。

第二,本书的研究在一定程度上揭示了不同投资动机驱动下,战略投资者采取不同的投资行为可以产生不同的投资绩效。但无论是本书的结论还是前人相关研究结果,都无法得出准确的影响关系。这一方面可能是研究的对象并不相同,但更多的可能是因为研究情境不同。如本书上述章节主要针对具体单一投资行为与投资绩效的关系进行分析,而完全忽视了战略投资者所在地区以及所在行业的外部环境。基于 QCA 方法,我们可以通过纳入战略投资者所在地区政府的支持力度以及战略投资者所在行业竞争强度等外部环境变量,综合考虑不同外部环境下产生特定投资绩效的不同投资行为组合。

6.3　数据来源与变量测度

6.3.1　前因变量的选择

结合前文研究,我们发现不同投资动机下,战略投资者采取不同的投资行为会产生不同的投机绩效,认为战略投资者进入时间、战略投资者是否采取联合投资以及战略投资者是否采取分阶段投资三种行为是影响投资创新绩效和财务绩效的重要因素。这些因素的本质都是战略投资者自身的行为因素,但任何一个战略投资者在进行投资行为时,其受市场和政策的影响很大。尤其是在面对复杂多变的行业和政策环境时,不同的投资行为及其组合对投资绩效会产生差异性影响。

首先,从战略投资者所处行业环境来看,行业环境不确定性对投资行为具有非常显著的影响[275]。大量的研究也表明,在面临行业竞争压力或行业发展前景不确定时,理性的投资者会选择暂缓投资或者选择联合投资以分担风险。但这种风险规避行为也会随着战略投资者投资能力以及行为调整能力等因素的变化而发生改变。因此,战略投资者所处行业环境对其投资行为的选择以及组合具有非常重要的影响。

其次,从战略投资者所处政策环境来看,政策环境对战略投资者投资行为和绩效的影响主要体现在政策支持和政策不确定性。无论政策如何变化,如果政策的信息披露不能做到及时、公开、公正,那么与其关联的企业就可能获得先验信息,并且有动机利用这种信息优势积极跟进[275]。另外,外部政策不确定时,即使不存在信息优势,某些类型的企业可能缺乏等待的能力,而必须做出某些投资行为。因此,战略投资者在面临投资政策不确定性,尤其是政策支持力差异时,投资绩效也会存在异质性。

因此,本部分在前文分析的三种投资行为因素的基础上,进一步考虑了战略投资者政策支持力度以及行业内部竞争强度两个外部环境变量,并综合上述五个影响因素作为影响战略投资者投资绩效的前因变量。

6.3.2　变量的定义

本书通过前文分析总结出影响战略投资者投资绩效提高的 5 个影响因素,同时依据 fsQCA 的分析要求,将政策支持力度、行业内部竞争强度、战略投资者进入时间、战略投资者是否采取联合投资以及战略投资者是否采取分阶段投资作为前因条件变量进行设定。关于前因条件变量和结果变量的定义见表 6.3.1。

表 6.3.1　主要变量定义

变量	变量符号	变量定义
进入时机	Time	如果战略投资者该年度每一次投资处于发展早期的企业,则记 $Time_n$ 为 1,否则为 0。Time 的值为战略投资者进入时机的倾向值,由战略投资者每一次的进入时机取值($Time_n$)加总后求平均值,该值越大表明战略投资者越倾向于投资处于发展早期的企业
是否联合投资	Synd	如果战略投资者该年度每一次投资时采用联合投资,则记 $Synd_n$ 为 1,否则为 0。Synd 的值为战略投资者联合投资行为的倾向值,由战略投资者每一次的联合投资行为取值($Synd_n$)加总后求平均值,该值越大表明战略投资者越倾向于采取联合投资
是否分阶段投资	Stage	如果战略投资者该年度每一次投资时采用分阶段投资行为,则记 $Stage_n$ 为 1,否则为 0。Stage 的值为战略投资者分阶段投资行为的倾向值,由战略投资者每一次的分阶段行为取值($Stage_n$)加总后求平均值,该值越大表明战略投资者越倾向于采取分阶段投资
政府投资支持力度	SE	企业所在省份该年度实际投资额
行业竞争强度	CT	1 减去赫芬达尔指数后的差值
创新绩效	Patent	发明专利数,取自然对数
财务绩效	ROA	资产收益率(ROA)=净利润/总资产

（1）战略投资者进入时机(Time)。如果战略投资者该年度每一次投资处于发展早期的企业,则记 $Time_n$ 为 1,否则为 0。Time 的值为战略投资者进入时机的倾向值,由战略投资者每一次的进入时机取值($Time_n$)加总后求平均值,该值越大表明战略投资者越倾向于投资处于发展早期的企业。

（2）战略投资者联合投资行为(Synd)。如果战略投资者该年度每一次投资时采用联合投资行为,则记 $Synd_n$ 为 1,否则为 0。Synd 的值为战略投资者联合投资行为的倾向值,由战略投资者每一次的联合投资行为取值($Synd_n$)加总后求平均值,该值越大表明战略投资者越倾向于采取联合投资行为。

（3）战略投资者分阶段投资行为(Stage)。如果战略投资者该年度每一次投资时采用分阶段投资行为,则记 $Stage_n$ 为 1,否则为 0。Stage 的值为战略投资者分阶段投资行为的倾向值,由战略投资者每一次的分阶段投资行为取值($Stage_n$)加总后求平均值,该值越大表明战略投资者越倾向于采取分阶段投资。

（4）政府投资支持力度(SE)。参考罗知和徐现祥[276]的研究,以企业所在省份该年度实际投资额作为政府投资支持力度(SE)。该值越大表明政府投资支持力度对战略投资行为的支持力度越大。

（5）行业竞争强度（CT）。参考张军等[277]的相关研究，本书以 1 减去赫芬达尔指数后的差值，衡量样本企业所处行业的竞争强度（CT）。具体公式为：

$$CT = 1 - HHI = 1 - \sum \left[(Xi/X)^2 \right]$$

其中，CT 为样本企业所处行业的竞争强度，该值越大，表明样本企业所在行业的内部竞争强度较大。HHI 为赫芬达尔指数，指某一行业内的每家公司的主营业务收入与行业主营业务收入合计的比值的平方累加，该值越接近 1，说明行业内部竞争强度越小。

（6）战略投资者创新绩效（Patent）。本书的被解释变量为战略投资者的创新绩效。关于创新绩效的测量方式，目前的大多学者都采用企业申请或获得的专利数量衡量，且未区分发明专利、外观设计专利和实用新型专利的类别。其中，发明专利的技术含量最高，创新性最大，通常授权给具有突破性的、独创性的专利技术或方法，最能体现申请人的创新能力。鉴于战略投资者的技术寻求动机是为了寻求技术的突破，因而本书选取企业每年获得的发明专利（Patent）作为衡量创新绩效的指标，数据来自国家知识产权局网站。

（7）战略投资者财务绩效（ROA）。大部分学者衡量企业财务绩效均使用 ROA 作为指标，该指标能够表示每单位资产创造利润能力的大小，是企业盈利能力的反映。基于此，本书用资产收益率（ROA）来衡量战略投资者的财务绩效。资产收益率（ROA）＝净利润/总资产。

本章涉及部分数据与前文第五章和第六章来源相同，不再赘述。企业所在省份该年度实际投资额的相关数据来自历年《中国统计年鉴》，行业竞争强度的数据则来自国泰安数据库（CSMAR）。

6.4　技术寻求动机下战略投资者投资绩效的组态分析

6.4.1　数据校准

采用 fsQCA 方法需要对原数据进行再校准，将其转化为集合隶属，而校准就是给案例赋予集合隶属的过程。模糊集方法要求根据理论概念设定目标集合，并根据恰当的标准和外部知识设定 3 个临界值：完全隶属、交叉点和完全不隶属，转化后的集合隶属度介于 0～1 之间。参考前人的相关研究，本书设置 5 个条件变量和 2 个结果变量的 5%、50% 以及 95% 分位数为完全不隶属、交叉点和完全隶属的三个锚点。

6.4.2 必要条件分析

在进行组态分析之前,需要对单个变量进行必要条件分析,检验单项前因变量对投资的创新绩效和财务绩效的必要性。必要性分析的两个核心指标为一致性(Consistency)和覆盖度(Coverage)。一般认为当某一前因条件的一致性水平大于0.9时,该条件就是特定结果的一个必要条件,即实现特定结果时,该前因条件必然存在。覆盖度则是衡量某一前因变量对特定结果的解释力度[269]。从表6.4.1和表6.4.2中可以得知,本研究所选取的样本中所有影响因素的一致性水平都没有超过0.9。因此,这些影响因素均不是技术寻求动机下战略投资者产生高投资绩效和高财务绩效的必要条件。

表 6.4.1 技术寻求动机下战略投资者创新绩效的必要条件分析

前因条件	创新绩效($Firm\_Inv$)		～创新绩效(～$Firm\_Inv$)	
	一致性	覆盖度	一致性	覆盖度
政府支持力度(SE)	0.622	0.581	0.350	0.351
～政府支持力度(～SE)	0.234	0.233	0.602	0.522
行业竞争强度(CT)	0.638	0.625	0.440	0.334
～行业竞争强度(～CT)	0.351	0.429	0.568	0.456
早期进入($Time$)	0.787	0.434	0.451	0.435
～早期进入(～$Time$)	0.443	0.567	0.340	0.544
联合投资($Synd$)	0.558	0.638	0.256	0.266
～联合投资(～$Synd$)	0.436	0.627	0.403	0.628
分阶段投资($Stage$)	0.605	0.571	0.338	0.332
～分阶段投资(～$Stage$)	0.459	0.569	0.568	0.601

注:"～"表示为逻辑运算的"非",可理解为低水平.

对于技术寻求动机下的战略投资者而言,政策支持力度、行业内部竞争强度、战略投资者进入时间、战略投资者是否采取联合投资以及战略投资者是否采取分阶段投资都不是导致高创新绩效和高财务绩效的必要条件。由此可见,对于技术寻求动机下的战略投资者而言,上述单一变量均无法对战略投资者的高创新绩效和高财务绩效产生决定性作用。技术寻求动机下的战略投资者需要多种前因变量以组合形式共同产生作用。因此,有必要将上述5个前因条件进行组合分析,进一步探究其所构成的前因条件组合对技术寻求动机下的战略投资者取得高创新绩效和高财务绩效的影响。

表 6.4.2　技术寻求动机下战略投资者财务绩效的必要条件分析

前因条件	财务绩效($Firm\_Tq$)		～财务绩效(～$Firm\_Tq$)	
	一致性	覆盖度	一致性	覆盖度
政府支持力度(SE)	0.609	0.708	0.529	0.541
～政府支持力度(～SE)	0.516	0.419	0.731	0.733
行业竞争强度(CT)	0.752	0.793	0.513	0.637
～行业竞争强度(～CT)	0.638	0.450	0.794	0.715
早期进入($Time$)	0.616	0.415	0.645	0.689
～早期进入(～$Time$)	0.815	0.887	0.417	0.603
联合投资($Synd$)	0.847	0.685	0.584	0.510
～联合投资(～$Synd$)	0.617	0.419	0.619	0.754
分阶段投资($Stage$)	0.761	0.615	0.475	0.463
～分阶段投资(～$Stage$)	0.612	0.532	0.638	0.768

注："～"表示为逻辑运算的"非",可理解为低水平。

6.4.3　组态关系的分析

本书在组态关系的分析中,参照杜运周等[269]的研究,将样本频数阈值设定为 1,原始一致性的阈值设定为 0.8,同时将 PRI 值设置为 0.7。定性比较分析方法通过计算简单解(parsimonious solution)、中间解(intermediate solution)以及复杂解(complex solution)等三种解,给出导致结果产生的对应组态。参考Fiss[271]、贾建锋等[270]的研究,本书主要使用中间解作为分析和讨论的主要组态类型,并通过对比简单解和中间解,将只出现在中间解中的因素确定为边缘条件,将同时出现在简单解和中间解中的因素确定为核心条件。技术寻求动机下战略投资者实现高创新绩效的条件组态结果如表 6.4.3 所示。可以发现,高创新绩效中间解的总体一致性为 0.908,总体覆盖度为 0.575。从单个组态来看,四种组态的一致性范围在 0.896 到 0.936 之间,符合 fsQCA 的经验标准[271]。四种组态中,组态 S1 的原始覆盖度最高,为 0.395;组态 S2 的唯一覆盖度最高,为 0.037,这表明组态 S1 和 S2 经验相关性较强。为方便比较组态间的异同点,对这四种导致高创新绩效的组态分别进行命名,即"政府支持下早期分阶段投资行为"、"行业竞争下早期分阶段投资行为"、"朝阳行业分阶段投资行为"以及"政府引导下早期投资行为",接下来详细分析每一种导致高创新绩效的组态。

表 6.4.3　技术寻求动机下实现战略投资者高创新绩效的条件组态

前因变量	条件组态			
	S1	S2	S3	S4
政府支持力度（SE）	●		●	●
行业竞争强度（CT）		●	⊗	⊗
进入时机（Time）	●	●	⊗	●
联合投资（Synd）	⊗	⊗		⊗
分阶段投资（Stage）	●	●	●	●
一致性	0.896	0.918	0.915	0.936
原始覆盖度	0.395	0.143	0.163	0.168
唯一覆盖度	0.033	0.037	0.029	0.027
总体一致性	0.908			
总体覆盖度	0.575			

注：●为核心条件存在，•为边缘条件存在，⊗为核心条件缺失，⊘为边缘条件缺失。

第一，政府支持下早期分阶段投资行为。组态 S1 显示强政府支持力度、早期进入行为和分阶段投资行为为核心条件，互补独立投资行为为边缘条件可以导致高创新绩效。该组态表明，在政府大力支持企业投资的情况下，企业可以通过早期、分阶段投资行为获得高创新绩效。具体而言，在政府积极支持企业投资的地区会有较为完善的激励和保护政策，因此缓解了具有技术获取动机的战略投资者的后顾之忧，使其更有可能在早期便参与到被投资者企业经营活动中，并采取分阶段投资行为，更充分地承接创新资源、享受知识溢出。同时，由于利好的政府政策可以降低风险和不确定性，也使得战略投资者更容易获得其他重要资源，因此具有技术获取动机的战略投资者也更有可能通过独立投资而非联合投资，专享而非与他人共享被投资企业的技术。

第二，行业竞争下早期分阶段投资行为。组态 S2 显示高行业竞争强度、早期进入和独立投资为核心条件，互补分阶段投资行为为边缘条件可以导致高创新绩效。该组态表明，在行业竞争强度高的情况下，企业可以通过早期、独立投资行为获得高创新绩效。具体而言，在竞争激烈的行业，技术和市场瞬息万变，企业面临巨大的技术压力。在这种情况下，具有技术获取动机的战略投资者更倾向于在早期通过独立投资行为先发制人，专享被投资企业的技术，形成竞争优势。同时，分阶段投资也可以通过社会资本促进效应、人力资本提升效应、结构资本改善效应，使得战略投资者进一步承接被投资企业的知识溢出。

第三,朝阳行业分阶段投资行为。组态 S3 显示非高行业竞争强度和分阶段投资为核心条件,互补强政府支持力度、晚期进入为边缘条件可以导致高创新绩效。该组态表明,在行业竞争强度低的情况下,企业可以通过分阶段投资获得高创新绩效。具体而言,在竞争强度低的朝阳行业,具有技术获取动机的战略投资者有更多时间考察目标企业,因而会通过分阶段投资更充分地学习所投资企业的创新资源,同时分阶段投资也可以降低试错成本。同时,竞争强度较低也使得战略投资者在投资活动中占据主动权,因此可以在晚期投资于自己长期观察后看好的企业。由于诸如战略性新兴产业往往也具有朝阳行业的属性,因此在政府支持力度大的地区,战略投资者也更有可能获得高创新绩效。

第四,政府引导下早期投资行为。组态 S4 显示强政府支持力度、非高行业竞争强度、早期进入和独立投资为核心条件,互补分阶段投资行为为边缘条件可以导致高创新绩效。该组态表明,在政府支持企业投资、行业竞争强度低的情况下,企业可以通过早期独立投资行为获得高创新绩效。具体而言,在政府积极引导企业投资的地区,战略投资者可以通过早期进入、独立投资布局朝阳行业,更早地培养竞争优势。同时,战略投资者的独立投资行为也有可能是由于对于未来的前瞻性判断,难以找到志同道合者。此外,分阶段投资行为也可以使得战略投资者充分承接知识溢出,并降低试错成本。

本书也检验了技术寻求动机下战略投资者非高创新绩效的条件组态(如表6.4.4 所示),发现三种组态产生非高创新绩效,分别是:(1)弱政府支持力度、高行业竞争强度、一次性投资行为为核心条件可以导致非高创新绩效。(2)非早期进入、联合投资为核心条件,互补高行业竞争强度为边缘条件可以导致非高创新绩效。(3)联合投资为核心条件,互补弱政府支持力度、晚期进入行为、一次性投资行为为边缘条件可以导致非高创新绩效。总的来说,这三种组态或是发生在政府未积极鼓励企业投资行为的地区,或是出现于竞争激烈的行业中,且企业或是晚期进入、采取联合投资,或是一次性投资,存在急功近利心理。

表 6.4.4　技术寻求动机下实现战略投资者非高创新绩效的条件组态

前因变量	条件组态		
	S1	S2	S3
政府支持力度(SE)	⊗		⊗
行业竞争强度(CT)	●	●	
进入时机(Time)		⊗	⊗
联合投资(Synd)		●	●

续表

前因变量	条件组态		
	S1	S2	S3
分阶段投资（Stage）	⊗		⊗
一致性	0.891	0.923	0.913
原始覆盖度	0.217	0.191	0.165
唯一覆盖度	0.029	0.021	0.025
总体一致性		0.905	
总体覆盖度		0.503	

注：●为核心条件存在，•为边缘条件存在，⊗为核心条件缺失，⊗为边缘条件缺失。

通过对比技术寻求动机下实现高创新绩效和非高创新绩效的条件组态，本书发现：（1）早期进入行为在三种实现高创新绩效的条件组态中存在（三种均为核心条件存在），在一种实现高创新绩效的条件组态中缺失（边缘条件缺失），在两种实现非高创新绩效的条件组态中缺失（一种核心条件缺失、一种边缘条件缺失）。（2）联合投资行为在三种实现高创新绩效的条件组态中缺失（两种核心条件缺失、一种边缘条件缺失），在两种实现非高创新绩效的条件组态中存在（均为核心条件存在）。（3）分阶段投资行为在四种实现高创新绩效的条件组态中均存在（两种核心条件存在、两种边缘条件存在），在两种实现非高创新绩效的条件组态中缺失（一种核心条件缺失、一种边缘条件缺失）。以上结果一方面进一步验证了第四章的结论，即技术寻求动机下战略投资者早期进入行为、独立投资行为、分阶段投资行为对创新绩效具有积极影响；另一方面也表明，战略投资者为达技术寻求目标，不必同时采取早期进入、独立投资且分阶段投资行为，而应结合政府政策和行业竞争发展实际情况，采取切实可行的策略。

技术寻求动机下战略投资者实现高财务绩效的条件组态结果如表 6.4.5 所示。可以发现，高财务绩效中间解的总体一致性为 0.957，总体覆盖度为 0.724。从单个组态来看，五种组态的一致性范围在 0.913 到 0.975 之间，符合 fsQCA 的经验标准。为方便比较组态间的异同点，对这五种导致高财务绩效的组态分别进行命名，即"行业竞争下早期分阶段联合投资行为"、"政府支持下早期独立投资行为"、"政府支持下早期分阶段联合投资行为"、"政府支持缺失下联合投资行为"以及"行业竞争下分阶段联合投资行为"，接下来详细分析每一种导致高财务绩效的组态。

表 6.4.5　技术寻求动机下实现战略投资者高财务绩效的条件组态

前因变量	条件组态				
	S1	S2	S3	S4	S5
政府支持力度（SE）		●	●	⊗	●
行业竞争强度（CT）	●	●	⊗		●
进入时机（Time）	●	●	●	⊘	⊘
联合投资（Synd）	●	⊗	●	●	●
分阶段投资（Stage）	●		●	●	●
一致性	0.953	0.958	0.966	0.913	0.975
原始覆盖度	0.336	0.437	0.457	0.248	0.340
唯一覆盖度	0.024	0.021	0.016	0.011	0.034
总体一致性	0.957				
总体覆盖度	0.724				

注：●为核心条件存在，●为边缘条件存在，⊗为核心条件缺失，⊘为边缘条件缺失。

第一，行业竞争下早期分阶段联合投资行为。组态 S1 显示高行业竞争强度、早期进入为核心条件，互补联合投资和分阶段投资为边缘条件可以导致高财务绩效。该组态表明，在行业竞争强度高的情况下，企业可以通过早期进入、联合投资、分阶段投资行为获得高财务绩效。具体而言，在竞争激烈的行业，战略投资者可以通过早期进入占领先机，攫取更高的财务回报。同时，也正是因为竞争激烈，战略投资者在与被投资企业谈判过程中可能处于相对劣势，因而也更有可能进行联合投资和分阶段投资。

第二，政府支持下早期独立投资行为。组态 S2 显示强政府支持力度、早期进入、独立投资为核心条件，互补高行业竞争强度为边缘条件可以导致高财务绩效。该组态表明，在政府大力支持企业投资的情况下，企业可以通过早期、独立投资获得高财务绩效。具体而言，在政府积极支持企业投资的地区会有较为完善的激励政策，因而促使尽早、独立的投资，获得高财务绩效。

第三，政府支持下早期分阶段联合投资行为。组态 S3 显示强政府支持力度、非高行业竞争强度、早期进入、联合投资、分阶段投资为核心条件可以导致高财务绩效。该组态表明，在政府大力支持企业投资、行业竞争强度低的情况下，企业可以通过早期进入、联合投资、分阶段投资行为获得高财务绩效。该组态与组态 S1 相比，虽然处于朝阳行业，但由于政府的大力支持，因而战略投资者在与被投资企业谈判过程中也有可能处于相对劣势，因而也更有可能进行联合投资和分阶段投资。

第四，政府支持缺失下联合投资行为。组态 S4 显示弱政府支持力度、联合投资为核心条件,互补晚期进入、分阶段投资为边缘条件可以导致高财务绩效。该组态表明,在缺少政府支持政策的情况下,战略投资者可以通过联合投资降低风险和不确定性,也因此更倾向于晚期进入和分阶段投资。

第五,行业竞争下分阶段联合投资行为。组态 S5 显示高行业竞争强度、分阶段投资为核心条件,互补强政府支持力度、非早期进入、联合投资为边缘条件可以导致高财务绩效。该组态表明,在行业竞争强度高的情况下,战略投资者可以通过分阶段联合投资行为降低试错成本,获得高财务绩效,也更倾向于晚期进入。

本书也检验了技术寻求动机下战略投资者非高财务绩效的条件组态(如表6.4.6 所示),发现四种组态产生非高财务绩效,分别是:(1)弱政府支持力度、晚期进入为核心条件,互补联合投资、一次性投资为边缘条件可以导致非高财务绩效。(2)高行业竞争强度、晚期进入、一次性投资为核心条件,互补联合投资为边缘条件可以导致非高财务绩效。(3)一次性投资为核心条件,互补弱政府支持力度、高行业竞争强度、晚期进入为边缘条件可以导致非高财务绩效。(4)弱政府支持力度、晚期进入为核心条件,互补高行业竞争强度、一次性投资为边缘条件可以导致非高财务绩效。总的来说,这四种组态或是发生在政府未积极鼓励企业投资行为的地区,或是出现于竞争激烈的行业中,且企业或是反应迟缓(晚期进入),或是一次性投资。

表 6.4.6　技术寻求动机下实现战略投资者非高财务绩效的条件组态

前因变量	条件组态			
	S1	S2	S3	S4
政府支持力度(SE)	⊗		⊗	⊗
行业竞争强度(CT)		●	●	●
进入时机(Time)	⊗	⊗	⊗	⊗
联合投资(Synd)	●	●		⊗
分阶段投资(Stage)	⊗	⊗	⊗	
一致性	0.937	0.907	0.935	0.967
原始覆盖度	0.590	0.445	0.531	0.474
唯一覆盖度	0.018	0.021	0.034	0.025
总体一致性	0.945			
总体覆盖度	0.806			

注:●为核心条件存在,●为边缘条件存在,⊗为核心条件缺失,⊗为边缘条件缺失。

通过对比技术寻求动机下实现高财务绩效和非高财务绩效的条件组态,本书发现:(1)早期进入行为在三种实现高财务绩效的条件组态中存在(均为核心条件存在),在两种实现高财务绩效的条件组态中缺失(均为边缘条件缺失),在实现非高财务绩效的四种条件组态中均缺失(三种核心条件缺失、一种边缘条件缺失)。(2)联合投资行为在四种实现高财务绩效的条件组态中存在(两种核心条件存在、两种边缘条件存在),在一种实现高财务绩效的条件组态中缺失(核心条件缺失),在两种实现非高财务绩效的条件组态中存在(均为边缘条件存在),在一种实现非高财务绩效的条件组态中缺失(边缘条件缺失)。(3)分阶段投资行为在四种实现高财务绩效的条件组态中存在(两种核心条件存在、两种边缘条件存在),在三种实现非高财务绩效的条件组态中缺失(两种核心条件缺失、一种边缘条件缺失)。以上结果与第四章的结论有所分歧,这主要是因为在不同的政府支持力度和行业竞争强度情形下,为达到高财务绩效目标,技术寻求动机下战略投资者会采取更加多元化的行为。特别地,与第四章结论分歧较大的是,在实现高财务绩效的五种条件组态中,四种均建议采用联合投资,这可能反映了财务绩效目标与技术寻求动机在某些方面的不一致或不协调。

6.5　市场寻求动机下战略投资者投资绩效的组态分析

6.5.1　数据校准

采用 fsQCA 方法需要对原数据进行再校准,将其转化为集合隶属,而校准就是给案例赋予集合隶属的过程。模糊集方法要求根据理论概念设定目标集合,并根据恰当的标准和外部知识设定 3 个临界值:完全隶属、交叉点和完全不隶属,转化后的集合隶属度介于 0～1 之间。参考前人的相关研究,本书设置 5 个条件变量和 2 个结果变量的 5%、50% 以及 95% 分位数为完全不隶属、交叉点和完全隶属的三个锚点。

6.5.2　必要条件分析

在进行组态分析之前,需要对单个变量进行必要条件分析,检验单项前因变量对投资的创新绩效和财务绩效的必要性。必要性分析的两个核心指标为一致性(Consistency)和覆盖度(Coverage)。一般认为当某一前因条件的一致性水平大于 0.9 时,该条件就是特定结果的一个必要条件,即实现特定结果时,该前因条件必然存在。覆盖度则是衡量某一前因变量对特定结果的解释力度。从表6.5.1 和表 6.5.2 中可以得知,本研究所选取的样本中所有影响因素的一致性水平都没有超过 0.9。因此,这些影响因素均不是市场寻求动机战略投资者产生高创新绩效和高财务绩效的必要条件。

表 6.5.1　市场寻求动机下战略投资者创新绩效的必要条件分析

前因条件	创新绩效($Firm\_Inv$)		～创新绩效($\sim Firm\_Inv$)	
	一致性	覆盖度	一致性	覆盖度
政府支持力度(SE)	0.707	0.648	0.424	0.436
～政府支持力度($\sim SE$)	0.404	0.620	0.615	0.635
行业竞争强度(CT)	0.590	0.680	0.563	0.545
～行业竞争强度($\sim CT$)	0.540	0.618	0.514	0.527
早期进入($Time$)	0.632	0.621	0.406	0.413
～早期进入($\sim Time$)	0.446	0.629	0.724	0.642
联合投资($Synd$)	0.569	0.633	0.624	0.677
～联合投资($\sim Synd$)	0.515	0.627	0.578	0.536
分阶段投资($Stage$)	0.705	0.633	0.446	0.478
～分阶段投资($\sim Stage$)	0.419	0.622	0.630	0.668

注:"～"表示为逻辑运算的"非",可理解为低水平。

对于市场寻求动机下的战略投资者而言,政策支持力度、行业内部竞争强度、战略投资者进入时间、战略投资者是否采取联合投资以及战略投资者是否采取分阶段投资都不是导致高创新绩效和高财务绩效的必要条件。由此可见,对于市场寻求动机下的战略投资者而言,上述单一变量均无法对战略投资者的高创新绩效和高财务绩效产生决定性作用。市场寻求动机下的战略投资者需要多种前因变量以组合形式共同产生作用。因此,有必要将上述 5 个前因条件进行组合分析,进一步探究其所构成的前因条件组合对市场寻求动机下的战略投资者取得高创新绩效和高财务绩效的影响。

表 6.5.2　市场寻求动机下战略投资者财务绩效的必要条件分析

前因条件	财务绩效($Firm\_Tq$)		～财务绩效($\sim Firm\_Tq$)	
	一致性	覆盖度	一致性	覆盖度
政府支持力度(SE)	0.741	0.635	0.275	0.291
～政府支持力度($\sim SE$)	0.371	0.353	0.843	0.753
行业竞争强度(CT)	0.685	0.784	0.699	0.604
～行业竞争强度($\sim CT$)	0.396	0.366	0.282	0.301
早期进入($Time$)	0.666	0.691	0.392	0.382
～早期进入($\sim Time$)	0.403	0.414	0.618	0.657

续表

前因条件	财务绩效（Firm_Tq）		～财务绩效（～Firm_Tq）	
	一致性	覆盖度	一致性	覆盖度
联合投资（Synd）	0.654	0.824	0.235	0.278
～联合投资（～Synd）	0.427	0.372	0.731	0.652
分阶段投资（Stage）	0.450	0.533	0.572	0.636
～分阶段投资（～Stage）	0.692	0.633	0.546	0.468

注："～"表示为逻辑运算的"非"，可理解为低水平。

6.5.3　组态关系的分析

市场寻求动机下战略投资者实现高创新绩效的条件组态结果如表 6.5.3 所示。可以发现，高创新绩效中间解的总体一致性为 0.927，总体覆盖度为 0.661。从单个组态来看，四种组态的一致性范围在 0.916 到 0.961 之间，符合 fsQCA 的经验标准。四种组态中，组态 S3 的原始覆盖度和唯一覆盖度均最高，分别为 0.216 和 0.029。从比较组态间异同点的便利性起见，对这四种导致高创新绩效的组态分别进行命名，即"晚期分阶段联合投资行为""政府支持下早期联合投资行为""朝阳行业晚期投资行为"以及"行业竞争下分阶段联合投资行为"，接下来详细分析每一种导致高创新绩效的组态。

表 6.5.3　市场寻求动机下实现战略投资者高创新绩效的条件组态

前因变量	条件组态			
	S1	S2	S3	S4
政府支持力度（SE）		●	●	
行业竞争强度（CT）		⊗	⊗	●
进入时机（Time）	⊗	●	⊗	
联合投资（Synd）	●	●		●
分阶段投资（Stage）	●	●	●	●
一致性	0.916	0.935	0.961	0.923
原始覆盖度	0.178	0.164	0.216	0.175
唯一覆盖度	0.019	0.020	0.029	0.025
总体一致性	0.927			
总体覆盖度	0.661			

注：●为核心条件存在，●为边缘条件存在，⊗为核心条件缺失，⊗为边缘条件缺失。

第一,晚期分阶段联合投资行为。组态 S1 显示非早期进入、联合投资、分阶段投资为核心条件可以导致高创新绩效。该组态表明,市场寻求动机下战略投资者可以通过晚期进入、联合投资、分阶段投资行为获得高创新绩效。与技术寻求动机的战略投资者相比,市场寻求动机下战略投资者更看重能够商业化的技术创新,因此更有可能选择晚期进入。同时,技术的商业化和市场化是个渐进的过程、需要投入大量资金资源,并面临较大的市场风险,因此战略投资者也更有可能选择联合投资和分阶段投资行为。

第二,政府支持下早期联合投资行为。组态 S2 显示强政府支持力度、早期进入、联合投资为核心条件,互补非高行业竞争强度、分阶段投资为边缘条件可以导致高创新绩效。该组态表明,在政府大力支持企业投资的情况下,市场寻求动机下战略投资者更有可能通过早期进入、联合投资布局朝阳行业,并通过分阶段投资将创新落实为技术,并将技术逐步商业化和市场化。

第三,朝阳行业晚期投资行为。组态 S3 显示非高行业竞争强度、非早期进入行为为核心条件,互补强政府支持力度、分阶段投资为边缘条件可以导致高创新绩效。该组态与组态 S2 有相似之处,但更强调了低行业竞争程度的作用,一方面,低行业竞争程度可能意味着该行业的技术存在较大的市场不确定性,因此战略投资者早期观望,并在发现商业机会后选择晚期进入;另一方面,低行业竞争程度也可能降低战略投资者提早布局以建立市场竞争力的动机。

第四,行业竞争下分阶段联合投资行为。组态 S4 显示高行业竞争强度、联合投资、分阶段投资为核心条件可以导致高创新绩效。该组态与组态 S1 有相似之处。该组态表明,在行业竞争强度高的情况下,市场寻求动机下战略投资者更有可能通过联合投资实现强强联合、通过分阶段投资深入学习,将技术落地为产品,并降低试错成本。

本书也检验了市场寻求动机下战略投资者非高创新绩效的条件组态(如表6.5.4 所示),发现四种组态产生非高创新绩效,分别是:(1)早期进入、独立投资、一次性投资为核心条件,互补非高行业竞争强度可以导致非高创新绩效。(2)弱政府支持力度、独立投资为核心条件,互补高行业竞争强度为边缘条件可以导致非高创新绩效。(3)弱政府支持力度、高行业竞争强度、早期进入为核心条件,互补独立投资、一次性投资为边缘条件可以导致非高创新绩效。(4)弱政府支持力度、一次性投资为核心条件,互补早期进入行为为边缘条件可以导致非高创新绩效。总的来说,上述组态主要发生在政府未积极鼓励企业投资行为的地区,且企业采取早期进入、独立投资、一次性投资行为。

表 6.5.4　市场寻求动机下实现战略投资者非高创新绩效的条件组态

前因变量	条件组态			
	S1	S2	S3	S4
政府支持力度(SE)		⊗	⊗	⊗
行业竞争强度(CT)	⊗	●	●	
进入时机(Time)	●		●	•
联合投资(Synd)	⊗	⊗	⊗	
分阶段投资(Stage)	⊗		⊗	⊗
一致性	0.866	0.875	0.831	0.973
原始覆盖度	0.158	0.134	0.183	0.155
唯一覆盖度	0.012	0.017	0.014	0.012
总体一致性	0.932			
总体覆盖度	0.571			

注:●为核心条件存在,•为边缘条件存在,⊗为核心条件缺失,⊗为边缘条件缺失。

通过对比市场寻求动机下实现高创新绩效和非高创新绩效的条件组态,本书发现:(1)早期进入行为在两种实现高创新绩效的条件组态中缺失(均为核心条件缺失),在一种实现高创新绩效的条件组态中存在(核心条件存在),在三种实现非高创新绩效的条件组态中存在(两种核心条件存在、一种边缘条件存在)。(2)联合投资行为在三种实现高创新绩效的条件组态中存在(均为核心条件存在),在三种实现非高创新绩效的条件组态中缺失(两种核心条件缺失,一种边缘条件缺失)。(3)分阶段投资行为在四种实现高创新绩效的条件组态中均存在(两种核心条件存在、两种边缘条件存在),在三种实现非高创新绩效的条件组态中缺失(两种核心条件缺失,一种边缘条件缺失)。以上结果一方面进一步验证了第五章的结论,即市场寻求动机下战略投资者晚期进入、联合投资、分阶段投资对创新绩效具有积极影响;另一方面也表明,战略投资者为达市场寻求目标,亦应结合政府政策和行业竞争发展实际情况,采取切实可行的策略。

市场寻求动机下战略投资者实现高财务绩效的条件组态结果如表 6.5.5 所示。可以发现,高财务绩效中间解的总体一致性为 0.923,总体覆盖度为 0.553。从单个组态来看,三种组态的一致性范围在 0.914 到 0.967 之间,符合 fsQCA 的经验标准。三种组态中,组态 S1 的原始覆盖度最高,为 0.456。为方便比较组态间的异同点,对这三种导致高财务绩效的组态分别进行命名,即"政府支持下晚期投资行为"、"行业竞争下分阶段联合投资行为"以及"政府支持下分阶段联合投资行为",接下来详细分析每一种导致高财务绩效的组态。

表 6.5.5　市场寻求动机下实现战略投资者高财务绩效的条件组态

前因变量	条件组态		
	S1	S2	S3
政府支持力度(SE)	●		●
行业竞争强度(CT)	⊗	●	⊗
进入时机(Time)	⊗	⊗	
联合投资(Synd)	●	●	●
分阶段投资(Stage)		●	●
一致性	0.967	0.946	0.914
原始覆盖度	0.456	0.289	0.128
唯一覆盖度	0.016	0.027	0.029
总体一致性		0.923	
总体覆盖度		0.553	

注：●为核心条件存在，●为边缘条件存在，⊗为核心条件缺失，⊗为边缘条件缺失。

第一，政府支持下晚期投资行为。组态 S1 显示强政府支持力度、非早期进入为核心条件，互补非高行业竞争强度、联合投资为边缘条件可以导致高财务绩效。该组态表明，在政府大力支持企业投资的情况下，具有市场寻求动机的战略投资者可以通过晚期投资获得高财务绩效。这虽然与第五章的相关结论一致，但与技术寻求动机下战略投资者的投资时机行为形成鲜明对比。对此，本书的解释是，在政府支持下，晚期投资行为可以通过规模经济和范围经济效应，扩大产品开发、促进多元化生产，以及提升供应链合作效率，因而产生高的财务绩效表现。

第二，行业竞争下分阶段联合投资行为。组态 S2 显示高行业竞争强度为核心条件，互补晚期进入、联合投资和分阶段投资为边缘条件可以导致高财务绩效。该组态表明，在行业竞争强度高的情况下，市场寻求动机下战略投资者可以通过晚期进入、联合投资、分阶段投资行为获得高财务绩效。具体而言，在竞争激烈的行业，战略投资者在与被投资企业谈判过程中可能处于相对劣势，因而也更有可能进行联合投资和分阶段投资。同时，为了规避风险和不确定性，也为了尽量降低谈判劣势，战略投资者也会选择在市场前景较为明朗的晚期进行投资，以期获得较高的财务回报。

第三，政府支持下分阶段联合投资行为。组态 S3 显示强政府支持力度、非高行业竞争强度、联合投资、分阶段投资为核心条件可以导致高财务绩效。该组态表明，在政府大力支持企业投资、行业竞争强度低的情况下，企业可以通过联合投资、分阶段投资行为获得高财务绩效。该组态与组态 S2 相比,市场寻求动机的战略投资者拥有来自政府的大力支持,同时行业竞争强度低,因而可以更加自由地选择进入时机,并通过联合投资和分阶段投资实现财务绩效最大化。

　　本书也检验了市场寻求动机下战略投资者非高财务绩效的条件组态(如表6.5.6 所示),发现两种组态产生非高财务绩效,分别是:(1)弱政府支持力度、高行业竞争强度、独立投资为核心条件,互补早期进入行为为边缘条件可以导致非高财务绩效。(2)弱政府支持力度、高行业竞争强度、独立投资为核心条件,互补一次性投资行为为边缘条件可以导致非高财务绩效。这两种产生非高财务绩效的核心条件均为弱政府支持力度、高行业竞争强度和独立投资,表明上述条件是市场寻求动机下非高财务绩效产生的主要原因。

表 6.5.6　市场寻求动机下实现战略投资者非高财务绩效的条件组态

前因变量	条件组态	
	S1	S2
政府支持力度(SE)	⊗	⊗
行业竞争强度(CT)	●	●
进入时机(Time)	•	
联合投资(Synd)	⊗	⊗
分阶段投资(Stage)		⊗
一致性	0.816	0.851
原始覆盖度	0.543	0.348
唯一覆盖度	0.089	0.094
总体一致性	0.837	
总体覆盖度	0.616	

注:●为核心条件存在,•为边缘条件存在,⊗为核心条件缺失,⊗为边缘条件缺失。

　　通过对比市场寻求动机下实现高财务绩效和非高财务绩效的条件组态,本书发现:(1)早期进入行为在两种实现高财务绩效的条件组态中缺失(一种核心条件缺失,一种边缘条件缺失),在实现非高财务绩效的一种条件组态中存在(边缘条件存在)。(2)联合投资行为在三种实现高财务绩效的条件组态中存在(一种核心条件存在、两种边缘条件存在),在两种实现非高财务绩效的条件组态中缺失(均为核心条件缺失)。(3)分阶段投资行为在两种实现高财务绩效的条件组态中存在(一种核心条件存在、一种边缘条件存在),在一种实现非高财务绩效的条件组态中缺失(边缘条件缺失)。以上结果与第五章的结论基本一致,即晚期进入、联合投资、分阶段投资对市场寻求动机下战略投资者实现高财务绩效具有正向影响,特别是联合投资行为,在实现高财务绩效的三种条件组态中均存在的同时,在实现非高财务绩效的两种条件组态中均缺失,产生了最为突出的影响。此外,高财务绩效与强政府支持力度更为相关,非高财务绩效与高行业竞争强度更为相关。

6.6 结果讨论

经过上文的组态条件分析,本书探索了外部的政策因素和行业因素如何与战略投资者投资行为共同作用,进而导致高或低的投资绩效。总体而言,本书发现了技术寻求动机驱动下,第一,战略投资者实现高创新绩效可能有四种条件组态、产生低创新绩效可能有三种条件组态,以及实现高财务绩效可能有五种条件组态、产生低财务绩效可能有四种条件组态。第二,市场寻求动机驱动下,战略投资者实现高创新绩效可能有四种条件组态、产生低创新绩效可能有四种条件组态,以及实现高财务绩效可能有三种条件组态、产生低财务绩效可能有两种条件组态。这些结论进一步表明,为达成预定的投资绩效目标,不同地区的战略投资者可以结合政府政策规划、行业竞争态势以及发展前景,采取多元的投资行为组合。具体而言,本书认为:

对于技术寻求动机驱动的战略投资者而言,创新绩效可能比短期的财务绩效更为重要,因此本书认为抱持该动机的战略投资者总体上可以采取早期进入、独立投资、分阶段投资行为组合。同时,在政府支持政策和行业竞争强度不同的情况下,技术寻求动机驱动的战略投资者为实现较高的创新绩效,也需要采用灵活多元的投资行为组合。

首先,政府支持政策对于技术寻求动机驱动的战略投资者极为重要。在政策支持企业投资的地区,由于较为完善的企业投资激励和保护政策可以降低风险和不确定性,也使得战略投资者更容易获得其他重要资源,因此具有技术寻求动机的战略投资者可以更为自由、更少顾虑地通过早期进入、独立投资以及分阶段投资更充分地吸收被投资企业的知识溢出,以形成更有竞争力的独特竞争优势。相反,在缺少政府政策支持的地区,除非企业自身具有很强的创新能力和资源实力,足以支持企业以独立的方式在早期进行战略投资,否则很难获得高创新绩效。因此,在缺少政策支持的情况下,具有技术寻求动机的企业做战略投资决策时更须谨慎。

其次,行业竞争强度也是技术寻求动机驱动的战略投资者创新绩效实现的重要影响因素。在竞争激烈的行业,技术和市场瞬息万变,企业面临巨大的技术压力。在这种情况下,技术寻求动机驱动的战略投资者更应在早期通过独立投资行为先发制人,专享被投资企业的技术,形成竞争优势,并通过分阶段投资行为聚集社会资本、提升人力资本、改善结构资本,进一步承接被投资企业的知识溢出。相反,在行业竞争强度低的情况下,特别是政府政策所鼓励的新兴产业和朝阳产业中,技术寻求动机驱动的战略投资者可以选择更加灵活的投资行为组合,例如,一方面,在政府支持企业投资、行业竞争强度低的情况下,战略投资者可以通过早期进入、独立投资布局新兴产业和朝阳产业,更早地培养竞争优势。另一方面,竞争强度较低使得战略投资者在投资活动中占据主动权,因此战略投资者可以在晚期投资于自己长期观察后看好的企业。

对于市场寻求动机驱动的战略投资者而言,用财务绩效衡量战略投资带来的市场表现比创新绩效可能更为准确,因此本书建议持该动机的战略投资者总体上可以采取晚期进入、联合投资、分阶段投资行为组合。同时,在政府支持政策和行业竞争强度不同的情况下,市场寻求动机驱动的战略投资者为实现较高的财务绩效,也需要采用灵活多元的投资行为组合。

在政府政策支持企业投资的地区,战略投资者投资于行业竞争强度低的企业,特别是政策所鼓励的新兴产业和朝阳产业中的企业更可能获得较高的财务绩效回报,且战略投资者可以拥有相对灵活的投资行为组合。一方面,战略投资者可以选择在晚期以联合投资方式,通过规模经济和范围经济效应,扩大产品开发、促进多元化生产,以及提升供应链合作效率。另一方面,战略投资者也可以更加自由地选择进入时机,通过早期投资提前布局新兴产品市场,并通过联合投资和分阶段投资降低风险。相反,在缺少政策支持企业投资的地区,战略投资者应减少对高竞争强度行业内企业的投资,同时应尽可能避免采取独立投资、早期投资以及一次性投资等行为,以防企业财务资源大量损失。

6.7　本章小结

本章在第四章和第五章分析的基础上,通过引入政策支持力度和行业内部竞争强度,结合战略投资者进入时间、战略投资者是否采取联合投资以及战略投资者是否采取分阶段投资等影响因素,运用 QCA 方法,探究了不同动机驱动下战略投资者创新绩效和财务绩效影响因素的配置组合。得出如下结论:(1)技术寻求动机下实现战略投资者高创新绩效的组态策略为政府支持下早期分阶段投资行为、行业竞争下早期分阶段投资行为、朝阳行业分阶段投资行为和政府引导下早期投资行为。(2)技术寻求动机下实现战略投资者高财务绩效的组态策略为行业竞争下早期分阶段联合投资行为、政府支持下早期独立投资行为、政府支持下早期分阶段联合投资行为、政府支持缺失下联合投资行为和行业竞争下分阶段联合投资行为。(3)市场寻求动机下实现战略投资者高创新绩效的组态策略为晚期分阶段联合投资行为、政府支持下早期联合投资行为、朝阳行业晚期投资行为和行业竞争下分阶段联合投资行为。(4)市场寻求动机下实现战略投资者高财务绩效的组态策略为政府支持下非早期投资行为、行业竞争下分阶段联合投资行为和政府支持下分阶段联合投资行为。

在前文章节分析的基础上，本章首先对研究的主要结论进行总结和梳理，其次根据结论提出本研究的管理启示与政策建议，最后通过总结本研究的不足之处进而提出后续研究展望。

第七章

结论与展望

7.1　研究结论

战略投资者是金融市场中极具创新性和活力的投资主体,受到学者、资本市场以及投资者的普遍关注。既往研究多从被投资方视角,探索了企业接受战略投资对其经营活动与经营绩效的影响,但鲜有研究关注战略投资行为对战略投资者自身的影响。本书首先基于我国战略投资者实际发展情况,将战略投资者投资动机划分为技术寻求动机和市场寻求动机。其次,对战略投资者的投资行为进行了界定,认为战略投资者的投资行为指战略投资者根据其投资动机,选择合适的投资行为,从而促进战略投资者与被投资企业进行资源的投入和嫁接,主要包括投资时机选择、是否联合投资,以及是否分阶段投资。再次,剖析了战略投资者投资行为的特征,认为战略投资者的投资行为特征主要包括积极构建紧密联结关系,以求强强联合;主动投入关键核心技术,以求互惠共赢;侧重实施多种投资方式,以求优势互补。在此基础上,本书基于动机驱动视角,构建"动机—行为—绩效"研究框架,利用 2015—2020 年 A 股上市公司数据,从理论和实证两个方面探讨了技术寻求动机和市场寻求动机驱动下战略投资者的投资行为与投资绩效,形成的主要结论如下:

(一)战略投资者投资动机对投资行为的影响。本书基于技术—市场动机分类,剖析投资动机影响战略投资者投资行为的机制,以及战略投资者高管年龄特征和金融背景的调节作用。研究发现:(1)基于技术寻求动机,战略投资者倾向于采取早期进入行为、独立投资行为,以及分阶段投资行为。(2)基于市场寻求动机,战略投资者倾向于选择晚期进入行为、联合投资行为,以及分阶段投资行为。在此基础上,结合高阶理论,分析了高管的年龄特征和金融背景对战略投资者投资行为的影响,并发现:(1)对于技术寻求型战略投资者,高管团队平均年龄越大,其采取早期进入、独立投资以及分阶段投资行为可能性越高;对于市场寻求型战略投资者,高管团队平均年龄越大,其采取晚期进入行为、联合投资行为以及分阶段投资行为可能性越高。(2)对于技术寻求型战略投资者,团队中有金融背景的高管对其采取早期进入行为、独立投资行为以及分阶段投资行为具有更强的促进作用;对于市场寻求型战略投资者,团队中有金融背景的高管也能够促使其采取早期进入行为、独立投资行为以及分阶段投资行为。

(二)技术寻求动机下战略投资者投资行为对投资绩效的影响。基于资源基础观和智力资本理论,将战略投资者的投资绩效分为创新绩效和财务绩效,检验在技术寻求动机下,战略投资者的投资行为对两种投资绩效的影响,以及战略投资者的吸收能力、参与程度对投资绩效的影响机制。研究发现:(1)在技术寻求动机下,战略投资者的早期进入行为、独立投资行为以及分阶段投资行为均能够促进其创新绩效和财务绩效的提升,主要表现为战略投资者不但能够改善其融资约束,也能够增强其研发人才素质,还能够完善其治理结构,从而提升其智力资本,进而有利于投资绩效的提高。(2)在技术寻求动机下,战略投资者的吸收能力能够增强其投资行为对投资绩效的影响,主要表现为战略投资者的吸收能力能够帮助其通过识别被投资企业的信息,将其现有知识与被投资企业的新知识相整合,进而进一步提升战略投资者的社会资本、人力资本以及结构资本效应,提升其投资绩效。(3)在技术寻求动机下,战略投资者的参与程度能够增强其投资行为对投资绩效的影响,主要表现为战略投资者较高的参与程度意味着其在所投资的企业中拥有较大的管理权和决策权,能够从被投资企业中获取更多有价值的资源,进一步提升其社会资本、人力资本以及结构资本效应,创造更多的投资绩效。

(三)市场寻求动机下战略投资者投资行为对投资绩效的影响。基于资源基础理论和知识溢出效应,检验在市场寻求动机下,战略投资者的投资行为对投资绩效的影响以及战略投资者的吸收能力和参与程度的调节作用。研究发现:(1)在市场寻求动机下,战略投资者的晚期进入行为、联合投资行为以及分阶段投资行为均能够促进其创新绩效和财务绩效的提升,表现为战略投资者不但能够获得规模经济效应,还能够提升范围经济效应,也能够增强管理效率效应,从而利用知识溢出效应,提高其投资绩效。(2)在市场寻求动机下,战略投资者的吸收能力能够增强其投资行为对投资绩效的影响,主要表现为吸收能力强的战略投资者一般具有较强的学习、整合外部信息的能力,并且能够将被投资企业的知识转化为战略投资者的内部知识资本,进而可以进一步地提升其规模经济效应、范围经济效应以及管理效率效应,最终能够增强投资绩效。(3)在市场寻求动机下,战略投资者的参与程度能够增强其投资行为对投资绩效的影响,主要表现为较高的参与程度不但有助于战略投资者更迅速以及更精准地从被投资企业中获取信息以及资源,而且也能够促进战略投资者更方便地与被投资企业进行交流与合作,进而进一步提升战略投资者的规模经济效应、范围经济效应以及管理效率效应,创造更多的投资绩效。

(四)不同动机驱动下产生高投资绩效的组态条件。基于资源基础理论,利用定性比较分析方法,研究政府支持力度和行业竞争强度存在差异时,不同动机驱动下战略投资者实现高创新绩效和财务绩效的组态条件。研究发现:(1)技术寻求动机下,实现战略投资者高创新绩效的组态行为包括如下四种:政府支持下早期分阶段投资行为、行业竞争下早期分阶段投资行为、朝阳行业分阶段投资行为，以及政府引导下早期投资行为。（2）技术寻求动机下，实现战略投资者高财务绩效的组态行为包括如下五种：行业竞争下早期分阶段联合投资行为、政府支持下早期独立投资行为、政府支持下早期分阶段联合投资行为、政府支持缺失下联合投资行为，以及行业竞争下分阶段联合投资行为。（3）市场寻求动机下，实现战略投资者高创新绩效的组态行为包括如下四种：晚期分阶段联合投资行为、政府支持下早期联合投资行为、朝阳行业晚期投资行为，以及行业竞争下分阶段联合投资行为。（4）市场寻求动机下，实现战略投资者高财务绩效的组态行为包括如下三种：政府支持下晚期投资行为、行业竞争下分阶段联合投资行为，以及政府支持下分阶段联合投资行为。

7.2　管理启示与政策建议

7.2.1　管理启示

1. 根据企业的资源能力，明确自身的投资动机

战略投资者应该根据自身发展现状和资源能力情况，明确是否需要进行对外投资，以及投资何种类型的企业。本书基于动机相关研究，结合我国战略投资者发展实际情况，将战略投资者投资动机分为技术寻求和市场寻求两种类型，有利于企业找准自身定位，明确自身的投资动机，对企业选择合适的目标投资企业带来启发。

首先，如果企业的技术研发能力、财务资金能力、生产制造能力、管理协同能力、政府政策资源、研发合作资源、配套支撑资源较强，并且具有较强的机会识别能力，那么该企业可以选择进行技术寻求型的战略投资。较强的技术能力是克服企业合作劣势并构建新创优势的基础，能够降低企业对外进行战略投资时的不确定性，有助于推动战略投资者整合其他企业的技术研发资源，帮助战略投资者进一步开发行业内的技术优势，并推进研发突破性技术。对于技术研发能力较强的战略投资者来说，应该以重大技术变革为投资目的，以预测领域内新技术的发展态势和发展为导向，投向市场中具有潜力的新产品生产技术，寻求与掌握较强技术创新资源的企业进行合作。

其次，如果企业的市场营销能力、财务资金能力、生产制造能力、管理协同能力、政府政策资源、市场环境资源、配套支撑资源、发现和把握市场机会的能力较强，那么该企业可以选择进行市场寻求型的战略投资。对于市场营销能力较强

的战略投资者来说,应该以创造顾客价值、满足顾客需求为导向,及时发现市场中有潜力的新产品和新技术,把握领域内市场需求特征和导向,寻求与掌握市场网络资源的企业进行合作。借助战略投资,战略投资者不但能够发挥自身的市场优势,还能够不断向被投资企业学习,通过其营销渠道推广自己的新产品,从而发现新的创新机会,推动技术研发和技术的商品化、产业化和市场化,稳固并进一步扩大企业产品的市场份额。

此外,战略投资者还应根据自身资源能力情况和投资动机制定合适的投资方式、确定投资地点以及做好风险管理,最大限度地实现与被投资企业的合作与交流,以期更好地与被投资企业取长补短,发挥资源协同效应。与此同时,在选择被投资企业时,战略投资者还需要实地考察被投资企业的经营现状、了解其未来的发展规划,从而筛选出与战略投资者资源互补以及规划一致的企业,进而加强与被投资企业的合作学习与共同研发,形成共同体。

2. 根据异质性的投资动机,采用灵活的投资方式

对于技术寻求动机驱动的战略投资者而言,在确定投资目标后,应设计好对被投资企业的资源嫁接方式,从而与被投资企业形成资源互补。该动机驱动下,战略投资者应重点投资具有突破性技术创新能力和技术研发能力的创新型企业,以解决产业关键核心技术、产业关键零部件、关键"卡脖子"技术等问题为动力,以产业现实需求为导向,加快推进重大项目技术联合攻关,联合推动前沿创新研究。基于此,首先,战略投资者应选择在目标企业发展早期进行战略投资,增强在被投资企业中的话语权和控制力度,主动参与进企业的研发、生产与销售全过程,利用被投资企业的知识外溢,学习被投资企业的技术,促进战略投资者的持续发展。其次,具有技术寻求动机的战略投资者还应该选择独立投资的方式,一方面避免其他投资者的"搭便车"问题和"监督主体责任不清"的问题,另一方面更大程度地分享被投资企业的创新收益,从而大幅度提升自身的创新绩效和财务绩效。此外,具有技术寻求动机的战略投资者还应采取分阶段投资的方式。这主要是因为初创科技型企业的科学技术研发具有高风险的特征,一旦研发失败容易对战略投资者产生较大的损失。分阶段投资方式不仅能够提高对企业技术创新失败的容忍度,还能够在企业研发失败时,及时退出,降低套牢风险。

对于市场寻求动机驱动的战略投资者而言,在确定投资目标后,应设计好与被投资企业的投资合作方式,从而与被投资企业形成强强联合效应。在该动机驱动下,战略投资者应分析产业技术、市场发展趋势,通过投资具有较强市场资源的企业,借助被投资企业的市场和客户群,以更快捷的方式获取客户、服务客户为目标,以打造强大吸引力的爆款产品为导向,从而实现新兴技术的本土化生

产与销售,进而快速获取客户、提高市场占有率。基于此,首先,战略投资者应选择投资成熟期的企业。因为成熟期企业往往已经生产出满足顾客需求、能够为顾客创造价值的产品,故而战略投资者投资成熟期的企业,可以了解其生产工艺技术,从投资中进行学习和吸收,从而进行成本较小的模仿创新,进而对战略投资者的产品进行改进。其次,具有市场寻求动机的战略投资者应采取联合投资行为,发挥多家战略投资者融合的风险监控优势,从而更容易发现企业在新产品研发和制造过程中的风险。发挥协同效应,联合其他战略投资者的多样化资源和信息,诸如生产资源、研发资源以及市场资源等,为市场导向型企业提供充分的增值服务。此外,具有市场寻求动机的战略投资者还应采取分阶段投资的方式。这是因为具有市场寻求动机的战略投资者往往投资的是具有较强新产品研发能力和较多资源销售渠道的企业,一方面,致力于新产品研发的企业具有高风险的特征,一旦研发失败容易对战略投资者产生较大的损失,另一方面,所投企业在新产品开发、市场开拓等过程中需要大量财务资源,对战略投资者的资金要求较高。因此,战略投资者可以通过分阶段投资减小市场风险和需求不确定性带来的损失,并缓解产品商业化和市场化带来的资金压力。

3. 根据企业发展内部需求和外部环境,采用多元化的投资行为组合

除了自身的行为因素,外界因素对战略投资者投资绩效的权变影响也十分重要。特别地,企业的战略投资受行业和市场环境以及政府政策影响很大,面对复杂多变的行业和政策环境,具有不同投资动机的战略投资者应采取多元化的投资行为组合,以期达到既定的创新绩效或财务绩效。

对于技术寻求动机驱动的战略投资者而言,创新绩效可能比短期的财务绩效更为重要,因此本书建议持该动机的战略投资者总体上可以采取早期进入、独立投资、分阶段投资行为组合。具体而言,通过早期进入行为,战略投资者应主动、充分地与被投资企业进行沟通与交流,通过知识交换和资源共享,互相学习技术创新知识以增强创新能力,并利用被投资企业的社会资源,建立合作创新网络,进行协同研发,促进创新活动在早期尽快开展。通过独立投资行为,专注于管理项目,最大限度地利用被投资企业的社会网络以及社会资本,更完整地承接所投资企业的创新资源,促进创新活动的开展以形成新的、独特的竞争优势。通过分阶段投资行为,与被投资企业多轮次深入交流和研讨,促进自身研发团队与被投资研发团队人员的相互学习和进行更深梯度的技术合作,多次承接所投资企业的知识溢出,并通过多轮投资的刺激调动其技术创新的积极性和活跃度。同时,政府支持政策与行业竞争强度对于技术寻求动机驱动的战略投资者都极为重要。在政策支持企业投资的地区,具有技术寻求动机的战略投资者可以更

为自由、更少顾虑地通过早期进入、独立投资以及分阶段投资更充分地吸收被投资企业的知识溢出,以形成更有竞争力的独特竞争优势。相反,在缺少政策支持的情况下,具有技术寻求动机的企业做战略投资决策时更须谨慎。在行业竞争强度低的情况下,特别是政府政策所鼓励的新兴产业和朝阳产业中,技术寻求动机驱动的战略投资者可以选择更加灵活的投资行为组合,例如既可以通过早期进入、独立投资布局新兴产业和朝阳产业,更早地培养竞争优势,也可以在晚期投资于自己长期观察后看好的企业。

对于市场寻求动机驱动的战略投资者而言,用财务绩效衡量战略投资带来的市场表现比创新绩效可能更为准确,因此本书建议持该动机的战略投资者总体上可以采取晚期进入、联合投资、分阶段投资行为组合。具体而言,通过采取晚期进入行为,战略投资者应积极学习成熟企业在生产技术、管理、人才培养等方面的经验,从而提高自身的生产和管理效率,提高企业的定价能力和市场占有率,获得更好的盈利水平。通过联合投资行为,战略投资者应通过与其他投资者互相交流借鉴,采取多元化的生产方式,把多元化市场开发和多元化产品研发结合起来,拓展经营收入来源,提升企业财务绩效。通过分阶段投资行为,战略投资者应在多轮次的投资中,对被投资企业的产品研发和市场规模进行跨界学习,同时积极利用被投资企业的生产资源和市场资源,并通过学习成熟企业对于顾客、供应商的管理经验,与上下游企业之间保持良好的合作关系,提升生产效率,进而提升财务绩效。同时,政府支持政策对于市场寻求动机驱动的战略投资者极为重要。在政府政策支持企业投资的地区,战略投资者可以通过投资于行业竞争强度低的企业,特别是政策所鼓励的新兴产业和朝阳产业中的企业,先发制人,提前布局产能,占领更大的市场份额。相反,在缺少政策支持企业投资的地区,战略投资者应减少对高竞争强度行业内企业的投资,同时应尽可能避免采取独立投资、早期投资以及一次性投资等行为,以防企业财务资源大量损失。

7.2.2 政策建议

1. 完善企业投资管理政策,明确战略投资者权利与义务

一是要处理好政府与市场的关系。通过制定和完善企业投资相关法律法规,明晰战略投资者权责,引导战略投资者设立合理投资目标、进行科学投资定位。政府在推动战略投资者发展的过程中,应当进行战略规划、提供政策支持,坚持"站高一格、后退一步、敢于担当",对于重大的科研项目给予宏观统筹与战略指导,协调沟通各方面,提供符合现行创新组织政策的方案。

二是强化战略投资者的重要地位。在赋权方面,在遵守创新发展规律、科技

管理规律和市场规律的前提下,加强战略投资者在创业资源配置中的主导作用,在技术创新决策、研发投入、科研组织和成果转化应用方面,充分发挥战略投资者的作用。在赋能方面,鼓励战略投资者对于科研方面的投入,进一步加强基础研究与应用基础研究,推动企业在科研领域与公共服务领域的投入,鼓励战略投资者进行创新研究。

2. 提前规划战略性新兴产业,科学引导企业战略投资方向

一是鼓励战略投资以满足国家战略需求为首要目的,通过提前规划战略性新兴产业,利用战略投资使合作双方攻克有关产业发展的核心技术难关,解决关键技术"卡脖子"问题,促进产业链、供应链、创新链的升级。因此,需借助重大科技项目带动,通过战略投资者带领企业提前进行基础和应用研究,激励战略投资者对科技进行不断探索。

二是支撑新型举国体制,提高整体创新效率。借助战略投资者与创新主体的作用,在尊重科学、经济与市场规律的前提下,寻求构建新型举国体制,促进战略联盟协同合作,形成科技成果利益共享。借助战略投资者的作用,推动产业应用与技术创新紧密结合,同时推动向科技前沿发展,在提高科研成果转化效率的同时,也应提升技术水平,使得战略联盟的资源发挥出更大的溢价增值效益。

三是要支持企业开放产能。政府应当充分利用战略投资者在产能孵化和培育上的优势,帮助孵化初创企业,鼓励战略投资者在产能资源上开放,支持或投资于初创企业。根据产业发展需求,选择重点产业中的骨干企业带头引领,创建各类开放式创新平台,为初创企业提供发展平台。同时,吸引战略投资者共同参与到创业孵化之中,构建以市场为主导、战略投资者积极参与共助企业孵化的和谐产业生态。

3. 统筹各方主体权益分配,发挥战略投资者的引领作用

一是正确处理战略投资者与利益相关方关系,发挥战略投资者的引领支撑作用。为战略投资者加强共性技术平台建设的行为提供有力支撑,鼓励战略投资者开放场景应用、共享生产发展资源,推动创新协同,促进大中小企业深入融合发展,实现嵌入式合作。鼓励上下游企业加强产品质量、技术工艺、认证体系等需求对接,夯实合作基础。定期发布产业链关键技术攻关清单,对带领开展攻克技术难关或承担国家攻关项目的战略投资者给予支持。

二是推进战略联盟融合发展,提升企业创新能力。引导战略投资者组织创建创新联合体,依托于重大科研项目,吸收接纳产业链上各个企业参与,推动产业链中处在不同位置、不同规模的企业融合创新。通过引入创新发展的资源,集合创新成果,构建新型的协同创新模式,形成以战略投资者为主导的,各类产业

链条相互融合发展、互相促进的体系化创新模式。

4. 把握战略投资市场发展的着力点,完善外部服务培育支撑体系

一是完善战略投资者与初创企业的需求对接机制,加强投资方和需求方信息对接,畅通战略投资者投资渠道。利用战略投资者作为行业领头人的优势,提供人才、市场、技术支持,促进中小企业的技术创新、成果转化、推广宣传。实施灵活的对接模式,引导战略投资者通过股权投资、债权融资、设备租赁、合作联盟、生产协作、任务众包等方式帮扶中小微企业。政府需要为战略投资者与初创企业的创新合作提供高效便捷的服务,提供税收优惠政策给并购后的初创企业,减少或免除对科技型初创企业创新活动的投资所得税项,鼓励战略投资者为初创企业提供研发设施福利优惠,推动企业与战略投资者的联盟关系。

二是加快政府数据开放。在政策实施、机构合作、数据管理、平台运行等方面,政府应建立数据开放系统来构建创新型生态系统。将行政管理、市场信息、宏观决策等可公开的政务数据免费投放社会。政府应做好开放式创新的引导者与示范者,推动开放数据创新应用,激发战略投资者创新能力。为战略投资者提供信息化服务平台,给予中小企业和战略投资者更多渠道获取数据信息。此外,还可以通过产业技术创新大会、各类创新赛事、投资活动等增强战略投资者对于开放式创新的认识,提升战略投资者的参与意愿。

三是完善政策支持体系。对于支持创新联合体的战略投资者,实施普惠性税收减补政策,推动落实针对稀缺高端人才所得税改革,提高企业研发费用税前加计扣除比例,改善计核方式,适当扩大加计扣除的范围。优化升级科技计划管理制度,积极探寻设计专项技术攻关计划,给予战略投资者支持,提升战略投资者承担国家、省级重大攻关项目的责任意识。充分发挥政府采购作用,制定合适的创新产品采购内容,推动战略投资者与中小微型企业之间的联合互助,一同响应政府采购活动。政府在尊重科研规律的前提下,依据创新发展需求,完善补充相关责任机制,构建主动创新、积极作为、保护成功、适当宽容的文化环境。

7.3　研究展望

当前,文献多从被投资方视角,探讨企业引入战略投资者后的经营行为和绩效后果,鲜有研究关注战略投资行为对战略投资者自身的影响。因此,从"动机—行为—绩效"角度研究战略投资者投资行为和投资绩效的科学命题在国内外尚鲜见,具有较大的挑战性。尽管笔者努力探索,但受主客观条件的制约,研究存在一定局限性,还有很多问题仍值得深入研究。结合研究方向和现有的研

究成果,本书对后续研究的建议如下:

第一,强化战略投资者投资动机类型的探究。本书主要依据我国当前战略投资者的发展现状和主要特征,将战略投资者的投资动机划分成技术寻求型和市场寻求型。随着我国战略投资行业的发展,加之战略投资者面临的内在条件和外部环境不断变化,战略投资者在投资过程中可能有其他的目标出现,从而生成其他类型的投资动机。后续研究可将研究范围拓展至本书限定的 A 股上市公司之外,挖掘出战略投资者更多的投资动机。

第二,深化战略投资者投资行为的分析。本书主要对我国战略投资市场上常见的投资行为,例如进入时机、是否联合投资、是否分阶段投资等三种行为进行了研究。随着战略投资者规模的不断扩大,可能出现新的投资行为。此外,影响战略投资者投资行为的因素可能不止"动机—行为"框架所提出的投资动机,未来可进行进一步探究其他因素对战略投资者投资行为的影响。

第三,建立多元化战略投资者的投资绩效评价体系。囿于数据的可获取性,本书仅从战略投资者的创新绩效和财务绩效两个方面研究了战略投资者投资行为对投资绩效的影响,对于战略投资者的投资行为是否会带来其他方面的绩效尚未讨论。后续研究可借助实地调研和案例分析等研究方法,深入地探寻战略投资者的多维投资绩效,以提高研究结论的科学性与实用性。

参考文献

［1］Peruvemba S. Dong-Su Kim: In the Words of a Top-Tier Strategic Investor［J］. Information Display,2022,38(4):19-23.

［2］Pinkow F,Iversen J. Strategic Objectives of Corporate Venture Capital as a Tool for Open Innovation［J］. Journal of Open Innovation:Technology,Market,and Complexity, 2020,6(4):157.

［3］Faleye O,Kovacs T,Venkateswaran A. Do Better-Connected CEOs Innovate More? ［J］. Journal of Financial and Quantitative Analysis,2014,49(5-6):1201-1225.

［4］Yi S,Knudsen T,Becker M C. Inertia in Routines:A Hidden Source of Organizational Variation［J］. Organization Science,2016,27(3):782-800.

［5］Wang C,Rodan S,Fruin M,et al. Knowledge networks,collaboration networks,and exploratory innovation［J］. Academy of Management Journal,2014,57(2):484-514.

［6］Vanhaverbeke W,Gilsing V,Beerkens B,et al. The Role of Alliance Network Redundancy in the Creation of Core and Non-Core Technologies［J］. Journal of Management Studies,2009,46(2):215-244.

［7］Uzzi B,Spiro J. Collaboration and Creativity:The Small World Problem［J］. American Journal of Sociology,2005,111(2):447-504.

［8］安星屿.国有企业混合所有制改革下的引入战略投资者研究［J］.商场现代化,2017 (17):83-84.

［9］查君,徐婉渔.企业跨境风险投资海外技术探索:双重劣势与投资策略——基于科技型 企业多案例分析［J］.科技进步与对策,2022,39(17):103-113.

［10］周国兰,周吉,季凯文."一带一路"倡议下中国对外投资的产业选择［J］.企业经济, 2017,36(9):72-79.

［11］黄春萍,赵林,刘璞,等.新创企业品牌联合伙伴选择的计算实验研究［J］.中国管理科 学,2019,27(8):129-141.

［12］邸丛枝,庞晴,张梅."引入战略投资者＋整体借壳上市"两阶段混改的路径与效果研 究——以中粮资本为例［J］.财会通讯,2022,890(8):104-109.

［13］邵帅,朱晓文,吕长江.上市公司需要什么类型的战略投资者——基于西藏药业的案例 分析［J］.中国管理会计,2017(1):41-55.

［14］祝继高,王春飞.大股东能有效控制管理层吗? ——基于国美电器控制权争夺的案例研究[J].管理世界,2012(4):138-152+158.

［15］郑奕昕.基于生态圈视角的互联网企业战略并购协同效应——乐视、小米的比较研究[D].厦门:厦门大学,2019.

［16］Kang S. The impact of corporate venture capital involvement in syndicates[J]. Management Decision,2018,57(1):131-151.

［17］陈婧延.产学研联盟利益动机、合作行为与绩效——基于价值共创理论[D].天津:天津大学,2018.

［18］Siegel R,Siegel E,MacMillan I C. Corporate venture capitalists:Autonomy,obstacles, and performance[J]. Journal of Business Venturing,1988,3(3):233-247.

［19］陈思,何文龙,张然.风险投资与企业创新:影响和潜在机制[J].管理世界,2017(1):158-169.

［20］王永中,赵奇锋.风险偏好、投资动机与中国对外直接投资:基于面板数据的分析[J].金融评论,2016,8(04):1-17+124.

［21］曾蔚,沈亚宁,唐雨,等.CVC投资模式对大公司技术创新绩效影响的实证研究[J].科技进步与对策,2020,37(7):9-15.

［22］王碏,周经,胡峰.中美两国的企业海外并购存在系统性差异吗?[J].财经研究,2022,48(10):94-107.

［23］李洪亚.OFDI技术寻求动机与生产率提升及其异质性研究[J].科学学研究,2021,39(2):254-263.

［24］傅嘉成,宋砚秋.中国企业风险投资(CVC)投资策略与投资绩效的实证研究[J].投资研究,2016,35(6):29-44.

［25］卢浩.新兴经济体服务业逆向跨国并购对企业市值和杠杆的影响研究[D].合肥:中国科学技术大学,2019.

［26］马相东.顺向对外投资与产业结构升级——基于"一带一路"建设背景的分析[J].中国特色社会主义研究,2017(03):34-39.

［27］樊钱涛,郭京京,王艳.东道国特征和ODI的区位选择:基于能力的视角[J].科学学研究,2022,40(3):464-474+484.

［28］李凌.中国企业跨国并购区位选择研究[D].上海:上海社会科学院,2015.

［29］张纪凤.中国对外直接投资的动力机制与逆向技术溢出效应的研究[D].南京:东南大学,2015.

［30］贾妮莎,韩永辉,雷宏振.中国企业对外直接投资的创新效应研究[J].科研管理,2020,41(5):122-130.

［31］董静,张骞.战略导向与公司风险投资的跨国投资策略——基于汽车制造业的多案例研究[J].经济管理,2021,43(11):70-88.

［32］康永博,王苏生,彭珂.信息披露制度、利益相关者治理与公司风险投资(CVC)信息披

露[J].南开管理评论,2017(6):64-72.

[33] Asimakopoulos I,Athanasoglou P P. Revisiting the merger and acquisition performance of European banks[J]. International Review of Financial Analysis,2013,29:237-249.

[34] 郑景丽,龙勇.知识保护能力对联盟伙伴关系选择的影响——基于不同联盟动机的分析[J].科研管理,2016,37(4):102-109.

[35] Shleifer A,Vishny R W. A Survey of Corporate Governance[J]. The Journal of Finance,1997,52(2):737-783.

[36] 杨兴全,任小毅,杨征.国企混改优化了多元化经营行为吗?[J].会计研究,2020(4):58-75.

[37] 李世华,尹应凯.我国银行业引进境外战略投资者的福利效应分析[J].管理世界,2012(9):168-169.

[38] Gupta A K,Sapienza H J. Determinants of venture capital firms' preferences regarding the industry diversity and geographic scope of their investments[J]. Journal of Business Venturing,1992,7(5):347-362.

[39] Patzelt H,Shepherd D A. Strategic Entrepreneurship at Universities:Academic Entrepreneurs' Assessment of Policy Programs[J]. Entrepreneurship Theory and Practice,2009,33(1):319-340.

[40] Tian X. The causes and consequences of venture capital stage financing[J]. Social Science Electronic Publishing,2011,101(1):132-159.

[41] 张曦如,张林,路江涌.组织知识、制度环境与风险投资机构的联合投资[J].管理工程学报,2020,34(2):1-10.

[42] 高原.CVC联合投资对企业技术创新绩效影响研究[D].西安:西安工业大学,2022.

[43] 蔡文婧,姜彦辰,苏嘉莉,等.基于生态价值网框架的企业风险投资时机选择研究——以阿里巴巴和腾讯投资哔哩哔哩的案例为例[J].会计研究,2022(5):105-117.

[44] 李严,庄新田,罗国锋,等.风险投资机构人力资本与投资绩效——投资策略的中介与调节效应[J].东北大学学报(自然科学版),2012,33(11):660-1663+1668.

[45] Lockett A,Wright M. The syndication of venture capital investments[J]. Omega,2001,29(5):375-390.

[46] Sahlman W A. Why sane people shouldn't serve on public boards[J]. Harvard Business Review,1990,68(3):28-32.

[47] 董静,汪江平,翟海燕,等.服务还是监控:风险投资机构对创业企业的管理——行业专长与不确定性的视角[J].管理世界,2017(6):82-103+187-188.

[48] 周霖,蔺楠.企业政治关联与企业风险投资策略选择研究——不同公司治理机制与风险投资机构特质的调节作用[J].华东经济管理,2019,33(2):128-140.

[49] Gompers P,Kovner A,Lerner J. Specialization and Success:Evidence from Venture Capital[J]. Journal of Economics & Management Strategy,2009,18(3):817-844.

［50］Matusik S F,Fitza M A. Diversification in the venture capital industry:leveraging knowledge under uncertainty[J]. Strategic Management Journal,2012,33(4):407-426.

［51］陈德球,孙颖,王丹.关系网络嵌入、联合创业投资与企业创新效率[J].经济研究,2021,56(11):67-83.

［52］刘通,曲世友,Christopher M. Scherpereel.联合风险投资策略对创业企业价值创造影响的实证研究[J].预测,2018,37(2):56-62.

［53］Kang J K,Li Y,Oh S. Venture capital coordination in syndicates,corporate monitoring, and firm performance[J]. Journal of Financial Intermediation,2022,50:100948.

［54］房照.企业参与"一带一路"投资的绩效评价探讨[J].中国商论,2022(9):101-103.

［55］周东东,陈丽珍.江苏企业对外直接投资绩效研究[J].经济研究导刊,2020(6):161-163+182.

［56］邓超,袁倩.基于资源控制能力 DEA 模型的企业海外资源投资绩效评价[J].统计与决策,2016(5):175-178.

［57］何琬,仲福森,常燕.电网企业投资绩效评价研究[J].技术经济,2011,30(1):78-84.

［58］Calantone R J,Zhao Y S. Joint ventures in China:a comparative study of Japanese, Korean,and US partners[J]. Journal of International Marketing,2001,9(1):1-23.

［59］郭晔,黄振,姚若琪.战略投资者选择与银行效率——来自城商行的经验证据[J].经济研究,2020,55(1):181-197.

［60］Nagaoka S. R&D and market value of Japanese firms in the 1990s[J]. Journal of the Japanese and International Economies,2006,20(2):155-176.

［61］许勇.境外战略投资者对我国上市银行公司治理与绩效影响研究[D].长沙:湖南大学,2008.

［62］曾德明,刘妮雅.战略投资者参与中国上市银行公司治理问题研究[J].生产力研究,2008(8):117-120.

［63］陆正华,黄玮.战略投资者的路径选择与价值创造——基于九龙仓投资绿城中国的案例[J].财会通讯,2020(20):161-166.

［64］张红梅.上市公司战略投资者引入动机及经济后果分析——以美的集团为例[J].财会通讯,2020(20):173-176.

［65］牟莉莉.高技术企业专利申请动机、行为与绩效关系研究[D].大连:大连理工大学,2011.

［66］Unsworth K. Unpacking creativity[J]. Academy of Management Review,2001,26(2):289-297.

［67］王一博.农户借贷动机、申贷行为及贷款获取结果研究[D].哈尔滨:东北农业大学,2021.

［68］于海云,赵增耀,李晓钟,等.创新动机对民营企业创新绩效的作用及机制研究:自我决定理论的调节中介模型[J].预测,2015,34(2):7-13.

［69］马蓝. 企业间知识合作动机、合作行为与合作创新绩效的关系研究［D］. 西安:西北大学,2016.

［70］姜滨滨. 联盟动机、专利策略与企业创新绩效［D］. 大连:大连理工大学,2013.

［71］张洁琼. 中国企业海外研发的动机、进入模式和创新绩效［D］. 北京:首都经济贸易大学,2019.

［72］杨小婉. 产学研合作动机、合作行为对学者的学术绩效影响研究［D］. 广州:华南理工大学,2019.

［73］王会芊. 异质机构投资者对公司绩效的影响［D］. 成都:西南财经大学,2019.

［74］盛宇华,祖君. 不同类型战略投资者对上市公司绩效影响的实证研究［J］. 投资研究,2014,33(2):120-129.

［75］胡琼. 战略投资者与中小企业治理绩效的关系及建议［J］. 金融经济,2019(6):118-119.

［76］Michael E. Porter. Competitive strategy:techniques for analyzing industries and competitors:with a new introduction［M］. Free Press,1980.

［77］Park H D,Steensma H K. When does corporate venture capital add value for new ventures? ［J］. Strategic Management Journal,2012,33(1):1-22.

［78］潘婷. 境外战略投资者入股和减持对商业银行的影响研究［D］. 上海:上海师范大学,2020.

［79］张宗益,宋增基. 境外战略投资者持股中国上市银行的效果研究［J］. 南开管理评论,2010(6):106-114.

［80］鲁富仓. 国有企业混合所有制改革的财务绩效研究——基于引入战略投资者视角［J］. 财务管理研究,2022(6):43-47.

［81］毛义华,康晓婷,方燕翎. 创新氛围与知识管理对创新绩效的影响研究［J］. 科学学研究,2021,39(3):519-529.

［82］王彬彬. 战略投资者、产权性质与高管薪酬业绩敏感性［J］. 财务研究,2016(2):80-87.

［83］洪正. 管理能力、私人利益、政府干预与国有银行战略投资者选择［J］. 世界经济,2007,30(12):41-53.

［84］朱盈盈,李平,曾勇,等. 境外战略投资者与中资银行创新能力——基于中国73家商业银行面板数据的实证分析［J］. 投资研究,2011(7):55-66.

［85］林志杰. 战略投资者类型与企业绩效的关系研究［D］. 广州:华南理工大学,2018.

［86］王斌,宋春霞. 创业企业资源禀赋、资源需求与产业投资者引入——基于创业板上市公司的经验证据［J］. 会计研究,2015(12):59-66＋97.

［87］Holmstrom B,Tirole J. Financial intermediation,loanable funds,and the real sector［J］. The Quarterly Journal of Economics,1997,112(3):663-691.

［88］郭牧炫,廖慧. 民营企业参股银行的动机与效果研究——以上市民营企业为例［J］. 经济评论,2013(2):85-92.

［89］王炜,徐震宇.企业引入战略投资者的选择［J］.改革与开放,2003(6):40-41.

［90］朱敏.基于 VAR 模型的跨境电商影响因素分析与发展策略［J］.武汉商学院学报, 2020,34(6):50-53.

［91］贾妮莎,韩永辉,雷宏振.中国企业对外直接投资的创新效应研究［J］.科研管理,2020, 41(5):122-130.

［92］黄远浙,钟昌标,叶劲松,等.跨国投资与创新绩效——基于对外投资广度和深度视角 的分析［J］.经济研究,2021(1):138-154.

［93］武飞."断臂求生:引入战略投资者或回购"——股票质押风险的跨期对冲策略［J］.清 华金融评论,2018(11):89-90.

［94］何蛟,傅强,潘璐.引入外资战略投资者对我国商业银行效率的影响［J］.中国管理科 学,2010,18(5):49-57.

［95］魏涛.广发银行引进境外战略投资者案例分析及启示［J］.合作经济与科技,2017(18): 64-66.

［96］王斌,刘一寒.论战略投资者［J］.财务研究,2021(5):3-14.

［97］朱慧,卿松.中国联通引入战略投资者的混改模式探析［J］.现代国企研究,2018(20): 175-176.

［98］王萍,杨万平,李政大.境外战略投资者持股比例与中国上市银行发展质量［J］.现代财 经(天津财经大学学报),2018(10):31-42.

［99］龙丹.关于境外战略投资者对我国商业银行影响的文献综述［J］.时代金融,2018 (3):70.

［100］王根花.浅析初创期科技型中小企业成长壮大途径［J］.中国市场,2016(36):100- 102+104.

［101］吴成颂,周炜,王浩然.境外战略投资者能降低商业银行的风险承担吗?——来自城商 行的经验性证据［J］.国际金融研究,2017(5):56-65.

［102］丰若旸,温军.风险投资与我国小微企业的技术创新［J］.研究与发展管理,2021(6): 126-139.

［103］王松.风险投资如何影响企业的价值创造——以腾讯商业生态系统为例［J］.清华管理 评论,2020(4):32-40.

［104］文煊义.企业风险投资行为与创新绩效［D］.南京:南京大学,2020.

［105］姚启迪.境外战略投资者能提高商业银行风险承担能力吗?［D］.南京:南京大 学,2020.

［106］张继德,刘素含.从中国联通混合所有制改革看战略投资者的选择［J］.会计研究, 2018(7):28-34.

［107］王宗军,张俊芳.企业投资绩效柔性评价指标体系的构建［J］.华中科技大学学报(社会 科学版),2004,18(3):57-60.

［108］班博.中国企业对外直接投资的经营绩效及市场价值研究［D］.济南:山东大学,2008.

[109] 徐新华. 中国对外直接投资绩效评价体系构建研究[J]. 河南社会科学,2020,28(1): 85-92.

[110] 区慧莹. 境外战略投资者持股对我国商业银行绩效影响的实证分析[J]. 当代经济, 2020(6):48-51.

[111] Inkpen A C. Strategies of co-operation:Managing alliances,networks,and joint ventures [J]. Administrative Science Quarterly,2000,45(2):404-406.

[112] 余光胜. 企业竞争优势根源的理论演进[J]. 外国经济与管理,2002,24(10):2-7.

[113] Hamel G. Competition for competence and interpartner learning within international strategic alliances[J]. Strategic Management Journal,1991,12(S1):83-103.

[114] Cohen W M,Levinthal D A. Absorptive capacity:A new perspective on learning and innovation[J]. Administrative Science Quarterly,1990,35(1):128-152.

[115] Crossan M M. The knowledge-creating company:How Japanese companies create the dynamics of innovation[J]. Journal of International Business Studies,1996,27(1): 196-201.

[116] 耿宏艳,马晨,程茂勇. 境外战略投资者能否促进中资银行非利息业务发展——基于多视角的研究[J]. 当代经济科学,2018,40(2):57-68.

[117] Teece D,Pisano G. The dynamic capabilities of firms:an introduction[J]. Industrial and Corporate Change,1994,3(3):537-556.

[118] Wernerfelt B. A resource-based view of the firm[J]. Strategic Management Journal, 1984,5(2):171-180.

[119] Geisler E. Industry-university technology cooperation:a theory of inter-organizational relationships[J]. Technology Analysis & Strategic Management,1995,7(2):217-229.

[120] 段小华,鲁若愚. 基于资源的企业能力理论述评[J]. 经济评论,2002(6):111-113.

[121] Senior N W. An outline of the science of political economy[M]. W. Clowes and sons,1940.

[122] Stewart T A. Brainpower-How intellectual capital is becoming America's most valuable asset[J]. Fortune,1991,6:44-60.

[123] Edvinsson L,Malone M S. Intellectual capital:Realizing your company's true value by finding its hidden roots[J]. Library Journal,1997,40(6):172.

[124] 景莉. 智力资本与公司价值[D]. 成都:西南财经大学,2004.

[125] Ali S,Murtaza G,Hedvicakova M,et al. Intellectual capital and financial performance: A comparative study[J]. Frontiers in Psychology,2022,13:967820.

[126] 马宁,严太华,姬新龙. 风险资本与智力资本协同条件分析与效应检验[J]. 中国管理科学,2015,23(3):24-31.

[127] 张宇琪. 战略投资者在生物行业上市公司中的投资绩效研究[D]. 杭州:浙江大学,2021.

[128] Pigou A C. Some aspects of welfare economics[J]. The American Economic Review, 1951,41(3):287-302.

[129] Arrow K J. The economic implications of learning by doing[J]. The Review of Economic Studies,1962,29(3):155-173.

[130] Geroski P A. Innovation,technological opportunity,and market structure[J]. Oxford Economic Papers,1990,42(3):586-602.

[131] MacDougall D. The benefits and costs of private investment from abroad:A theoretical approach[M].//Studies in Political Economy:Volume II:International Trade and Domestic Economic Policy. London:Palgrave Macmillan UK,1960:109-134.

[132] 涂心语,严晓玲. 数字化转型、知识溢出与企业全要素生产率——来自制造业上市公司的经验证据[J]. 产业经济研究,2022(2):43-56.

[133] 李森. 股权众筹模式社会大众投资动机、影响机理及决策研究[D]. 北京:北京理工大学,2017.

[134] 王丽红. 我国私募股权基金(PE)投资行为研究[D]. 北京:中国农业大学,2018.

[135] 郭蓉,文巧甜. 业绩反馈与公司创业投资行为关系——来自中国上市公司的数据检验[J]. 系统管理学报,2019,28(6):1041-1056.

[136] 郭牧炫,廖慧. 民营企业参股银行的动机与效果研究——以上市民营企业为例[J]. 经济评论,2013(2):85-92.

[137] 朱恒祥. 工业企业技术创新行为的动机、因素与绩效[D]. 南京:南京大学,2013.

[138] 何瑛,张大伟. 管理者特质、负债融资与企业价值[J]. 会计研究,2015(8):65-72+97.

[139] 冯兵,徐阳,张庆. 高管团队社会资本、风险承担能力与中小企业创新意愿[J]. 科技进步与对策,2023,40(21):88-98.

[140] Amore M D,Schneider C,Žaldokas A. Credit supply and corporate innovation[J]. Journal of Financial Economics,2013,109(3):835-855.

[141] Benkraiem R,Boubaker S,Brinette S,et al. Board feminization and innovation through corporate venture capital investments:The moderating effects of independence and management skills[J]. Technological Forecasting and Social Change,2021,163:120467.

[142] 戴苏君. 定向增发对企业创新的影响[D]. 上海:上海财经大学,2021.

[143] Bugl B M,Balz F P,Kanbach D K. Leveraging smart capital through corporate venture capital:A typology of value creation for new venture firms[J]. Journal of Business Venturing Insights,2022,17.

[144] Kristinsson K,Rao R. Interactive learning or technology transfer as a way to catch-up? Analysing the wind energy industry in Denmark and India[J]. Industry and Innovation. 2008,15(3):297-320.

[145] Jiang G F,Reuer J J,Southam C,et al. The impact of initial public offerings on SMEs' foreign investment decisions[J]. Journal of International Business Studies,2022,53(5):

879-901.

[146] 郭秀强,孙延明. 研发投入、技术积累与高新技术企业市场绩效[J]. 科学学研究,2020,38(9):1630-1637.

[147] 游湘东. 云南白药引入战略投资者的案例研究[D]. 武汉:中南财经政法大学,2021.

[148] Fiordelisi F,Marques-Ibanez D,Molyneux P. Efficiency and risk in European banking [J]. Journal of Banking & Finance,2011,35(5):1315-1326.

[149] Malmendier U,Tate G,Yan J. Overconfidence and early-life experiences:the effect of managerial traits on corporate financial policies[J]. The Journal of Finance,2011,66(5):1687-1733.

[150] 康永博,王苏生,彭珂. 风险投资发挥监督作用了吗? ——风险投资对公司创业投资(CVC)信息披露制度作用发挥的影响研究[J]. 管理评论,2019,31(5):203-212.

[151] Carnabuci G,Operti E. Where do firms' recombinant capabilities come from? Intraorganizational networks,knowledge,and firms' ability to innovate through technological recombination[J]. Strategic Management Journal,2013,34(13):1591-1613.

[152] 曹钰. 格力电器引入战略投资者案例研究[D]. 北京:中国财政科学研究院,2022.

[153] 党兴华,魏龙,闫海. 技术创新网络组织惯性对双元创新的影响研究[J]. 科学学研究,2016,34(9):1432-1440.

[154] 王仁祥,杨曼. 制度环境、基础设施与"科技-金融"系统效率改善[J]. 科学学研究,2017,35(9):1313-1319.

[155] 郤海拓,綦萌,李晓意,等. 和而不同:高管团队职能背景异质性对企业跨界技术并购绩效的影响[J]. 科技进步与对策,2021,38(21):83-91.

[156] 卫平,陈佳. OFDI对中国技术创新的实证分析——基于市场化制度视角[J]. 工业技术经济,2021,40(8):3-13.

[157] 乔明哲,张玉利,凌玉,等. 公司创业投资究竟怎样影响创业企业的IPO抑价——来自深圳创业板市场的证据[J]. 南开管理评论,2017,20(1):167-180.

[158] 聂煊赫. 新零售背景下三江购物引入战略投资者的财务效应研究[D]. 北京:首都经济贸易大学,2020.

[159] 李春华. 永辉超市定向增发引入战略投资者的动因及价值创造分析[D]. 北京:北京交通大学,2020.

[160] Leenders R T A J,Dolfsma W A. Social networks for innovation and new product development[J]. Journal of Product Innovation Management,2016,33(2):123-131.

[161] Genthner R,Kis-Katos K. Foreign investment regulation and firm productivity:Granular evidence from Indonesia[J]. Journal of Comparative Economics,2022,50(3):668-687.

[162] Cheng M,Geng H,Zhang J. Chinese commercial banks:Benefits from foreign strategic investors? [J]. Pacific-Basin Finance Journal,2016,40:147-172.

[163] Robins J A. Organizational considerations in the evaluation of capital assets:Toward a

resource-based view of strategic investment by firms[J]. Organization Science,1992,3(4):522-536.

[164] Yu Y, Lee Y T. Do Inquiry Letters Curb Corporate Catering Motives of High Sustainable R&D Investment? Empirical Evidence from China[J]. Sustainability,2022,14(12):7476.

[165] Hu C, Liu Y J. Valuing diversity:CEOs' career experiences and corporate investment[J]. Journal of Corporate Finance,2015,30:11-31.

[166] Li J, Tang Y I. CEO hubris and firm risk taking in China:The moderating role of managerial discretion[J]. Academy of Management Journal,2010,53(1):45-68.

[167] 蔡贵龙,柳建华,马新啸. 非国有股东治理与国企高管薪酬激励[J]. 管理世界,2018,34(5):137-149.

[168] 徐磊,周帆. 中国对外直接投资的投资主体结构分析[J]. 产业与科技论坛,2021,20(11):64-65.

[169] 王宛秋,张潇天. 谁更易在跨界技术并购中获益[J]. 科学学研究,2019,37(5):898-908.

[170] 慕绣如,李荣林,孟寒. 中国对非洲直接投资动机分析——兼论东道国制度因素的影响[J]. 经济经纬,2016,33(6):66-71.

[171] 周育红,刘建丽,张世泽. 资本来源对创业投资绩效的影响路径研究——制度公平与结构洞位置的作用[J]. 南开管理评论,2021,24(05):84-93+138+94-95.

[172] 翟玉胜. 中国能源企业海外投资模式选择:风险控制、投资动机与制度质量[D]. 武汉:华中师范大学,2016.

[173] 权小锋,徐星美. 风险投资、内部控制与审计定价[J]. 财经研究,2017,43(6):132-145.

[174] 郑江淮,冉征. 走出创新"舒适区":地区技术多样化的动态性及其增长效应[J]. 中国工业经济,2021(5):19-37.

[175] 冯健,戴维奇,周丹. 高管团队职能背景与公司创业投资:注意力焦点的中介作用[J]. 管理评论,2022,34(12):121-130.

[176] 齐鲁光,陈刚,于明涛. 技术型核心高管、企业投资与期权价值[J]. 科研管理,2021,42(7):163-170.

[177] 陈钦源,马黎珺,伊志宏. 分析师跟踪与企业创新绩效——中国的逻辑[J]. 南开管理评论,2017(3):15-27.

[178] 路玮孝. 产业数字化转型对跨国公司 FDI 影响及机制研究[J]. 亚太经济,2021(4):82-92.

[179] 叶子,黄永春,史璇,等. 创业企业高管团队特征对风投机构投资策略的影响——制度环境与机构专长的双重调节效应[J]. 科技进步与对策,2020,37(24):10-18.

[180] 汪寿阳,陈实,乔晗,等. 公司风险投资的分散与过度投资行为——基于行业间相互投资网络的绩效评估[J]. 南开管理评论,2021,24(5):128-140.

[181] 霍林,蔡楚岸,支宇鹏. 高管职能背景与中国企业 OFDI[J]. 区域金融研究,2022(3):5-15.

[182] 陈志斌,汪官镇,朱迪. 高管风险偏好、企业生命周期与公司并购[J]. 财务研究,2018(6):44-55.

[183] 宋建波,文雯,王德宏. 海归高管能促进企业风险承担吗——来自中国 A 股上市公司的经验证据[J]. 财贸经济,2017,38(12):111-126.

[184] 卫海军. 高管背景特征对企业对外直接投资的影响[D]. 南昌:江西财经大学,2022.

[185] Gupta A K,Tesluk P E,Taylor M S. Innovation at and across multiple levels of analysis [J]. Organization Science,2007,18(6):885-897.

[186] Wang L,Zhou F,An Y,et al. Corporate venture capital:technological innovation or value creation? A comparative study of CVC-and IVC-invested Chinese listed companies [J]. Asian Journal of Technology Innovation,2019,27(3):257-279.

[187] 王雷,亓亚荣. CVC 竞争强度与被投资企业技术创新绩效——基于卷入强度的中介效应分析[J]. 上海财经大学学报,2019,21(2):46-64.

[188] Yuan L,Zhong Y,Lu Z. Foreign strategic investors and bank credit risk in China:Disclosure,finance or management effects? [J]. Pacific-Basin Finance Journal,2022,73:101762.

[189] Hoskisson R E,Gambeta E,Green C D,et al. Is my firm-specific investment protected? Overcoming the stakeholder investment dilemma in the resource-based view [J]. Academy of Management Review,2018,43(2):284-306.

[190] Guan J,Liu N. Exploitative and exploratory innovations in knowledge network and collaboration network:A patent analysis in the technological field of nano-energy[J]. Research Policy,2016,45(1):97-112.

[191] Afi H,Boubaker S,Omri A. Do foreign investment and economic freedom matter for behavioral entrepreneurship? Comparing opportunity versus necessity entrepreneurs [J]. Technological Forecasting and Social Change,2022,181:121761.

[192] Grigoriou K,Rothaermel F. Organizing for knowledge generation:Internal knowledge networks and the contingent effect of external knowledge sourcing [J]. Strategic Management Journal,2017,38(2):395-414.

[193] Custódio C,Ferreira M A,Matos P. Do general managerial skills spur innovation? [J]. Management Science,2019,65(2):459-476.

[194] Albertus J F,Glover B,Levine O. Foreign investment of US multinationals:The effect of tax policy and agency conflicts[J]. Journal of Financial Economics,2022,144(1):298-327.

[195] Yuan R,Wen W. Managerial foreign experience and corporate innovation[J]. Journal of Corporate Finance,2018,48:752-770.

[196] Ferreira M A, Matos P, Pereira J P, et al. Do locals know better? A comparison of the performance of local and foreign institutional investors[J]. Journal of Banking & Finance, 2017, 82: 151-164.

[197] Ha V, Holmes M J, Tran T Q. Does foreign investment crowd in domestic investment? Evidence from Vietnam[J]. International Economics, 2022, 171: 18-29.

[198] Connelly B L, Tihanyi L, Certo S T, et al. Marching to the beat of different drummers: The influence of institutional owners on competitive actions [J]. Academy of Management Journal, 2010, 53(4): 723-742.

[199] Gilsing V, Nooteboom B, Vanhaverbeke W, et al. Network embeddedness and the exploration of novel technologies: Technological distance, betweenness centrality and density[J]. Research Policy, 2008, 37(10): 1717-1731.

[200] Greve H R, Mitsuhashi H. Power and glory: Concentrated power in top management teams[J]. Organization Studies, 2007, 28(8): 1197-1221.

[201] Berger A N, Hasan I, Zhou M. Bank ownership and efficiency in China: What will happen in the world's largest nation? [J]. Journal of Banking & Finance, 2009, 33(1): 113-130.

[202] 万良勇, 廖明情, 胡璟. 产融结合与企业融资约束——基于上市公司参股银行的实证研究[J]. 南开管理评论, 2015, 18(2): 64-72+91.

[203] Belderbos R, Jacob J, Lokshin B. Corporate venture capital (CVC) investments and technological performance: Geographic diversity and the interplay with technology alliances[J]. Journal of Business Venturing, 2018, 33(1): 20-34.

[204] 刘靖宇. 中国企业研发投资效率估算与异质性分析——兼议管理者过度自信促进研发还是引发过度研发[J]. 宏观经济研究, 2022(6): 112-125+160.

[205] 曾德明, 刘妮雅. 战略投资者参与中国上市银行公司治理问题研究[J]. 生产力研究, 2008(8): 117-120.

[206] 赵晶, 张书博, 祝丽敏, 等. 个人社会资本与组织社会资本契合度对企业实际控制权的影响——基于国美电器和雷士照明的对比[J]. 中国工业经济, 2014(3): 121-133.

[207] Park S, LiPuma J A, Park S S. Concentrating too hard? Foreign and corporate venture capital involvement in syndicates[J]. Journal of Small Business Management, 2019, 57(2): 327-342.

[208] Benner M J, Tushman M L. Exploitation, exploration, and process management: The productivity dilemma revisited[J]. Academy of Management Review, 2003, 28(2): 238-256.

[209] Karamanos A G. Leveraging micro-and macro-structures of embeddedness in alliance networks for exploratory innovation in biotechnology[J]. R&D Management, 2012, 42(1): 71-89.

[210] Kang H D,Nanda V K,Park H D. Technology spillovers and capital gains in corporate venture capital investments:evidence from the biopharmaceutical industry[J]. Venture Capital,2021,23(2):129-155.

[211] 潘松挺,郑亚莉.网络关系强度与企业技术创新绩效——基于探索式学习和利用式学习的实证研究[J].科学学研究,2011,29(11):1736-1743.

[212] Francis B,Hasan I,Wu Q. Professors in the boardroom and their impact on corporate governance and firm performance[J]. Financial Management,2015,44(3):547-581.

[213] Ferris S P,Javakhadze D,Rajkovic T. CEO social capital, risk-taking and corporate policies[J]. Journal of Corporate Finance,2017,47:46-71.

[214] Güner A B,Malmendier U,Tate G. Financial expertise of directors[J]. Journal of Financial Economics,2008,88(2):323-354.

[215] 董静,谢韵典.绩效反馈与公司风险投资的行业选择[J].南开管理评论,2022,25(2):101-114.

[216] 蔡宁,邓小路,程亦沁.风险投资网络具有"传染"效应吗——基于上市公司超薪酬的研究[J].南开管理评论,2017,20(2):17-31.

[217] 梁婧姝,刘涛雄.企业创新韧性及风险投资的影响:理论与实证[J].科学学研究,2024:42(1):205-215.

[218] 施国平,陈德棉,董建卫,等.国有企业作为有限合伙人参与风险投资对创新产出的影响[J].管理学报,2020,17(7):1024-1032.

[219] 加里·杜什尼茨基,余雷,路江涌.公司创业投资:文献述评与研究展望[J].管理世界,2021,37(7):198-216+14+18-25.

[220] Phelps C C. A longitudinal study of the influence of alliance network structure and composition on firm exploratory innovation[J]. Academy of Management Journal,2010,53(4):890-913.

[221] 王斌.公司财务理论[M].北京:清华大学出版社,2015.

[222] 林志杰,陈伟宏.不同类型外部投资者的投资特征与中小企业绩效的关系[J].企业经济,2018(1):89-97.

[223] 刘媛媛,黄正源,刘晓璇.环境规制、高管薪酬激励与企业环保投资——来自 2015 年《环境保护法》实施的证据[J].会计研究,2021(5):175-192.

[224] 钱苹,张帏.我国创业投资的回报率及其影响因素[J].经济研究,2007,42(5):78-90.

[225] 刘菀宸.CEO 金融背景与投资效率[D].成都:西南财经大学,2020.

[226] Zhang J,Luo Y,Ding X. Can green credit policy improve the overseas investment efficiency of enterprises in China? [J]. Journal of Cleaner Production, 2022, 340:130785.

[227] 董静,赵国振,陈文锋.风险投资的介入会影响创业企业的商业模式吗? [J].外国经济与管理,2021(4):64-84.

[228] 曾蔚,阳欢欢,沈亚宁,等.CVC参与程度、创新资本与创业企业价值增值[J].软科学,2020,34(1):25-30.

[229] Cohen W M, Levinthal D A. Absorptive capacity: A new perspective on learning and innovation[J]. Administrative Science Quarterly,1990,35(1):128-152.

[230] 孟方琳,田增瑞,赵袁军,等.公司创业投资的共生演化与培育机制研究[J].科学学研究,2022,40(4):684-694.

[231] 张瑜,殷书炉,刘廷华.境外战略投资者提高了我国商业银行的经营效率吗?[J].经济评论,2014(2):139-149.

[232] 姜付秀,黄继承.CEO财务经历与资本结构决策[J].会计研究,2013(5):27-34.

[233] Rossi M, Festa G, Papa A, et al. Knowledge management behaviors in venture capital crossroads: a comparison between IVC and CVC ambidexterity[J]. Journal of Knowledge Management,2020,24(10):2431-2454.

[234] 罗军,余官胜."天生对外直接投资"企业有更高的对外直接投资持续性吗?——基于微观数据的实证研究[J].软科学,2021,35(5):131-137.

[235] 邵宇佳,卫平东,何珊珊,等.投资动机、制度调节与OFDI逆向技术溢出对中国对外投资区位选择的影响[J].国际经济合作,2020(3):73-87.

[236] 万坤扬,陆文聪.创业企业知识异质性与公司投资者知识创造[J].科研管理,2016,37(2):9-19.

[237] 乔明哲,张玉利,张玮倩,等.公司创业投资与企业技术创新绩效——基于实物期权视角的研究[J].外国经济与管理,2017,39(12):38-52.

[238] 汪丽娟,吴福象,蒋欣娟.国际技术势差、对外直接投资逆向技术溢出与本土企业技术进步[J].科技进步与对策,2022,39(20):41-51.

[239] 王雷,周方召.公司创业投资比独立创业投资更能促创新吗?——基于上市公司的实证研究[J].科学学与科学技术管理,2017,38(10):120-134.

[240] 黄永春,李倩.新兴大国扶持企业进入战略性新兴产业赶超的政策演化[J].中国科技论坛,2016(2):21-27.

[241] Schoar A, Zuo L. Shaped by booms and busts: How the economy impacts CEO careers and management styles[J]. The Review of Financial Studies,2017,30(5):1425-1456.

[242] 魏涛,郜崔健,黄容.境外战略投资者的引进对中资银行创新能力的影响效应研究[J].宏观经济研究,2021(4):59-70.

[243] Lu Z, Zhu J, Zhang W. Bank discrimination, holding bank ownership, and economic consequences: Evidence from China[J]. Journal of Banking & Finance,2012,36(2):341-354.

[244] Acquaah M. Social networking relationships, firm-specific managerial experience and firm performance in a transition economy: A comparative analysis of family owned and nonfamily firms[J]. Strategic Management Journal,2012,33(10):1215-1228.

[245] 李懿行,梁万泉. 引入境内战略投资者对我国城商行风险承担的影响研究[J]. 金融理论与实践,2021(6):64-73.

[246] 汤超颖,叶琳娜,王菲,等. 知识获取与知识消化对创新绩效的影响研究[J]. 科学学研究,2015(4):561-566.

[247] Hankir Y,Rauch C,Umber M P. Bank M&A:A market power story? [J]. Journal of Banking & Finance,2011,35(9):2341-2354.

[248] 张丽芳. 新兴市场企业国际化动因、路径与绩效[D]. 武汉:武汉大学,2015.

[249] Berger A N,Dick A A. Entry into banking markets and the early-mover advantage[J]. Journal of Money,Credit and Banking,2007,39(4):775-807.

[250] 文余源,杨钰倩. 投资动机、制度质量与中国对外直接投资区位选择[J]. 经济学家,2021,1(1):81-90.

[251] 李婧雪. 中国中药定向增发引入战略投资者案例研究[D]. 北京:中国财政科学研究院,2019.

[252] Barker III V L,Mueller G C. CEO characteristics and firm R&D spending[J]. Management Science,2002,48(6):782-801.

[253] 温军,冯根福. 风险投资与企业创新:"增值"与"攫取"的权衡视角[J]. 经济研究,2018,53(2):185-199.

[254] 赖黎,巩亚林,夏晓兰,等. 管理者从军经历与企业并购[J]. 世界经济,2017(12):141-164.

[255] 杨其静,谭曼. 中国企业对外直接投资的区位选择——基于专用性投资与比较制度优势的视角[J]. 财贸经济,2022,43(5):52-65.

[256] 陈享光,汤龙. 实体企业金融化对其 OFDI 的影响研究[J]. 世界经济研究,2022(8):10-25+135.

[257] 郑磊,吕美静. 东道国特征对中国制造业企业 OFDI 区位选择和子公司绩效影响的研究——基于投资动机视角的实证检验[J]. 宏观经济研究,2022(1):55-73+101.

[258] 齐绍洲,张倩,王班班. 新能源企业创新的市场化激励——基于风险投资和企业专利数据的研究[J]. 中国工业经济,2017(12):95-112.

[259] 薛军,苏二豆. 服务型对外直接投资与企业自主创新[J]. 世界经济研究,2020(4):60-76+136.

[260] 吴小节,马美婷,汪秀琼. 制度差异方向、关系网络与跨国投资区位选择[J]. 管理工程学报,2023,37(1):31-46.

[261] 王保林,张酒聪. 本土企业设立海外 R&D 机构决策——能力驱动还是政策驱动? [J]. 科学学研究,2016,34(4):539-547.

[262] 陈传明,孙俊华. 企业家人口背景特征与多元化战略选择——基于中国上市公司面板数据的实证研究[J]. 管理世界,2008(5):124-133+187-188.

[263] 章卫东,罗希,王玉龙,等. 定向增发新股投资者类别对公司治理的影响研究[J]. 国际

金融研究,2019(8):87-96.

[264] 王苏生,康永博,彭珂.公司创业投资(CVC)、实物期权和公司价值创造[J].管理评论,2017,29(9):110-121.

[265] 宋林,张丹,谢伟.对外直接投资与企业绩效提升[J].经济管理,2019,41(9):57-74.

[266] 谢红军,吕雪.负责任的国际投资:ESG与中国OFDI[J].经济研究,2022(3):83-99.

[267] 武立东,周亚拿.声誉管理视角下企业绿色投资行为动机研究——来自大股东股权质押风险规避的证据[J].管理学刊,2021,34(4):64-77.

[268] 陶士贵,胡静怡.商业银行引进境外战略投资者的路径研究——基于国际金融公司(IFC)与中资银行的合作经验[J].经济纵横,2019(1):107-117.

[269] 杜运周,刘秋辰,程建青.什么样的营商环境生态产生城市高创业活跃度?——基于制度组态的分析[J].管理世界,2020,36(9):141-155.

[270] 贾建锋,刘伟鹏,杜运周,等.制度组态视角下绿色技术创新效率提升的多元路径[J].南开管理评论,2023:1-23.

[271] Fiss P C. Building better causal theories: A fuzzy set approach to typologies in organization research[J]. Academy of Management Journal,2011,54(2):393-420.

[272] Furnari S,Crilly D,Misangyi V F,et al. Capturing causal complexity: Heuristics for configurational theorizing[J]. Academy of Management Review,2021,46(4):778-799.

[273] 杜运周,贾良定.组态视角与定性比较分析(QCA):管理学研究的一条新道路[J].管理世界,2017(6):155-167.

[274] 张明,杜运周.组织与管理研究中QCA方法的应用:定位,策略和方向[J].管理学报,2019,16(9):1312-1323.

[275] 翟淑萍,张建宇,杨洁,等.环境不确定性、战略性新兴企业商业模式与创新投资绩效——基于高端装备制造行业的经验分析[J].科技进步与对策,2015,32(18):68-74.

[276] 罗知,徐现祥.投资政策不确定性下的企业投资行为:所有制偏向和机制识别[J].经济科学,2017(3):88-101.

[277] 张军,朱建涛,王晶晶,等.驱动我国制造企业高水平服务化的前因组态研究——以我国制造业上市公司为例[J].科学学与科学技术管理,2023:1-36.

[278] 刘伟,黄江林.企业资源对新创上市公司创业投资决策的影响——基于创业板制造业的分析[J].科技进步与对策,2016,33(02):86-90.

[279] 冯根福,郑明波,温军,等.究竟哪些因素决定了中国企业的技术创新——基于九大中文经济学权威期刊和A股上市公司数据的再实证[J].中国工业经济,2021(01):17-35.